Harry Cooper

Harry Cooper

Hitler en Argentine

La Fuite d'Adolf Hitler et de Martin Bormann du Führerbunker, telle que racontée par l'espion Nazi Don Angel Alcazar de Velasco, dans une lettre à Harry Cooper en 1984.

Sharkhunters International
P. O. Box 1539 Hernando, FL 34441

www.sharkhunters.com

Harry Cooper

Hitler en Argentine
La vérité documentée sur la fuite d'Hitler de Berlin

Traduit de l'Anglais

Publié par Omnia Veritas Ltd

contact@omniaveritas.org

www.omniaveritas.org

© Harry Cooper - Omnia Veritas Ltd

La loi du 11 Mars 1957, n'autorisant, au terme des alinéas 2 et 3 de l'article 4, d'une part, que « les copies ou reproductions strictement réservées à l'usage privé du copiste et non destinées à une utilisation collective » et, d'autre part, que les analyses et les courtes citations dans un but d'exemple et d'illustration, « toute représentation ou reproduction, intégrale ou partielle, faite sans le consentement de l'auteur ou de ses ayants droit ou ayants cause, est illicite » (alinéa premier de l'article 40). Cette représentation ou reproduction, constituerait donc une contrefaçon sanctionnée par les articles 425 et suivants du Code Pénal.

Révision de 2014

Ce livre (dans sa version originale en anglais) est une révision majeure sortie au printemps 2014. Le texte principal n'a pas été retouché. Il est resté tel quel - exactement tel que **Don Angel Alcazar De Velasco** (158-1985) nous l'a fait parvenir au milieu des années 1980 dans un courrier.

Les faits restent des faits - alors qu'avons-nous modifié ? Nous avons ajouté quelques lettres personnelles adressées par Don Angel au **S**harkhunters **E**aglehunters **I**ntelligence **G**roup (notre organisation de chercheurs).

L'agent S.E.I.G. Rembrandt nous a fait parvenir des dossiers émanant des services secrets hollandais. L'agent Taucher a recueilli des dossiers du FBI, de l'OSS et de la CIA au sein des rayonnages poussiéreux des Archives Nationales. Le plus important d'entre eux est l'agent Pizzarro qui a recueilli un nombre impressionnant de dossier émanant de diverses sources, y compris celles des fichiers de la STASI établis au temps de la défunte RDA.

Nous espérons que vous apprécierez cet ouvrage révisé présentant de nouvelles preuves édifiantes qu'Adolf Hitler, Eva Braun, Martin Bormann et des milliers d'autres membres du Troisième Reich déchu, n'ont pas péri au sein des ruines de l'Allemagne vaincue, mais tout au contraire ont terminé leur vie en sécurité et dans le confort offert par divers pays d'Amérique du Sud, en particulier l'Argentine.

Harry Cooper

Table des matières

Fähnrich !..9

Avant-Propos………………………………………………….13

Dédicaces et Remerciements…………………………………..38

Première Partie
  Waltzing Matilda……………………………………………….42

Partie II
  Espionnage Nazi.………………………………………………53

Partie III
  La Maitresse d'Hitler…………………………………………...66

Partie IV
  La fuite de l'Allemagne…………………………………………80

Partie V
  Bormann le Prophète…………………………………………..92

Partie VI
  Les leçons de Bormann………………………………………..105

Partie VII
  Des haines à demi enfouies…………………………………....121

Partie VIII
  Détails & Preuves……………………………………………..138

Au Commencement..142

Le Domaine Inalco du lac Nahuel Huapi.....................149

Le Laboratoire allemand de Recherche Nucléaire...........154

La Belle et la Bête ?..162

Dossiers, lettres & histoire.......................................164

Les Criminels de Guerre..171

La bonne savait tout !...185

La Cachette Secrète..188

Suicide d'Hitler ?...236

Colonia Dignidad...237

Opération 'Mercator'..268

Commentaires de Membres......................................272

Pourquoi ne l'ont-« ILS » pas recherché ?...................274

Ce que certains pensent de cette théorie......................280

À propos de l'auteur..282

À propos de Sharkhunters.......................................286

Fähnrich !

Un Fähnrich est un aspirant de marine, un officier en formation. Contrairement à la propagande populaire, les régiments allemands répondaient à des critères d'honneur très élevés, comme nous pouvons le voir ici dans le Code de Conduite rédigé par le Vice-Amiral Lohmann, le Commandant de l'Académie de Marine de Mürwick.

« Les règles de vie professionnelles suivantes sont valides en temps de paix comme en temps de guerre. Je vous les communique, faites-en bon usage. »

1. Soyez un exemple dans toutes les situations de la vie, tout spécialement lors des moments critiques. Vous devez être un modèle pour vos soldats.

2. Evaluez toujours le comportement extérieur et intérieur d'un soldat. Le supérieur doit être l'homme le plus discipliné s'il veut que chaque subordonné lui obéisse.

3. Conservez votre honneur intact. Il est perdu si vous le compromettez par des pensées, des mots ou des actes.

4. Préservez votre courage de défendre la vérité. Tenez votre parole et soyez pur dans vos actes.

5. Soyez ouverts envers vos supérieurs, mais faites usage de tact. Observez les limites définies entre le « en service » et le « hors service ».

6. Apprenez des corrections verbales, ne vous sentez pas insulté.

7. Réservez votre jugement à propos des choses que vous ne maîtrisez pas. Le droit de critiquer est réservé à ceux ayant prouvé qu'ils peuvent mieux faire.

8. Faites attention à votre posture et à votre comportement en service et en dehors. Seul celui qui maîtrise les formes élaborées de la civilité est digne d'être un officier présentable.

9. Gardez votre corps sous contrôle. Renforcez-le régulièrement et maintenez-le en alerte. L'autodiscipline et la retenue sont des qualités viriles. Se laisser aller est irresponsable.

10. Gardez-vous de toute consommation excessive d'alcool. C'est souvent la cause de déraillements.

11. Ne contractez jamais de dettes. Elles réduisent la joie de vivre et la force d'agir.

12. Profitez de votre jeunesse pour vous éduquer et vous améliorer.

13. Aiguisez votre esprit grâce à des travaux intellectuels périodiques dans tous les domaines, tout spécialement ceux en rapport avec votre profession. Immergez-vous dans la littérature, la culture et l'histoire.

14. Formez votre propre personnalité en prenant exemple sur les grands hommes.

15. Ecoutez vos camarades expérimentés. L'écoute et la contemplation font les grands vainqueurs.

16. Lorsque vous serez responsables des autres hommes, rappelez-vous toujours de la manière dont vous vouliez être traité à leur place par le passé.

17. Ayez du respect pour vos supérieurs et vos subordonnés. Vous vous protégerez ainsi de circonstances adverses.

18. Agissez de bon cœur et avec bon sens. Autrement vous vous exposez à perdre votre autorité.

19. Considérez le sentiment de l'honneur de vos soldats comme sacré.

20. Evitez de faire usage d'un langage grossier - c'est généralement un signe d'insécurité.

21. Avant de donner des ordres, observez attentivement vos hommes et essayez d'identifier en eux l'être humain.

22. Les ordres ne sont utiles que lorsqu'ils sont convaincants et réalisables.

23. Le langage du commandement doit être clair et pénétrer le cœur.

24. Maintenez l'unité au sein de vos troupes. Assistez-vous les uns les autres par une fraternité efficace.

25. Lisez souvent le livre de Sorge : **« L'Officier de Marine comme Dirigeant et Enseignant.** » Cela vous procurera les réponses à toutes les questions quotidiennes.

26. Préservez la croyance en vos citoyens, en la mission allemande et en Dieu. Votre foi vous procurera l'énergie nécessaire au combat et à la victoire.

(Envoyé par le membre Sharkhunters **Walter Kern (6345-2001)**, dont la photo à droite le montre en jeune recrue durant la « Bataille des Ardennes »)

Note de l'éditeur : Lorsque nous sortons de la propagande de guerre et de l'intense fiction imposée de l'après-guerre, nous voyons que les troupes allemandes étaient en fait extrêmement honorables.

Tout au long des pages suivantes, vous découvrirez ce que les gens – les militaires et les autres - pensent des séries d'ouvrages édités par Sharkhunters.

Explication des numéros de membres : Vous noterez que les numéros de membre comportent deux sections. Le premier est le numéro d'adhérent, dans le cas de Walter Kern il s'agit du #6345. Le deuxième numéro correspond à l'année de leur enrôlement au sein de Sharkhunters, dans l'exemple cité, Kern nous a rejoints en 2001.

Avant-Propos

Mon ami, l'espion

Harry Cooper (1-LIFE-1983)

Dans cet ouvrage, nous examinons ce qui est probablement le plus grand mystère du 20ème siècle… Adolf Hitler s'est-il suicidé alors qu'il était retranché dans son bunker, ou pas ? À la fin de la guerre, le monde était anxieux de connaître le sort des trois dirigeants de l'Axe. Aucun doute ne subsistait sur celui du dirigeant italien, le « Duce » Benito Mussolini. Lui et sa maîtresse furent capturés par les communistes italiens, brutalement assassinés et leurs corps pendus par les pieds dans une station-service. Le monde apprit également que le commandant Japonais Hideki Tojo s'était suicidé avec une arme à feu à l'approche des Américains, mais qu'il s'était raté. Il fut soigné puis jugé, déclaré coupable et enfin pendu.

Mais en ce qui concerne Hitler, seuls les Soviétiques étaient présents. Ils avaient de sérieuses lacunes en sciences et ils refusèrent de communiquer avec l'Occident. Alors, qu'est-il arrivé à Hitler ? Ce livre vous le dira avec précision.

Gardez seulement à l'esprit le fait que personne ne fut témoin du prétendu suicide d'Adolf Hitler et de sa femme Eva Braun-Hitler, au sein du Führerbunker. Les trois hommes qui rapportèrent le suicide racontèrent avoir entendu des coups de feu mais qu'ils n'avaient pas assisté au suicide. Leur récit diffère d'ailleurs dans la description de détails primordiaux comme rapporté par l'ouvrage « *The Secret Alliance* » / « *L'Alliance Secrète* », écrit par l'agent S.E.I.G. Michael Ivinheim. Ce dernier nous a indiqué :

1. Trois officiers SS pénétrèrent dans la suite d'Hitler au sein de la Chancellerie du Reich le 30 avril 1945 et virent les corps d'Hitler et d'Eva Braun.

2. Les trois officiers détenaient tous le grade de SS-Sturmbannführer (Commandant). Ces gradés étaient :
   (i) Otto Günsche, l'adjudant SS d'Hitler
   (ii) Heinz Linge, le valet d'Hitler
   (iii) Erich Kempka, le chauffeur d'Hitler et le chef de sa flotte automobile.

GÜNSCHE   **LINGE**   **KEMPKA**

3. Ces trois officiers firent ultérieurement trois déclarations qui ne concordent pas sur les éléments suivants :
   (i) L'heure où le suicide s'est produit
   (ii) Les personnes présentes sur place à ce moment
   (iii) La manière dont le suicide fut découvert
   (iv) La personne qui entra dans la suite et ceux qui l'accompagnaient

(v) La position du corps d'Hitler
(vi) L'ordre dans lequel les corps furent enlevés et par qui

4. Ces éléments historiques sourcés proviennent de deux livres :
   (i) Heinz Linge : *Bis zum Untergang*, Wilhelm Goldmann Verlag, 1980, pp. 284-288.
   (ii) Erich Kempka: *Die letzten Tage mit Adolf Hitler*, Deutsche Verlagsgesellschaft, Preussisch-Oldendorf, 1991, pp. 89-96.
   (iii) Dans l'ouvrage de Kempka aux pages 311-313, figure la déclaration faite par Günsche dans une lettre adressée à Kempka datée du 1er juillet 1975, l'année où Kempka est mort.
5. Dans l'ouvrage de Kempka, à la page 93, est relaté l'épisode de la chambre où les suicides sont censés avoir eu lieu. La pièce était rectangulaire, mesurant approximativement 3 mètres sur 2,5 m. En entrant par la double porte, le visiteur faisait face à un long mur contre lequel un sofa avait été placé. Se trouvaient également un fauteuil de part et d'autre des côtés du sofa et devant le sofa, une table sur laquelle était posé un vase rempli de fleurs. Ces détails sont importants pour la compréhension des nombreuses variations dans la description des lieux.

Il peut être utile de lire d'abord la conclusion à la fin de cet article, puis de faire usage des trois déclarations pour confirmer son contenu. Certains signes majeurs des différences entre les versions sont accentués.

Version de Kempka

(Ce qui suit est un résumé de 4 pages comportant des éléments d'importance négligeable.)

« L'après-midi du 30 avril 1945, je me trouvais dans une pièce endommagée du garage souterrain. Je venais de rentrer pour superviser le changement d'emploi du temps. Une demi-heure plus tard le téléphone sonnait. C'était Günshe. Il déclara avoir besoin de 200 litres d'essence. Il les voulait immédiatement à l'entrée du bunker du Führer. Je dus remuer ciel et terre pour les trouver. »

« J'ai expliqué que je devrais me rendre à la réserve en sous-sol du Zoo afin de trouver une telle quantité, puis j'ai suggéré qu'il attende jusqu'à 17 heures lorsque l'artillerie russe serait plus calme. Günsche me répondit qu'il les voulait tout de suite puis il raccrocha. J'ai alors ordonné à mes aides de siphonner tout ce qu'ils pouvaient trouver dans les véhicules entreposés au sein du garage du bunker et de se rendre en toute hâte au bunker du Führer pour s'enquérir de ce qu'il se passait. »

« J'ai rencontré Günsche dans l'annexe de la salle de crise, alors qu'il sortait de la suite du Führer. Je lui ai demandé ce qui clochait et il me répondit : « Le Chef est mort ! »

« Günsche me conta sa version de l'histoire. Il m'expliqua que Bormann, Linge et lui-même, avaient entendu un coup de feu et s'étaient précipités tous en même temps dans la suite. Le Chef s'était tiré une balle dans la tête avec son pistolet et se trouvait allongé en avant sur la table. Eva Hitler avait ingéré du poison et gisait dans l'angle contre le bras droit du canapé à ses côtés. Son bras droit pendait sur le bras du canapé et son revolver (ailleurs il parle de 'pistolet') se trouvait sur le sol près d'elle. Le docteur Stumpfegger avait certifié le décès. Goebbels et Axmann étaient également présents. »

STUMPFEGGER   **AXMANN**

« Immédiatement après cette conversation, Linge sortit de la suite du Führer et demanda où se trouvait l'essence. Je venais de recevoir des indications d'un de mes hommes indiquant que nous disposions de 180 litres. Je répondis alors : « L'essence est prête ! »

« Quelques secondes plus tard la porte de la suite s'ouvrit à nouveau. Le docteur Stumpfegger et Linge portaient le corps d'Adolf Hitler, enveloppé dans une couverture de camp noire, à travers l'antichambre jusqu'au couloir. Derrière eux, suivaient Martin Bormann et la morte Eva Hitler. Elle portait une robe noire, sa tête blonde penchée en arrière. Eva avait haï Bormann de son vivant, aussi demandai-je à Günsche : « Aide-les à transporter le Chef, je me charge d'Eva. »

« Puis je pris son corps des mains de Bormann. Son côté était mouillé. Plus tard Günsche m'expliqua qu'Hitler était tombé sur la table et avait renversé le vase de fleurs dont l'eau avait probablement éclaboussé Eva. »

« À mi-chemin des vingt marches du bunker, mes forces m'abandonnèrent et Günsche me rejoignit pour partager le poids et m'aider à amener le corps mort à l'air libre. Dans leur hâte, le docteur Stumpfegger et Linge avaient laissé Hitler à environ 3 mètres de l'entrée du bunker. Günsche et moi déposâmes Eva Hitler près de son mari. »

Note de l'éditeur : Günsche était un homme grand et fort.

« Il était presque deux heures de l'après-midi (p.95 *Inzwischen war es gegen zwei Uhr nachmittags geworden*). (Ce n'était en rien une erreur typographique, car Kempka la répète à d'autres reprises)… La crémation dura de deux heures de l'après-midi à environ 7:30 du soir. (p.99 *Von mittags gegen 14 Uhr bus ungefähr 1930 Uhr abends dauerte die Verbrennung an.*) »

Version de Linge

« Après le repas du midi, Eva Hitler prit congé de moi. Puis elle parla avec Frau Goebbels tandis qu'Hitler se retirait dans sa suite. Günsche m'avait informé que Frau Goebbels voulait s'entretenir en privé avec le Führer. J'en fis part à Hitler et il répondit qu'elle devrait le rejoindre dans sa suite. Ils restèrent seuls pendant un moment. Lorsque j'entrai, Hitler me demanda de lui rapporter une médaille en or de l'un de ses uniformes et il la donna à Frau Goebbels. »

« Immédiatement après cela, Hitler et moi nous rendîmes à la salle d'attente où le docteur Goebbels apparut en tentant de convaincre Hitler de quitter Berlin. Hitler refusa, serra la main de Goebbels et regagna la suite à mes côtés. Vinrent à présent les derniers adieux avec le Flugkapitän (commandant de bord) Baur et Otto Günsche. Finalement, Hitler me regarda d'un air fatigué et indiqua qu'il se retirait pour la dernière fois. Il était 15h15. »

« Il me déclara : *'Linge, je vais à présent me tirer une balle dans la tête.'*, puis il me donna des instructions sur la manière dont je devais m'échapper de Berlin. Après qu'il eut pénétré à l'intérieur, je refermai la porte derrière lui. »

« Je marchai vers la sortie du bunker, où les membres du corps de garde de la SS étaient assis. Comme je supposais qu'Hitler mettrait bientôt un terme à sa vie, je ne restai pas longtemps et revins à l'antichambre adjacente à la suite. Là, je sentis l'odeur de fumée d'un pistolet venant d'être utilisé. »

« Je n'osais pas ouvrir la porte de la suite et y pénétrer tout seul. Je me rendis alors à la salle de réunion de crise où un groupe s'était rassemblé autour de Martin Bormann. Ils étaient ignorants de ce qui venait de se passer. Je fis un signe à Bormann et lui demandai de m'accompagner à la suite d'Hitler. Une fois là-bas, j'ouvris la porte et entrai, Bormann me suivit. »

« Adolf et Eva Hitler étaient assis sur le canapé. Tous deux étaient morts. Lui s'était tiré une balle dans la tempe droite avec son pistolet de 7.65 millimètres. Ce dernier et un pistolet de secours de 6.35 mm reposaient sur le sol à ses pieds. Sa tête était quelque peu inclinée vers le mur. Du sang était répandu sur le tapis près du canapé. Sa femme était assise à sa droite, ses jambes repliées sous elle. Elle avait pris du cyanure. L'ampoule était sur la table. »

« Je poussai Hitler sur le côté, faisant de la place pour nous permettre d'intervenir. Bormann sortit pour trouver de l'aide afin de transporter les corps. J'étendis une couverture, y déposai les corps en les enveloppant. Je ne regardai pas la tête d'Hitler, je ne vis ainsi aucun des dommages que la balle lui aurait infligé. »

« Eva Hitler fut transportée la première. Kempka la prit dans ses bras. »

« Je m'emparai de la tête d'Hitler, deux officiers de l'escorte soulevèrent le corps dans la couverture grise. C'est ainsi que nous le transportâmes. »

« À l'extérieur de l'entrée du bunker, dans le parc de la Chancellerie, nous le déposâmes près du corps d'Eva et arrosâmes les deux cadavres d'essence. *(Il décrit les difficultés de l'incinération).* Les derniers témoins, Bormann, Goebbels, Stumpfeger, Günsche, Kempka et moi-même, fîmes un dernier salut hitlérien avant de retourner à l'intérieur. J'avais à faire et ne retournai pas voir les corps. Je suppose qu'ils brûlaient encore aux alentours de 19h30. »

Version de Günsche

« Vers les neuf heures du matin du 30 avril 1945, je vis Martin Bormann qui m'informa des intentions d'Hitler et de sa femme de se suicider le jour-même. Le Führer avait ordonné que leurs corps soient incinérés immédiatement après leur mort. Il devait s'en occuper personnellement. »

Günshe en compagnie d'Hitler

« Un peu plus tard, je fus appelé par le Führer. Il me répéta ce que Bormann m'avait dit, mais me confia la responsabilité de son corps et de celui de sa femme pour l'incinération afin de rendre toute identification impossible. »

« Après m'être assuré que toutes les réserves d'essence étaient rassemblées depuis le garage vers la Hermann Goering Strasse, je postai des sentinelles SS à l'entrée de l'antichambre. Seuls Goebbels, Bormann, Burgdorf, Krebs, Rattenhuber, Mohnke, Linge, Kempka et moi-même disposions d'un accès direct à cette antichambre, faisant face à la suite du Führer. »

« Adolf Hitler et sa femme prirent congé de leurs plus proches collaborateurs entre 14h30 et 15h00, y compris Goebbels, Frau

Goebbels, Bormann et Burgdorf, dans une pièce adjacente à l'antichambre. Puis ils retournèrent dans la suite du Führer. »

« Je me tenais moi-même à proximité immédiate de la porte de la suite d'Adolf Hitler. Un peu plus tard, la sentinelle de l'antichambre m'informa que Frau Goebbels attendait à la porte et avait à nouveau fait la demande de s'entretenir en privé avec le Führer dans les plus brefs délais. Je frappai à la porte intérieure de la suite – (il y avait une porte intérieure et une porte extérieure) – puis Adolf Hitler l'ouvrit lui-même et demanda brusquement : « Qu'y-a-t-il, Günsche ? » »

« Je lui indiquai la raison de mon intrusion et, apparemment ennuyé, il me dépassa pour aller à la rencontre de Frau Goebbels. Elle le supplia de quitter Berlin. Hitler lui opposa un refus catégorique et s'en retourna dans sa suite. Je refermai les doubles portes derrière lui. Après cela, personne ne put, ou ne dut entrer dans la suite privée d'Adolf Hitler et de sa femme avant leur suicide. »

« Lorsque Bormann, Linge et moi-même ouvrîmes les doubles portes de la suite d'Hitler à 15h30, nous vîmes Adolf Hitler assis sur le bras du fauteuil près du divan le long du mur gauche en face de nous. (('...*sahen wir Adolf Hitler auf dem an der linken Wand vor uns, neben dem Divan stehenden Sessel sitzen*'). Il avait glissé et son bras droit reposait sur le bras du fauteuil. Sa tête était inclinée sur le côté. Du sang coulait de sa tempe droite. On pouvait immédiatement se rendre compte qu'il s'était tiré une balle dans la tempe droite avec son PPK 7.65mm. »

(Cette déclaration, faite en 1975, trente ans après les faits, diffère substantiellement de ce que Günsche a déclaré à Kempka immédiatement après les évènements de 1945. Aucune déclaration de Günsche ne correspond avec celle de Linge. Dans sa dernière déposition, Eva Hitler était seule sur le divan, et Hitler était assis sur le bras du fauteuil entre le côté droit du divan et le couvercle du chauffage central où figurait une photo de la mère d'Hitler.)

Le dilemme est ici apparent. Il est absolument certain qu'Adolf Hitler n'est pas mort à Berlin mais a fini sa vie en Argentine. Pourtant, nous disposons ici du témoignage de trois officiers SS présents dans le bunker et déclarant qu'ils ont vu les corps d'Adolf et Eva Hitler. Tout devient clair grâce aux conclusions de l'agent S.E.I.G. Michael Ivinheim que vous allez lire.

Adolf Hitler et Eva Braun-Hitler sont-ils morts dans le bunker comme l'histoire officielle le prétend ? Ou bien les recherches de Cooper sont-elles exactes ?

À travers ses recherches approfondies, ses interrogations de témoins, l'assemblage de faits recueillis par les agents S.E.I.G. **Pizzaro, Tiger, Second Son** et beaucoup d'autres, ainsi que le recours aux milliers de pages de documents rassemblés par l'agent S.E.I.G. **Taucher**, il ne peut plus y avoir le moindre doute sur le fait qu'Adolf Hitler et Eva Braun-Hitler ne sont pas morts au sein du Führerbunker. **Don Angel Alcazar de Velasco (158-1985)** a raconté sa version de l'histoire et elle a été confirmée par l'amiral des services de renseignements américains **Robert Thew (333-1987)**. Cependant, nous faisons face aux témoignages de trois honorables officiers de la SS déclarant avoir été les témoins oculaires de la mort d'Adolf Hitler et d'Eva Braun-Hitler dans le bunker. Mais le furent-ils vraiment ?

Michael Ivinheim dénoue l'énigme et une fois encore prouve que l'histoire du suicide dans le bunker n'est qu'une fausse piste. Il nous explique la chose suivante :

« Nous sommes ici en présence d'une fable sur laquelle trois officiers SS, longtemps même après la guerre, ne parviennent pas à s'accorder sur la teneur des évènements de l'après-midi du 30 avril 1945 dans le bunker de Berlin.

Ces trois hommes occupaient tous le même rang – SS-*Sturmbannführer*. Linge était le serviteur personnel d'Hitler ; Günsche était adjudant de la SS et Kempka le chauffeur personnel d'Hitler ainsi que le directeur de sa flotte automobile personnelle. Les dépositions de Linge et Kempka sont apparues dans leurs livres déjà cités ; la déclaration de Günsche de 1975 est citée dans le livre de Kempka. Kempka rapporte également que Günsche lui déclara immédiatement après : « *Hitler s'est tiré une balle dans la tête* ».

Le récit de Linge tend à éliminer le rôle de Günsche dès 15h15, au moment où Hitler adresse ses adieux à ce dernier, c'est-à-dire un quart d'heure avant que lui-même (Linge) ne prétende avoir pénétré dans la suite du Führer accompagné de Bormann. D'après Linge, il n'y avait pas de garde posté aux portes de l'antichambre de la suite d'Hitler.

Selon lui, la zone était déserte. Au moment critique, il s'est présenté lui-même à l'entrée du bunker du Führer pour une raison inconnue. Il est alors allé dans le voisinage de la suite et s'est rendu compte, grâce à l'odeur de poudre s'échappant des doubles portes de la suite, qu'un pistolet avait été utilisé à l'intérieur. Il a alerté Bormann dans la salle de réunion de crise, et tous deux sont entrés dans la suite du Führer ensemble. Ils ont vu le couple mort sur le canapé. Linge déclare que le corps d'Eva Braun a été emmené en premier. Les porteurs étaient Linge et deux officiers de l'escorte, bien que l'autre témoignage indique qu'il s'agissait de Linge et du docteur Stumpfegger. Ils déposèrent le corps d'Hitler près de celui de sa femme à l'extérieur de l'entrée du bunker, c'est-à-dire que son corps était bien déjà là lorsque celui d'Hitler fut amené.

Dans son témoignage de 1945, Günsche raconte qu'il avait posté des sentinelles du corps de garde de la SS à l'entrée de l'antichambre, avant 14h30, qu'il se trouvait lui-même à proximité immédiate des portes de la suite d'Hitler, et qu'il s'était tenu là tout le temps avant le suicide. Il a déclaré à Kempka en 1945, que lui, Bormann et Linge avaient tous trois entendus le coup de feu, et que c'était la raison pour laquelle ils étaient entrés dans la suite tous ensemble.

Linge précise qu'il n'a pas entendu le coup de feu, mais senti l'odeur de la poudre et qu'il n'a vu aucune sentinelle SS, pas plus que Günsche, à l'extérieur de la suite d'Hitler et de l'antichambre. Et que c'est pourquoi il s'en est allé chercher Bormann.

De plus, Günsche a déclaré d'abord à Kempka en 1945 qu'Hitler et Eva Hitler étaient morts ensemble sur le canapé, et qu'Hitler avait dû renverser le vase de fleurs lorsqu'il était tombé sur la table. D'après le témoignage de Günsche de 1975, Hitler n'aurait pas pu renverser le vase s'il s'était trouvé sur le fauteuil à droite du divan – mais même si Hitler avait glissé sur la table depuis le canapé en renversant le vase, comment était-il retourné de la table à gauche du canapé après s'être tiré une balle dans la tête ?

Quant à Kempka, dans son témoignage, il dit que le corps d'Hitler fut emmené en premier par Linge et le docteur Stumpfegger, puis que lui-même a porté ensuite le corps d'Eva Hitler avec l'aide de Bormann puis de Günsche. Et qu'ils ont déposé son corps à côté de celui de son mari. Linge, lui, déclare qu'il a déposé le corps d'Adolf Hitler aux côtés de celui de sa femme.

Évidemment, ils ne peuvent pas dire tous les deux la vérité.

De surcroît, Kempka indique que les suicides ont eu lieu avant deux heures de l'après-midi, tandis que Linge et Günsche, ainsi que Bormann dans un message ultérieur à Dönitz, ont tous mentionné *« l'heure du décès »* comme ayant eu lieu après 15h30.

De mon point de vue (et je rejoins celui d'Ivinheim), soit ces officiers étaient tous stupides, soit il ne s'agit que d'une fable SS contenant un message. Et ce message est : vous ne pouvez pas vous fier à ce que nous avons déclaré à propos du suicide d'Adolf Hitler et sa femme.

Harry Cooper

La mort très étrange d'Otto Günsche

D'après l'agent S.E.I.G. **Nightingale**, Otto Günsche était en excellente santé après avoir célébré son 88ème anniversaire. Environ dix jours plus tard, sa femme de ménage l'a découvert mort dans son sauna à 9 heures du matin et il se trouvait là depuis l'après-midi de la veille avec une température réglée sur 85° Celsius ! Même la viande ne se cuit pas à une température aussi élevée. Peut-être était-il prêt à révéler la vérité au monde. Bien sûr, il peut tout aussi bien s'agir d'une attaque cardiaque comme cela fut rapporté dans la presse…

Sharkhunters n'avait que deux ans lorsque Don Angel Alcazar de Velasco nous rejoignit en tant que membre en 1985. Au cours des années, nous devînmes amis et il se montra plus confiant, avant de finalement nous raconter son histoire. Ses antécédents ont été scrupuleusement vérifiés et il était vraiment celui qu'il prétendait être – un espion de l'Axe ; d'abord pour le compte du Japon puis de l'Allemagne. En sus de diverses confirmations, deux agents hautement entraînés, tous deux membres de Sharkhunters, confirmèrent qu'il était authentique. Un de ces agents était l'Amiral **Robert Thew (333-1987)**, retraité des services de renseignements américains avant d'occuper un poste important au sein de la NSA. L'autre était un ancien agent allemand de l'Abwehr, l'agent **Peter Hansen (251-1987)** voir la photo à droite, qui connaissait personnellement le Großadmiral Karl Dönitz et l'Amiral Wilhelm Canaris, le directeur de l'espionnage allemand qui fut exécuté avec une corde de piano après la tentative ratée de putsch contre Hitler à la Wolfsschanze (Tanière du loup).

À Sharkhunters, au milieu et jusqu'à la fin des années 1980, nous avons profondément creusé les rumeurs de *« Bateaux Noirs »*, ayant transporté les rescapés allemands en Argentine. Nous avons appris que la petite ville de Villagarcía, située environ à trente kilomètres de la cité portuaire de Vigo en Espagne, avait été un des points de chute principaux pour l'ancienne Abwehr ainsi que pour les fonctionnaires du

Parti Nazi et les membres dirigeants des SS, sans oublier d'éminents scientifiques allemands.

L'existence de ces « *Bateaux Noirs* » fut très tôt confirmée par deux autres membres de Sharkhunters. L'un était un officier et l'autre un enrôlé. Tous deux avaient servi sur les « *Bateaux Noirs* » qui s'étaient rendus en Argentine bien après le supposé suicide d'Adolf Hitler à la fin d'avril 1945, et la reddition de l'Allemagne en mai 1945.

Ils nous demandèrent de ne pas révéler leur nom de leur vivant. Ils ont depuis embarqué pour leur dernier voyage vers leur « *Éternelle Demeure* » et nous pouvons indiquer qu'ils s'agissaient de **Paul Bochen (5051-1996)** et **Karl Waldeck (6167-2000)**.

Bochen avait émigré aux États-Unis dans les années 1950 où il avait embrassé le mode de vie américain : il avait trouvé un emploi, avait travaillé dur, s'était marié, avait acheté une maison et vécu une vie normale avec sa famille.

Waldeck et sa femme Anni avaient opté pour l'Angleterre où ils étaient devenus gérants d'importants hôtels. Une fois à la retraite, ils étaient rentrés en Autriche.

Bochen (ici en 1943 – photo de droite) avait embarqué sur les *« Bateaux Noirs »* tard dans la guerre, un an après la fin des hostilités. **Waldeck** était préposé sur les destroyers allemands à la fin de la guerre, mais ne l'était que sur le papier, car la Kriegsmarine ne disposait plus de destroyers à cette époque. En fait, il naviguait sur un *« Bateau Noir »* au sein de trois patrouilles différentes à la fin de la guerre au centre de l'Atlantique. Là, il rencontrait des steamers puis transférait leurs passagers à bord des navires. **Waldeck** ajouta rapidement qu'il ne pouvait se rappeler le nom d'aucun passager à bord de son sous-marin.

Nos recherches approfondies révèlent qu'au moins trois sous-marins allemands (U-Boote) se trouvaient en haute mer au centre de l'Atlantique lors de la reddition. Le premier était l'*U-530*, commandé par le membre Sharkhunters **Otto Wermuth (1344-1990)**, ayant capitulé à la base sous-marine argentine de Mar Del Plata en juillet 1945, plus de deux mois après que l'ordre de capitulation eut été donné. Puis en août 1945, environ deux semaines plus tard, l'*U-977* sous le commandement d'Heinz Schäffer, ayant capitulé à la même base sous-marine de l'autre côté du monde. Les deux commandants déclarèrent qu'ils n'avaient eu connaissance ni de la présence de l'autre, ni qu'ils allaient se rendre au sein du même port sud-américain. Lorsqu'il leur fut demandé séparément et en privé, pourquoi ils avaient choisis de se rendre à Mar del Plata, leur réponse fut en tout point similaire. Ils déclarèrent qu'ils souhaitaient confier leurs hommes à un endroit où ils seraient traités avec dignité – et chacun déclara ne pas avoir connaissance de leur plan respectif.

Otto Wermuth à Mar del Plata, Argentine, où il capitula à bord de l'U-530 deux mois APRÈS la reddition allemande.

Tandis que l'**U-530**, un sous-marin au long cours de type IX-C, avait assez de *'jambes'* pour gagner l'Argentine, le sous-marin **U-911** de type VII-C est une véritable énigme. D'après le propre rapport du Commandant Schäffer, ils quittèrent leur base de Norvège avec seulement ¾ de ravitaillement en carburant et naviguèrent jusqu'à leur station des Iles Britanniques. Puis l'ordre de reddition vint et Schäffer, d'après son propre livre, rebroussa chemin vers leur base norvégienne pour y débarquer les hommes mariés. Plus tard, avec un équipage réduit composé des célibataires restants, et sans aucun carburant additionnel (selon son récit), ils repartirent pour l'Argentine, atteignant ses côtes près de trois mois plus tard.

Même s'il disposait d'une pleine réserve de carburant, un type VII-C aurait du mal à couvrir une distance aussi vaste, car leur capacité est d'environ 6,500 miles. Cependant, malgré le propre rapport de Schäffer indiquant le manque de carburant, l'**U-977** parvint à Mar del Plata. Schäffer prétendit qu'il était parvenu à couvrir une distance aussi longue en restant submergé et en n'utilisant qu'un seul moteur diesel. Cela n'a aucun sens. Il aurait été bien plus difficile de pousser le sous-marin avec sa structure angulaire au-dessous du niveau de la mer au contraire de progresser en surface ; cela aurait nécessité davantage de carburant.

Dans l'ouvrage « *The Secret Alliance* », l'agent S.E.I.G. Michael Ivinheim réfute cette version des soixante-six jours de navigation en submersion.

*L'**U-977** à Mar del Plata, 3 mois après la capitulation Allemande*

Wermuth et Schäffer ont tous deux prétendu qu'ils s'étaient débarrassés en mer de toutes formes de documents avant d'atteindre Mar del Plata. Cependant, l'ancien agent de l'Abwehr **Peter Hansen (251-1987)** fut missionné à Buenos Aires en 1947 pour traduire tous les documents – qui *« n'étaient pas à bord »* de ces bâtiments. Et lorsque **Harry Cooper (1-LIFE-1983)** a visité la base de sous-marins de Mar del Plata en 2008, les caisses contenant ces papiers lui furent montrées et on lui déclara même qu'il pouvait revenir quand il le souhaitait pour les consulter.

Sur ces photos nous pouvons apercevoir certains de ces documents qui *« n'étaient pas à bord »*, de l'***U-530*** ou de l'***U-977***. Heureusement, nous entretenons d'excellents rapports avec la marine argentine et pouvons y retourner quand nous voulons.

Ces photos montrent certains documents que nous avons pu consulter à Mar del Plata. Peter Hansen (251-1987) nous explique qu'il n'y a là rien d'extraordinaire ; qu'il ne s'agit que de simples manuels d'opérations traitant des équipements variés à bord des sous-marins. Or, cela prend tout son sens, car nous pensons que tout ordre lié à la fuite de personnalités de rang important n'a pu être délivré que verbalement.

Le Suicide d'Hitler, une supercherie ?
Le Gouvernement Confirme.

Lorsque nous reçûmes cette longue histoire de Don Angel, je ne pouvais tout simplement pas y ajouter foi. Hitler était mort de ses propres mains – cela était la version publiée et acceptée de l'histoire et je le lui rappelai, mais il insista en confirmant que son histoire était pourtant vraie. Certaines de ses assertions furent faciles à vérifier tandis que d'autres demeuraient enveloppées d'obscurité. Puis l'impensable se produisit – l'Union Soviétique s'évapora ! Lorsque cela arriva, nous parvînmes à pénétrer au sein des nombreuses petites archives se trouvant auparavant derrière le *Rideau de Fer*', et le puzzle commença à prendre forme.

Bases secrètes ? Suicides secrets ?
Beaucoup trop de secrets

Nous apprîmes alors l'existence d'endroits comme la *Basis Nord*' et *Feuerland*' !

Les *Basis Nord* (Bases du Nord) font référence à un accord entre l'Allemagne et l'Union Soviétique permettant à la marine allemande (Kriegsmarine) d'utiliser des bases secrètes sur les côtes au nord de la Russie. Cela comprenait la maintenance, la réparation et le ravitaillement les plus rudimentaires qui soient. Le carburant était d'ailleurs plus ou moins incompatible avec les navires de la Kriegsmarine. Ce fut de toute façon une opération de courte durée et une fois que l'Allemagne eut envahi l'Union Soviétique par *l'Opération Barbarossa*, tout accord existant entre les deux nations cessa d'exister.

Il en allait tout autrement de la *'Feuerland'*. Ce terme allemand signifie *Terre de Feu* ce qui donne en espagnol Tierra del Fuego, faisant référence à la partie la plus australe de l'Amérique du Sud. En 1915, le croiseur léger allemand **Dresden** passait le Détroit de Magellan à la pointe de l'Amérique du Sud, après que l'escadron de croiseurs de l'Amiral Graf Von Spee eut été décimé au cours de la bataille des Îles Malouines.

À bord se trouvait un jeune Lieutenant du nom de Wilhelm Canaris, dont le travail consistait à pister les *'U-Plätze'* ou les endroits cachés. Il était en quête de ports cachés où les navires pourraient amarrer en sécurité sans être vus par les bâtiments ennemis. En 1938, le navire ancien Schleswig Holstein (voir photo) parcourut à nouveau cette route, établissant des notes encore plus détaillées que celles de Canaris en 1915. Lors de la Seconde Guerre mondiale, le jeune Lieutenant Canaris était devenu l'Amiral Canaris, commandant de l'Abwehr, les services secrets allemands.

Ces ports, ces *'U-Plätze'* ne comportaient aucun équipement ; ils n'étaient que des endroits où dissimuler les navires. Les équipages à bord des anciens navires de combat ont fourni des spécifications extrêmement détaillées de chaque planque, y compris leur proximité avec les voies empruntées par les navires à vapeur, ainsi qu'avec la civilisation ; montrant la direction principale des vents et courants marins, combien de bateaux pouvaient rester dans chaque port, la hauteur maximum des mâts devant être dissimulés par les arbres et bien d'autres choses. Un exemple figure dans l'illustration suivante.

L'île Clarence 54° 103'S x 71°45'W, un long chenal débute après Dunellon. La baie se trouve à 20 miles de Cockburn Channel, puis une grande baie de trente mètres de profondeur.

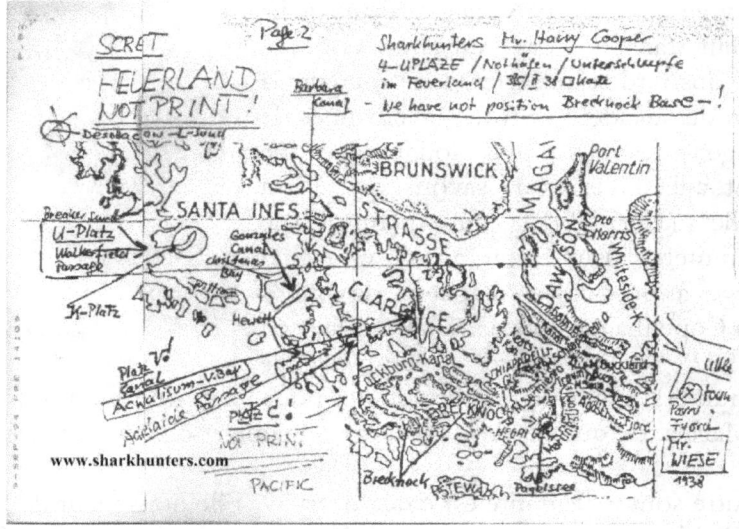

Cette carte et beaucoup d'autres cartes et photos secrètes ont été publiées dans le KTB Magazine publié par Sharkhunters dix fois par an.

Retournons au Führerbunker. Les taches de sang sur le canapé où Hitler était censé s'être donné la mort n'étaient pas du même groupe sanguin que le sien. La seule personne de ce cercle intime encore vivante au 21ème siècle est l'ancien assistant d'Hitler, Otto Günsche (sur la photo). Il a versé de l'essence sur les corps – mais les corps de qui ? Il a fermement refusé de parler de ces évènements, et son silence en dit long ; sa mort étrange ne fait que soulever davantage de questions.

Hitler n'était pas un lâche, il ne croyait pas non plus au renoncement. Le suicide était fort éloigné de son caractère. Après avoir appris celui du maire de Leipzig ainsi que de toute sa famille, il avait condamné le suicide, le jugeant comme de la lâcheté et comme incompatible avec le National-Socialisme.

Son pilote personnel déclara que le 1er mai 1945, il avait transporté Hitler et Bormann par la voie des airs en Norvège, avant qu'ils ne soient transférés dans un autre avion. Il devait plus tard se rétracter pour soutenir la version du suicide. Les forces allemandes de Norvège résistèrent plus longtemps que partout ailleurs et nous savons que Léon Degrelle (1835-1991), un membre de Sharkhunters jusqu'à sa mort, gagna la Norvège à bord d'un dragueur de mines depuis Copenhague, grâce à Günter Dietrich (339-1987), un autre membre de Sharkhunters, avant de prendre un vol pour l'Espagne où il termina sa vie à Malaga. Ce qui fait de la Norvège un endroit-clef de cette période.

Une autre source flagrante est datée de 1959. Elle nous vient de l'agent S.E.I.G. Pizzarro, nous indiquant qu'après avoir été emprisonné dans un camp de Russie, le Général Hans Bauer est rentré en Allemagne de l'Ouest en 1955. Il était en charge de tous les avions d'Hitler et de son personnel. Bauer déclara en 1959 que sur l'aérodrome Rechlin-Lärz, du 28 au 29 avril 1945, stationnait un gros porteur au long cours en partance pour l'Argentine ou le Japon. Il ne précisa pas le modèle de l'appareil mais le six moteurs JU 390-V2 possédait ce type de portée. Il y avait également plusieurs quadrimoteurs de type JU 290. En 1957, le Général Bauer a rédigé un livre dans lequel figurent toutes ces informations, sans qu'il ne mentionne le pilote et l'équipage de ce gros porteur, ni son modèle exact.

Les troupes russes investirent l'aérodrome de Rechlin-Lärz le 2 mai 1945, mais elles ne trouvèrent pas trace du JU 290 ou du JU 390. Il est probable que le JU 390-V2 se soit trouvé à l'aérodrome le dernier jour le 31 avril 1945 et qu'il se soit envolé le 1er mai 1945 pour la Norvège.

Note de l'éditeur – Plusieurs cartes ainsi que des notes manuscrites de l'agent S.E.I.G. Pizzarro se trouvent à la fin de cet ouvrage.

Le corps d'Hitler fut découvert par les Soviétiques et l'Occident ne fut pas autorisé à l'examiner. Leur niveau d'expertise médico-légale à cette époque était sérieusement déficient et le corps qu'ils avaient découvert était sévèrement brûlé. Staline voulait qu'Hitler périsse de la pire des manières, alors supposons que Dieu soit venu en aide au pauvre officier soviétique qui dut annoncer à *Oncle Joe* qu'Hitler leur avait glissé entre les doigts. Il en allait des meilleurs intérêts des membres de l'État-Major Soviétique de déclarer à Staline qu'Hitler était mort.

Cependant, le maréchal Zhukov informa Staline qu'ils n'avaient pu trouver de corps à Berlin qui soit celui d'Adolf Hitler.

D'autre part, seulement quelques heures après la découverte du corps, un officier soviétique observateur avait remarqué que le corps portait des chaussettes qui avaient été reprisées. Assurément, le véritable Hitler n'aurait porté que des chaussettes en parfait état – sans trou. Et bien des années après la guerre, un officier soviétique basé à Magdeburg en Allemagne de l'Est, raconta en riant qu'il avait brûlé le corps d'Hitler à son quartier général. Impossible ! S'ils avaient vraiment mis la main sur le corps d'Hitler, Staline aurait utilisé son crâne comme cendrier - tant la haine entre ces deux hommes était intense.

Une preuve supplémentaire : aussi tard qu'en juillet 1945, deux mois après la capitulation allemande et la découverte du prétendu corps d'Hitler dans le jardin de la Chancellerie, Staline déclara publiquement qu'Hitler était toujours vivant et il alla même jusqu'à demander que les Américains et les Anglais le trouvent et le lui livrent. Pendant des années Staline craignit que le spectre d'Hitler n'apparaisse à nouveau aux portes de Moscou avec ses légions.

Peu après avoir reçu le dossier de Don Angel, nous reçûmes la visite d'un autre membre de Sharkhunters, le Commandant Robert Thew (retraité de la US Navy). Bob était diplômé de l'École Navale et avait passé toute sa carrière dans la Navy au sein des services de renseignements. Après avoir pris sa retraite, il avait intégré l'agence la plus secrète de l'Amérique, la NSA (National Security Agency). Bob nous rendit visite en 1988 et nous lui demandâmes s'il avait déjà entendu parler de Don Angel Alcazar de Velasco. Il sourit et confirma que Don Angel était assurément l'espion qu'il prétendait être ; mais qu'il était un agent si mauvais que toute la communauté du renseignement savait qu'il en était un.

Je fis part à Bob du dossier que Don Angel nous avait envoyé, en lui précisant que ce type devait être fou ! Don Angel y déclarait que Martin Bormann et Hitler n'étaient pas morts à Berlin. Je lui affirmai alors que tout le monde savait qu'Hitler s'était donné la mort dans le bunker. Je me souviens de sa réponse comme si c'était hier. Il s'assit sur le canapé et aussi calmement que s'il avait demandé une autre tasse de café, il me certifia alors :
« Nous savions qu'Hitler n'était pas mort à Berlin. »

Ce fut un choc, alors je lui demandai de qui il parlait lorsqu'il disait *'nous'* savions qu'Hitler n'était pas mort, et il me répondit :
« Les agences de renseignements. Chaque fois que nous étions sur les traces d'un ancien membre important du parti, d'un officier SS ou d'un agent de l'Abwehr dans les années 1940 ou au début des années 1950, la première chose que nous lui demandions était : Où se trouve Hitler ? »

Si Adolf Hitler s'était donné la mort à Berlin, comme l'histoire officielle nous le dit, alors pourquoi les services secrets du monde entier étaient-ils toujours à sa recherche au milieu des années 1950 ? Pourquoi Staline continua-t-il à prétendre qu'Hitler n'était pas mort à Berlin ? Se pourrait-il que l'histoire du suicide ait été montée pour couvrir l'échec des Soviétiques à trouver Hitler ?

Il y a une autre possibilité expliquant pourquoi ceci fut caché au public. À présent, au début du 21ème siècle, nous découvrons de nombreux indices révélant qu'un marché a pu être conclu – celui de permettre à Hitler de s'échapper en échange d'un transfert de technologies allemandes, y compris d'armes nucléaires, qui auraient autrement pu être perdues ou encore pire, transmises aux Soviétiques. À ce moment, tout cela n'était encore que théorie, mais beaucoup de renseignements pointaient dans cette direction et nous devions creuser le sujet.

Il faut se rappeler que les sources gouvernementales officielles déclarent définitivement qu'Hitler s'est suicidé dans le Führerbunker et que le corps trouvé non loin de la Chancellerie quelques années plus tard, était en fait celui de Martin Bormann.

On peut se demander, avec les dizaines de milliers de restes de squelettes encore à Berlin, pourquoi quiconque en viendrait à penser que ce corps ou n'importe quel autre corps à Berlin serait celui de Martin Bormann – à moins qu'ils n'aient besoin de mettre fin à toute spéculation. Les corps n'étaient plus que des squelettes et se ressemblaient tous lorsque celui supposé être celui de Bormann fut « *trouvé* ». Alors pourquoi ce corps en particulier a-t-il été suspecté être celui du Secrétaire du Parti ? À moins qu'il ne soit nécessaire de mettre fin à certaines histoires du Reich ?

Naturellement, nous devons croire ce que le gouvernement nous dit, n'est-ce pas ? Nous devons croire que John F. Kennedy fut tué par un tireur fou isolé à l'aide d'un fusil cassé et d'une *'balle magique'*. Aucune personne de bon sens ne croit cette histoire mais la Commission Warren nous dit que c'est la vérité. L'ancien Président Gerald Ford faisait partie de cette Commission, et quelqu'un a une fois déclaré à son sujet qu'il n'était pas capable de mâcher un chewing-gum et d'uriner en même temps – mais telle est la conclusion officielle du gouvernement. Nous devons la croire parce que le gouvernement a dit qu'il le fallait. N'oublions pas l'incident du Golfe de Tonkin dans lequel un navire américain fut attaqué par deux canonnières, plongeant ainsi les États-Unis dans la guerre du Vietnam. Nous avons appris des années après qu'il s'agissait d'un événement ayant été volontairement programmé. La liste des mensonges proférés par les gouvernements du monde pourrait remplir un livre gigantesque – en fait une bibliothèque entière de livres… Mais vous le saviez déjà.

Hitler est-il mort dans le Führerbunker ? S'est-il échappé en Amérique du Sud ? Après avoir lu ce livre, vos questions auront trouvé leurs réponses.

La Réputation de Sharkhunters

Fondé en 1983, Sharkhunters International est reconnu comme l'unique source d'information mondiale sur l'histoire des U-Boote (sous-marins allemands). Les Commandants d'U-Boote, les officiers et de nombreux membres d'équipages ont partagé leurs connaissances et leurs souvenirs afin que la véritable histoire puisse être transmise. Sharkhunters a produit de nombreux documentaires télévisés y compris pour *History Channel*, et a assisté beaucoup d'auteurs et d'historiens ayant écrit des ouvrages acclamés dans le monde entier.

À part les archives U-Boot d'Allemagne, les archives de Sharkhunters sont les plus fournies au monde.

Le reporter de la BBC, Graham Pound a déclaré que Sharkhunters est : « La source la plus fiable et respectée au monde sur l'histoire des U-Boote. »

Le reporter Adam Harcourt-Webster a déclaré que : « Sharkhunters sont LES experts sur les U-Boote. »

De surcroît, Sharkhunters a assisté de nombreux auteurs dans leurs travaux :

"Operation Drumbeat" du Professeur Michael Gannon
"Torpedoes in the Gulf" de Melanie Wiggins
"Critical Mass" de Carter Hydrick
"Hitler's Ashes" du Col. Howard Buechner,

pour n'en citer que quelques-uns. Ces auteurs sont tous membres de Sharkhunters.

Sharkhunters a également participé aux productions de :

The History Channel
Ghost Hunters International

Dédicaces et Remerciements

Un travail de cette ampleur ne pouvait pas être accompli par un seul homme. Il a fallu l'implication de toute une équipe pour explorer les dossiers cachés et les souvenirs personnels d'une époque que la plupart ne connaissent qu'à travers les livres d'histoire et les films, ces derniers étant bien souvent fort éloignés de la vérité historique.

Je me dois de dédier pour une grande part ces travaux à ma femme et mes enfants, Kay, Meaghan et Sean. Il ne m'ont pas beaucoup vu pendant que j'étais occupé à rassembler la matière de ce livre. Un autre remerciement sincère est adressé à tous les vétérans m'ayant fait part de leurs remarques. Mais nous avons aussi d'autres *'barbouzes'* à remercier :

Paul Bochen (5051-1996), vu ici en 1943, était opérateur radio au sein de l'U-Bootwaffe de 1941 à 1945. En 1943, il se trouvait à Vigo, en Espagne et en 1945 à bord d'un *« Bateau Noir »* en direction de l'Amérique du Sud.

Erich Gimpel (884-1988) (à droite) était un agent de l'Abwehr, référencé sous le matricule #146 sur plus de 20,000 agents. Il fut capturé, jugé et condamné à mort par pendaison. La mort de Roosevelt juste trois jours avant l'exécution de sa peine de mort, l'a sauvé. En mars 2010, il a célébré son 100ème anniversaire.

Karl Waldeck (6167-2000) était un officier marinier à bord d'un navire qui a effectué trois voyages de Villagarcía jusqu'à la Mer des Sargasses après la fin de la guerre, accompagné par des passagers *'spéciaux'* qui embarquaient par la suite à bord de paquebots pour effectuer le reste de leur voyage en Argentine.

L'agent S.E.I.G. **Second Son**, un des plus fins connaisseurs du 3ème Reich en Argentine.

L'agent S.E.I.G. **Tiger**, ami du précédent et un très bon chercheur.

L'agent S.E.I.G. **Rembrandt**, un retraité des Pays-Bas, ayant grandement contribué à étendre notre connaissance des archives hollandaises.

L'agent S.E.I.G. **Taucher**, un chercheur infatigable ayant découvert beaucoup de choses.

L'agent S.E.I.G. **Pizzarro**, sans aucun doute le plus prolifique de nos agents, ayant contribué et découvert une quantité considérable d'informations et de données historiques.

Nous tenons aussi à remercier l'agent S.E.I.G. **Nightengale**, qui connaissait personnellement beaucoup de membres de l'ancien Reich et qui nous a fourni un grand nombre d'informations de première main.

Ingrid Sharfenberg (3308-1993) qui fut tristement tuée le 17 février 2013 lors d'une chute suspicieuse à son hôtel.

Sans nos agents S.E.I.G. y compris le Commandant Bob Thew et Peter Hansen, nos recherches auraient été incroyablement plus difficiles.

Il y a un autre agent S.E.I.G. qui ne figure pas dans ce livre mais dans le suivant : « *Hitler and the Secret Alliance* », Michael Ivinheim, qui nous a fourni des éléments d'une importance cruciale.

Cet ouvrage, le 2ème volume de cette trilogie sur la fuite d'Hitler, révèle les fondamentaux ayant rendu cette fuite possible.

Un grand merci à tous !

D'autres remerciements chaleureux vont aux membres Sharkhunters **Jack Goodier (127-LIFE-1985)** et **Charles Entenmann (331-LIFE-1993)** pour leur généreux soutien financier ! Sans eux et leur soutien, nous n'aurions pas pu nous rendre en Argentine (à quatre reprises) et au Brésil, et ces travaux n'auraient pas pu voir le jour. Jack et Charlie, mes plus sincères remerciements !

L'influence de l'Argentine

Avant d'aborder le cœur de cette histoire, regardez ces photos de la Deuxième Guerre mondiale prises en 1941. De belles troupes allemandes, n'est-ce pas ?

Il ne s'agit pourtant pas de la Wehrmacht allemande, mais des troupes de l'armée argentine portant l'uniforme, utilisant les équipements et le matériel de l'armée allemande en 1941. Peut-être ne savons-nous pas tout de l'histoire…

Et maintenant, passons au récit de Don Angel.

Première Partie

Waltzing Matilda

Janvier 1945, l'Allemagne tombait en miettes et les cerveaux guidant cette machine de guerre nazie pataugeante affluaient aux côtés d'Hitler dans la forteresse souterraine de la Chancellerie du Reich au sein d'un Berlin terrorisé. Je faisais partie de ceux ayant été rappelés à la capitale allemande pour intégrer le personnel d'Hitler au cours du terrible printemps de 1945, et je devins de fait le seul non-Allemand à travailler à l'intérieur du quartier général personnel du Führer dans le bunker.

La sortie du Führerbunker

Je décris à votre intention les jours incroyables que j'ai passés dans le Führerbunker, coupé du monde extérieur, tandis qu'Adolf Hitler enrageait contre ses généraux, ses armées, son propre peuple – et l'ennemi qui était en train de mettre en place le coup fatal qu'il porterait au cœur du tant vanté Reich de mille ans.

Nous vivions dans l'ombre constante d'un génie dérangé au sein de notre propre monde chaotique à partir duquel se sont développé des milliers de théories et d'incalculables histoires conflictuelles racontant le sort d'Hitler et de l'élite du Parti Nazi. J'étais présent sur les lieux et je peux dire la vérité sur ces jours fantastiques tels que je les ai vécus.

Je connais la vérité au sujet du prétendu suicide d'Hitler et d'Eva Braun. Je vous conterai le vol depuis Berlin sous le feu des Russes et ma fuite finale de l'Allemagne, ainsi que comment après mon retour en Espagne, j'ai assisté Adolf Eichmann dans son évacuation hors d'Europe, en l'ayant retrouvé dans un monastère suisse deux ans après la fin de la guerre. Et peut-être le plus important, je puis à présent révéler le sort de Martin Bormann, cette éminence de l'ombre qui était le bras droit d'Hitler durant les beaux jours du régime nazi.

Comment saurais-je ces choses ? Parce que je fus choisi par les instances occultes du Parti pour escorter l'homme fort d'Hitler lorsqu'il entreprit son voyage extraordinaire sous l'Atlantique à bord d'un U-Boot en mai 1946.

Bien des années ont passé depuis que je me suis mis au service des Nazis. Ils me considéraient comme un de leurs agents les plus fiables, ayant accès à leurs projets les plus secrets de réémergence en tant que pouvoir à l'échelle mondiale.

Je connais la puissance de ces hommes et leur organisation clandestine. J'ai vu la détermination avec laquelle ils planifient leur retour au pouvoir, et ai participé à la formation de groupes d'action secrets sur deux continents. Ils sont bien organisés. Le Haut Commandement existe toujours et se rencontre chaque année en Allemagne de l'Ouest, où ils ne manquent pas de soutien.

Ceci est donc mon histoire. J'ai été le chef du réseau d'espionnage nazi en Espagne tout au long de la guerre et en tant que tel, était considéré comme un de leurs agents les plus loyaux, mais ce ne fut qu'en janvier 1945, lorsque les armées britanniques, américaines et russes se ruèrent sur les frontières de la patrie, que je fus appelé au côté du Führer.

Le 15 janvier, Hitler rentrait à Berlin depuis Bad Nauheim, où il avait dirigé l'offensive malheureuse des Ardennes, la dernière poussée d'une Wehrmacht écrasée et démoralisée. Après avoir tout misé sur les restes des anciennes invincibles divisions Panzer, le Führer se retira furieux dans le Führerbunker sous la Chancellerie du Reich. Ce fut quasiment au milieu d'une débâcle complète qu'Hitler, environné d'ennemis, ses moyens de défenses anéantis, ses troupes en infériorité numérique, retourna vers sa capitale bombardée et détruite.

Le jour de son arrivée, je travaillais au quartier général du renseignement SS, proche de l'ancien Reichstag. Je me trouvais en Allemagne depuis sept mois, dirigeant les activités de certains agents à l'étranger.

Le jour suivant, je fus informé par le Commandant SS Willie Oberbeil – en ce temps-là mon supérieur immédiat au sein des services de renseignements – que nous avions reçu l'ordre de rejoindre le bunker du Führer où nous serions responsables de la transmission directe des rapports de nos agents au Führer lui-même.

Cette nuit-là, Berlin fut soumise à un raid aérien intensif et la fumée avait envahi la cité lorsqu'Oberbeil et moi-même tentâmes de trouver notre chemin vers la Chancellerie du Reich, à travers les rues en ruines et les devantures brisées.

Ce vaste bâtiment en forme de mausolée, qu'Hitler avait lui-même dessiné pour impressionner les ambassadeurs et les chefs d'État étrangers venant lui rendre hommage au temps du faîte de sa puissance, était à présent presque complètement détruit. Tout ce qui en restait était une coquille noircie. Les imposants murs de marbre s'étaient écroulés, les lourdes portes travaillées et les coûteux ornements étaient éparpillés sur le sol dans le plus complet désordre. En haut de l'escalier conduisant à l'édifice, nos passes furent inspectés par un garde SS au casque d'acier, qui nous dirigea vers une partie de l'immeuble qui était encore intacte. Un autre garde nous fit emprunter un escalier étroit conduisant à un petit garde-manger. Nous nous trouvâmes alors conduits dans un deuxième escalier encore plus abrupt aux pieds duquel se trouvait une épaisse porte d'acier. Il s'agissait de l'entrée du bunker.

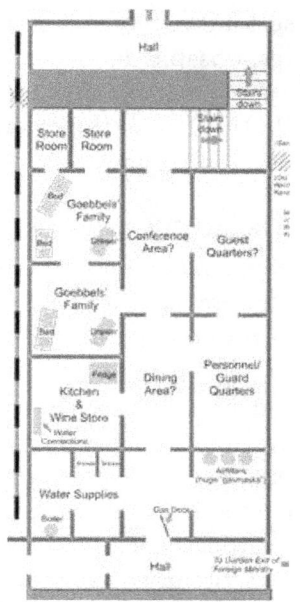

Elle faisait partie d'une cloison d'acier et de béton hermétique, étanche, et anti-explosion, qui lorsqu'elle était fermée, isolait efficacement l'abri à cinquante pieds sous terre du reste du monde. Nos laissez-passer furent une fois encore inspectés par un sergent SS en uniforme noir et nous fûmes enfin autorisés à continuer notre chemin. L'entrée était si étroite que nous dûmes la franchir de côté.

Nous entrâmes dans un couloir bas de plafond et bien éclairé, doté d'une autre porte à mi-chemin sur notre gauche. Cette porte donnait sur la partie haute du bunker qui abritait les cuisines et les logements du personnel. Un corridor central, de 12 pieds de large, était meublé de tables et de chaises et était utilisé comme salle à manger par le personnel d'Hitler. Tout au bout de ce corridor, un escalier de ciment descendait vers un deuxième bunker plus large, où se trouvaient les bureaux d'Hitler et son poste de commandement.

Oberbeil et moi-même suivîmes le garde armé, jusqu'aux pieds des escaliers qui s'ouvraient sur un autre large couloir, à l'extrême droite duquel se trouvait une cloison de bois et une porte gardée par deux SS. Derrière la porte, je découvris les appartements privés d'Hitler. Comme nous entrions dans le Führerbunker, un homme mince portant un costume gris, se leva d'un des fauteuils alignés contre le mur du couloir et s'approcha de nous.

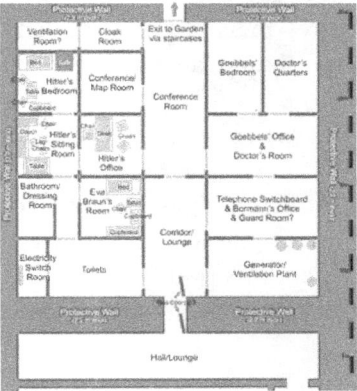

« Bonjour messieurs », dit-il d'une voix posée et bien éduquée. Je supposai que Willie Oberbeil le connaissait déjà, car se tournant vers moi, il continua : « Je suis le Colonel Wagner. Je suis responsable du service de renseignements de la SS ici. »

Il claqua des talons, s'inclina, et avec un fin sourire dit : « Vous faîtes partie de mon équipe. »

Il nous fit passer une des deux portes conduisant à droite dans une petite pièce où deux secrétaires tapaient à la machine. Sur la droite, derrière la porte, un troisième dactylo travaillait au sein d'un petit bureau compartimenté.

Finalement, Wagner nous mena à notre propre bureau. Cette pièce avait été aménagée dans une mezzanine érigée au-dessus de celle du dactylo. Elle avait été créée suivant la décision d'Hitler, afin qu'une équipe de renseignements permanente, opère au sein de son propre quartier général. Les murs en béton du bureau avait été enduits de peinture grise, ce qui ne faisait rien pour diminuer l'aspect austère de la pièce exigüe et mal aérée. Un émetteur-transmetteur radio tout neuf, et une machine à décoder avaient été installés contre le mur à droite et il ne restait que peu d'espace pour se mouvoir entre tous les bureaux entassés dans cet espace de huit pieds sur dix.

Je n'aimais pas trop l'idée de passer davantage de temps dans cet endroit. Il devenait clair que si nous devions, pour une raison ou pour une autre, nous retrouver bloqués ici, le manque d'espace, l'atmosphère étouffante, et l'inconfort de travailler les uns au-dessus des autres, rendraient notre présence en ces lieux intolérable. Pour couronner le tout, il y avait une sorte de battement incessant qui résonnait aux quatre coins du bunker. Je m'en étais rendu compte au moment où j'étais entré, mais à présent, dans ce bureau, la rumeur palpitante était si intense que la cloison de bois en vibrait.

Wagner se rendit vite compte de mon inconfort.

« Ne laissez pas le bruit vous déranger. Ce que vous entendez est le moteur diesel se trouvant dans la pièce d'à côté et dont nous dépendons pour la lumière et le renouvellement de l'air. »

Avec le temps, je devais m'habituer au bruit, à l'étroitesse des lieux et aux lumières toujours allumées, mais je ne parvins jamais à me faire au manque d'air frais.

Il y avait au moins deux autres grands bunkers en dessous de la Chancellerie et une série de petits abris auxiliaires utilisés comme dortoirs par le personnel des lieux. Willie Oberbeil et moi-même nous trouvâmes assignés à l'un de ces dortoirs aux murs en ciment, que nous partagions avec seize autres personnes. Nous nous trouvions à environ quinze pieds en dessous des caves de la Chancellerie, immédiatement au-dessus du bunker principal. Nous appelions cet endroit le 'LAGER', un terme allemand pour désigner un campement. Le lager était mal ventilé et les dix-huit hommes dormant là, se plaignaient constamment de l'effet claustrophobique que cela exerçait sur nous.

Cette vie antinaturelle aurait été intolérable si nous n'avions pas été occupés à travailler 16 heures par jour. Telles des taupes, ignorant la différence entre le jour et la nuit et, dans le bunker lui-même, sujets vingt-quatre heures par jour au scintillement continu de la lumière artificielle, nous fonctionnions selon une routine automatique. L'absurdité de cette existence trouvait sa meilleure illustration dans la petite pantomime qu'Hitler effectuait pour régimenter nos vies. Chaque jour à midi, un garde en uniforme entrait dans notre bureau, demandait notre attention et annonçait solennellement : « Nous sommes aujourd'hui le 23 février. » Ou n'importe quel jour dont il s'agissait. Puis il nous saluait, pivotait rigoureusement avant de s'éclipser. C'était risible – ou ça l'aurait été si le rire, comme toute autre émotion normale, n'était pas étranger à cet endroit.

Le bunker ressemblait à une gigantesque fourmilière et parfois, la hâte des allées et venues des messagers, des fonctionnaires et de leur personnel, rendait difficile tout mouvement à l'intérieur. Nous souffrions d'un manque de place général. Le Haut Commandement, avec ses plusieurs centaines de recrues compressées dans ce labyrinthe de terriers avait, avec le manque de prévision habituel, négligé de pourvoir à ce besoin humain élémentaire d'espace pour se mouvoir et respirer.

J'ai passé beaucoup de nuits à me réveiller sur mon lit de camp dans le lager, à moitié suffocant et courant à tâtons vers la Chancellerie sans toit au-dessus. Je prenais de larges bouffés d'air en me languissant des brises fraîches de mon Espagne natale. Il me paraissait s'être écoulée une éternité depuis la dernière fois que j'avais vu mon pays.

Cela faisait six mois que j'avais quitté Madrid, où pendant quatre ans, j'avais organisé les activités du réseau allemand d'espionnage, soupçonné ni par le gouvernement espagnol ni par les nombreux agents alliés opérant en territoire neutre.

Mais en juin 1944, j'échappai de peu à la mort, entre les mains des agents des services secrets britanniques et américains en poste à Madrid qui avaient essayé de m'enlever pour m'emmener en Angleterre afin de me faire subir un interrogatoire en règle.

J'avais été trahi par un certain Conrado Blanco, un homme que je considérais comme mon ami. Il m'appela au milieu de la nuit pour m'annoncer qu'il se trouvait un groupe d'hommes hautement importants qui m'attendaient à sa maison… *qui m'attendaient était bien la bonne expression !*

La porte de Blanco était entrouverte lorsque j'arrivai et tout était silencieux. Je le trouvai occupé à l'étude de documents. Il semblait quelque peu embarrassé. À ce moment, ma longue expérience m'indiqua que quelque chose ne tournait pas rond. Mes craintes furent confirmées par une calme voix anglaise derrière moi : *« Comme c'est gentil à vous de vous être déplacé, M. Velasco. »*

Je me retournai brusquement et là devant moi, un sourire sur le visage, se tenait mon vieil ennemi : l'agent des services secrets anglais, John Fulton. Il fut rejoint par deux autres hommes que je connaissais pour être des agents alliés – un Américain et un Canadien. Ouvertement amicaux, ils m'offrirent un verre de whisky que j'acceptai. Pendant que nous buvions, Fulton m'annonça qu'il me ramenait avec lui en Angleterre. Mon seul réconfort était le revolver 32mm que j'avais glissé dans ma veste avant de partir de chez moi. C'était à présent le moment de m'en servir !

Je sortis le pistolet de ma poche et tirai deux fois à l'aveugle tout en plongeant vers les persiennes. Je pouvais les entendre se ruer après moi dans l'obscurité tandis que je traversais le jardin en courant et escaladait le mur de derrière. J'eus la chance de trouver un taxi à quelques rues de là.

Bien qu'il se soit montré agréable, je savais que Fulton était on ne peut plus sérieux au sujet de son projet de m'enlever. Chaque moment de plus resté à Madrid, constituait, je le savais, un danger pour ma vie. Je pourrais bien ne pas avoir la même chance une prochaine fois. Je passai chez moi le temps de prendre quelques affaires de rechange et des papiers, avant de donner un coup de fil à mon Commandant en Second à Madrid.

Des explications ne furent pas nécessaires. Je mentionnai simplement le nom de code 'Matilda'. Il savait quoi faire. 'Matilda' était le nom de code de notre réseau pour quitter l'Espagne en urgence.

Une heure après avoir quitté la maison de Blanco au sein du quartier Colonia del Viso de Madrid, je me trouvais dans une voiture filant à toute vitesse vers la côte nord-ouest de l'Espagne.

Tout au long de la guerre, les sous-marins allemands patrouillaient le long de la côte galicienne. Les membres de mon organisation avaient à présent envoyé un message radio et organisé un rendez-vous.

Après un trajet de vingt heures, j'arrivai épuisé dans le village de pêcheurs de Villagarcía. Une puissante vedette m'attendait. Je tombai de la voiture, sautai à bord et, fus immédiatement emmené en mer. Quelques minutes après 4 heures du matin, la trappe de la tourelle de l'U-Boot se refermait sur moi. J'étais en route vers l'Allemagne. Notre destination était Hambourg. Au cours de notre voyage, en passant près de l'Angleterre, le sous-marin plongea profondément, tout l'équipage en position de combat. Le Commandant du sous-marin expliqua que la zone était remplie de navires et nous supposions qu'il devait s'agir d'un point de ralliement pour un important convoi sur l'Atlantique.

Je passai par l'habituelle phase de dépression qui me saisissait à bord d'un U-Boot. Il était interdit aux hommes exerçant mon activité de se mêler aux membres des forces armées sauf face à des circonstances exceptionnelles. Ainsi dans un sous-marin, il était tout à fait courant qu'un agent mange seul, dorme seul et évite tout contact avec les officiers et l'équipage.

C'est donc avec un sentiment de grand soulagement que je montai sur le ponton de l'un des grands U-Boote amarré dans les docks de Hambourg - un sentiment qui s'évapora bientôt lorsque je vis l'état de destruction avancée de la ville. Nuit et jour, les bombardements alliés avaient fait des ravages. Je distinguais leur ouvrage à chaque coin de rue. C'est-à-dire là où il était encore possible de se déplacer, aux endroits où des rues avaient été présentes. En effet, à la place, se trouvaient des quartiers entiers aplatis, des routes pilonnées et là où se tenaient auparavant des maisons, des commerces et des églises, ce n'était plus qu'un champ de ruine.

La nouvelle de mon arrivée avait été transmise par radio. Je fus ensuite contacté par la cellule locale de renseignements qui me donna l'ordre de rejoindre Berlin. J'arrivai à la capitale à bord d'un train rempli de soldats se rendant sur le front Est.

Une fois à Berlin, je fus conduit au vieux Reichstag dans une voiture officielle. J'avais reçu l'ordre de reporter à une unité de renseignements SS qui se trouvait sur place. Mais lorsque je me rendis à cet endroit, tout était sans dessus dessous ! L'officier qui devait s'occuper de me recevoir était pris d'une grande agitation.

« Quelle est la raison de toute cette panique ? lui demandai-je.

Il me regarda, incrédule.

« Vous n'avez pas entendu ? » me répondit-il, en secouant la tête. « Les alliés ont débarqué en Normandie. »

Je songeai immédiatement à l'imposante armada de navires que nous avions croisés au cours de notre trajet depuis l'Espagne.

Quelques jours plus tard, lorsque je fus prêt à travailler pour les services de renseignements SS, et que je me trouvai à gérer des centaines de télégrammes top secret en provenance du front, je compris clairement que nos armées en France avaient été complètement prises par surprise. Malgré ça, le Maréchal Von Rundstedt, le Chef d'état-major du front Ouest, rapportait que le débarquement n'était pas de grande envergure. Or, nos services de renseignements recevaient heure par heure ce qu'ils considéraient être d'authentiques rapports, témoignant qu'il était impuissant à empêcher l'invasion à grande échelle qui surviendrait sûrement les jours suivants. Et si le tant vanté Mur de l'Atlantique s'effondrait si facilement, cela serait de mauvais augure pour les autres fronts plus vulnérables de l'Allemagne à l'Est[1].

Maréchal Von Rundstedt

Au milieu du mois de juin, je fus envoyé à Munich où je devais œuvrer au sein de la section étrangère du renseignement SS et ainsi, muni d'un nouveau passeport me désignant comme le docteur Juan Gomez, un médecin espagnol, je me retrouvai dans le train en direction du sud.

Malheureusement, mon séjour à Munich fut écourté car la Royal Air Force commença de consacrer son attention à cette ville.

Chaque matin, je notais un changement à l'horizon aperçu depuis la fenêtre de mon hôtel. Je ne fus ainsi pas surpris un matin d'apprendre qu'un obus avait détruit les bureaux du service et après deux jours de confusion, je fus envoyé à Cologne, notre quartier général principal.

J'étais accueilli à Cologne par le commandant SS Willy OBerbeil. C'était un homme d'une quarantaine d'années, de taille moyenne et à la calvitie naissante. Il portait d'épaisses lunettes d'acier. Il m'emmena dans son bureau du cinquième étage au sein du quartier général et il me fit part de ce qui avait été décidé à mon sujet. Il m'indiqua que le Parti Nazi était satisfait du travail que j'avais accompli et qu'il ne m'était à présent plus possible de superviser personnellement mon organisation en Espagne. En conséquence, j'avais donc été choisi pour l'assister dans ses travaux sur place au quartier général des services de renseignements nazis. Je devais travailler dans son bureau et étais responsable d'éditer un nombre important de rapports quotidiens en provenance d'agents présents aux quatre coins du monde. Filtrés par moi-même, ces

---

[1] **Note de l'éditeur** – Si de telles nouvelles étaient déjà en cours à ce stade de la guerre, pensez-vous qu'il fût possible que certains Nazis occupant des positions influentes ne pensèrent pas à organiser un plan de fuite ?

rapports seraient alors transmis directement au Führer. Tandis qu'Oberbeil me décrivait mes nouvelles responsabilités, je prenais conscience de la signification de ce qu'il m'annonçait. J'allais bientôt avoir à ma disposition un panorama complet des activités d'espionnage nazies.

Si j'avais alors pu mesurer les conséquences que cette activité aurait sur ma vie future, peut-être aurais-je refusé ce poste et quitté définitivement mes maîtres nazis. Mais j'avais été flatté par les encouragements verbaux d'Oberbeil et par le fait que le Haut Commandement nazi me considérait comme suffisamment compétent pour être investi d'une telle responsabilité.

Partie II

L'Espionnage Nazi

Mon travail en Allemagne me donna un aperçu de la complexité considérable de leur service de renseignements, doté d'espions aux quatre coins du monde. Cela me montra aussi pour la première fois, certains de ses disfonctionnements consternants. Je me dois d'expliquer qu'à cette période, les services d'espionnages nazis se trouvaient en cours de réorganisation. Anciennement sous la direction de l'Amiral Wilhelm Canaris[2], le service était devenu si peu fiable que toutes les activités avaient été reprises par les SS.

Je devais découvrir un exemple du manque de fiabilité des services de renseignements sous l'Abwehr, alors que je vérifiais un dossier sur Casablanca en Afrique, classé dans la catégorie top secret. Je cherchais des informations sur la résidence du Président Roosevelt à Washington et je fus stupéfait de trouver plusieurs papiers rapportant les activités de sympathisants arabes. La confusion était évidente. Des rapports sur les deux sujets avaient été rédigés en espagnol, et Casablanca était traduit littéralement par *'Maison Blanche'* sans que personne ne remarque qu'il n'y avait probablement pas de personnels arabes composant l'équipe dirigeante de Roosevelt à Washington !

J'acceptai de travailler à Cologne mais pendant longtemps, les raids aériens incessants rendirent ma tâche impossible à poursuivre. En fait il n'y avait pas une fenêtre restante dans notre bureau lorsque Willy Oberbeil m'indiqua :

---

[2] **Note de l'éditeur** – Après la tentative de coup d'État et l'attentat sur la vie d'Hitler au sein de la Tanière du Loup, Canaris (photo à gauche) fut arrêté et détenu au camp de prisonniers de Flossenberg juste avant que le camp ne soit libéré par les troupes alliées. Canaris fut exécuté au moyen d'une fine corde de piano, en fait étranglé à mort. Il est convenu que Canaris était anti-Nazi et anti-Hitler, mais il reste à déterminer s'il était vraiment dans la poche des Soviétiques comme certaines rumeurs l'attestent.

« Bonne nouvelle Juan. Nous quittons cet enfer. Nous avons tous deux reçu l'ordre de rejoindre Berlin. » Et il agita devant moi avec jubilation un télégramme codé.

Mais je ne partageais pas la joie de Willy. Avec ce que j'avais vu de la capitale quelques mois plus tôt, je me doutais que Berlin ne serait pas plus agréable que Cologne – et j'avais raison. Je travaillai les derniers mois de 1944 dans une chambre, sans confort et exposée aux quatre vents, située derrière le vieux Reichstag de Berlin.

Je ne parviens pas à me rappeler clairement du jour de Noël 1944 ; excepté du fait que tout le monde avait un peu trop bu. Un toast fut porté au nom du Führer dans un élan d'optimisme faisant suite aux succès initiaux de l'offensive des Ardennes : c'était une promesse de repousser les alliés à la mer.

À la place, ce fut lui qui dut se replier sur Berlin, et Oberbeil et moi-même reçûmes l'ordre de rentrer au bunker.

Au cours des premiers jours de mon arrivée dans le bunker avec Oberbeil, je fus introduit dans le Saint des saints, le bureau privé d'Hitler, pour y être interrogé par le Führer en personne. Tout au long de mon séjour en Allemagne, j'avais reçu des bribes de rapports de nos hommes aux États-Unis et en Amérique du Sud, parlant d'une nouvelle arme secrète américaine. Bien qu'aucun détail ne nous soit parvenu, les rapports mentionnaient un type de bombe entièrement nouveau au pouvoir destructeur dévastateur. En même temps, je comprenais que les scientifiques nazis travaillaient désespérément pour concevoir une tête nucléaire fonctionnelle pour nos missiles V-2. Cependant, nos espoirs furent anéantis après que les bombes alliées eurent totalement détruit les laboratoires allemands de recherches atomiques en Norvège et en Prusse. Il devenait évident que les Américains remporteraient la course au perfectionnement de cette arme monstrueuse : la première Bombe Atomique. C'est en raison d'un de nos rapports en provenance des États-Unis que le Führer m'avait fait mander.

Un matin de la dernière semaine de janvier, Oberbeil pénétra au pas de charge dans notre bureau. Il était anormalement excité et me parlait en allemand si rapidement que j'avais des difficultés à comprendre ce qu'il disait. Lorsqu'il reprit enfin son souffle, je lui demandai de répéter son message.

« Tu as l'ordre de te rendre auprès d'Hitler immédiatement. »

Il ajouta : « Il souhaite t'interroger personnellement à propos de la fiabilité d'un de nos agents. Maintenant, viens et suis-moi vite. »

Ce n'était pas la première fois que je rencontrais Hitler face à face. Dix-huit mois plus tôt j'étais au garde à vous tandis qu'il me décorait, moi un sujet espagnol, de la *Croix de Fer* pour mes services rendus à la cause nazie. Pourtant, répondant aux instructions d'Oberbeil en prenant la direction du bureau d'Hitler, je me surpris à rajuster inconsciemment ma cravate et à remettre mes cheveux en place.

Pénétrer au sein de ce sanctuaire (le bureau et les appartements privés d'Hitler dans le Führerbunker) était une affaire compliquée. Il fallait détenir un ordre express, signé du Führer lui-même pour rentrer. Ce dernier devait être soumis à l'examen d'un sergent SS de la garde personnelle d'Hitler avant que l'on puisse être admis au-delà du mur de séparation donnant sur le couloir principal.

Le fait qu'Oberbeil soit un officier de la SS ne faisait aucune différence ; seul quelqu'un de personnellement affilié au Führer, auquel l'ordre serait assigné, pouvait être autorisé à passer. Ayant fourni au garde toutes les garanties nécessaires, il fut introduit en premier dans un passage où se trouvait une grande table de bois autour de laquelle 15 à 18 chaises étaient rangées. À gauche, trois portes ouvraient sur le couloir.

Celle du milieu était gardée par un imposant garde SS. Il examina à son tour nos passes. Il nous demanda de nous asseoir et d'attendre, puis disparut dans une pièce au fond. Il revint un instant plus tard et nous annonça :

« Le Führer va vous recevoir immédiatement. »

Lorsque je franchis le seuil de cette pièce, Adolf Hitler était assis à son bureau. Il paraissait réduit et indescriptiblement vieilli. Sa veste d'uniforme beige – la tenue du Parti Nazi qu'il portait presque toujours – pendait sur ses épaules comme un linceul. Le pouvoir et la personnalité de cet homme étaient tels qu'on s'attendait toujours à voir quelqu'un de proportion géante, mais en ces lieux sa petitesse était encore accrue par la taille du bureau auquel il était assis. C'était un meuble énorme, rempli de tiroirs, chacun bondé de liasses de papiers. Quatre téléphones, tous de couleur noire, étaient disposés à portée de sa main droite. Les murs, de part et d'autre de la porte, étaient bordés de tables inclinées couvertes de cartes.

Trois officiers de haut-rang de la Wehrmacht étaient occupés à travailler au-dessus d'elles, fixant des épingles de couleur d'après les instructions contenues dans les directives militaires auxquelles ils se référaient de temps à autre. Ces hommes ne levèrent même pas le regard lorsqu'Oberbeil et moi-même fîmes notre entrée. Deux chaises avaient été placées face au bureau d'Hitler et le Führer m'indiqua de m'asseoir tandis qu'Oberbeil restait debout près de la porte.

J'étudiai la physionomie d'Hitler – fascinant exercice. Sa tête ne semblait pas être fermement fixée sur ses épaules mais oscillait avec alarme à mesure qu'il parlait. Il paraissait n'avoir que peu de contrôle de ses mouvements. Son bras gauche, qui reposait sur le côté de son fauteuil de cuir tout au long de l'entretien, ne bougea pas une seule fois pendant tout le temps de ma présence. Sa main et son bras droits tremblaient violemment tandis qu'il parlait de nos nouvelles armes, des bombes volantes et des missiles, comme s'il s'agissait de jouets.

Hitler ne révéla rien de ses pensées, mais il étudia le rapport à nouveau pendant toute une minute avant de demander :
« Êtes-vous certain que si cette information n'avait pas été correcte, notre agent ne l'aurait pas transmise ? »
- « Oui, absolument, mon Führer », répondis-je.

Jusqu'à cet instant, son discours avait été lent et dénué d'émotion ; la voix hésitante d'un homme exténué. Mais, ayant à présent réfléchi quelques instants de plus, il semblait avoir pris une décision. Ses manières changèrent brutalement. Me fixant sauvagement, ses yeux horriblement bombés, il me dit d'une voix rauque :
« Contactez cet homme immédiatement. Trouvez la date des essais grandeur nature et l'endroit où ils auront lieu. »
Sa voix s'élevait à mesure qu'il prononçait chaque mot :

« Je veux savoir de combien de ces engins l'ennemi dispose. Comment puis-je prendre des décisions sans connaitre les faits ? »

À mesure qu'il parlait, les doigts de sa main droite battaient précipitamment le dessus du bureau. J'essayai de lui répondre calmement, mais mon cœur battait tellement fort contre mes côtes qu'il dut sûrement détecter la peur qu'il m'inspirait.

« Je ne saurais estimer précisément le délai nécessaire à l'obtention de cette information », lui dis-je. « Je suis conscient de l'urgence, mon Führer, mais cela n'en prendra pas moins de plusieurs semaines pour se procurer ce genre d'information. »

Tandis que je parlais, je me demandais si j'allai provoquer un de ses accès de colère, qui était la crainte suprême de ceux appelés à le voir. Mais j'avais de la chance. Hitler cessa de taper des doigts et fit un effort pour se contrôler. Lorsqu'il répondit, sa voix était retournée à son niveau normal.

« Je conçois les difficultés inhérentes à l'exécution de mes ordres, Herr Gomez », dit-il d'un ton flatteur, « mais je ne saurais exagérer l'importance de recevoir cette information rapidement. Je suis certain que nos amis en Amérique en seront conscients également. »

Il hocha la tête et concentra son attention sur les autres documents de son bureau. Je sentis une tape sur mon épaule et, me tournant à moitié, vis Oberbeil se tenant de côté. Il me fit signe et se dirigea vers la porte. Je me levai, saluai la silhouette baissée derrière le bureau, reçus un léger signe de sa main droite en guise de réponse – l'entretien était terminé. Je tournai les talons et suivai Oberbeil dans le couloir.

Je quittai ce bureau plein d'émotions mêlées. Effrayé et pour la première fois incertain quant à mon dirigeant, j'étais en même temps rempli d'une telle affection et loyauté que je ne savais plus à quelle émotion je devais me fier. Qu'y avait-il en cet homme, pensais-je, pour que des hommes animés d'une si forte volonté le suivent aveuglément ? J'en déduisis qu'il s'agissait du pouvoir de ses yeux. Il y avait quelque chose de troublant dans son regard. Il semblait pouvoir inspirer la confiance chez ceux qui le soutenaient et changer immédiatement ses ennemis en amis.

Il n'était pas grand, ni de musculature imposante, ni même beau. Bien qu'il puisse, lorsqu'il le voulait, être charmant, il était la plupart du temps inutilement désagréable envers son entourage et était possédé d'un instinct cruel et ravi de s'adonner à une aveugle destruction lorsqu'il le jugeait nécessaire – ce qui était souvent le cas. Pourtant, en ce qui concerne sa propre autodestruction, Hitler échoua, comme seule une poignée de gens, dont moi-même, le savent.

J'étais soulagé d'avoir quitté son bureau sans avoir provoqué par inadvertance un de ces accès de colère qui était toujours susceptible de se produire – avec un peu de provocation. Je connais des hommes courageux ayant été démolis par une de ses diatribes maniaques, sans jamais en avoir été témoin d'une moi-même.

Mais je n'oublierai jamais le jour où le Colonel SS Rudolf Wagner, mon supérieur des services de renseignements dans le bunker, rentra en suffoquant dans notre bureau, pâle et tremblant, après avoir assisté à une des conférences tempétueuses du Führer.

Le visage de Wagner était gris sous le choc. Il s'appuya sur la porte entrouverte, ses yeux fermés et nous dit en sanglotant :
« Que Dieu nous vienne en aide. Hitler est fou. Nous sommes entre les mains d'un maniaque homicide. »

L'homme qui se tenait devant moi prononça ces mots encore et encore avant de s'effondrer, sur une chaise en face de mon bureau, les larmes coulant de ses yeux sur ses joues. Le Colonel SS Wagner, à la tête du département du renseignement du Bunker de Berlin, venait juste d'assister à l'une des réunions quotidiennes d'Hitler…

C'était en mars 1945. Je me trouvais au sein du Führerbunker sous la Chancellerie du Reich à Berlin depuis à peine huit semaines, ayant été forcé de quitter mon Espagne natale. Dans mon propre pays, j'avais été le chef du réseau d'espionnage nazi, mais j'étais parti précipitamment lorsque des agents ennemis avaient essayé de me kidnapper. Les huit semaines que j'avais passées dans la capitale du Reich, m'avaient réduit à ne plus être que l'ombre de moi-même, j'avais les nerfs en pelote, j'étais devenu irritable et anxieux. Les bombardements incessants sur la ville cinquante pieds au-dessus de nos têtes, la peur de la progression rapide de l'armée russe, et le fait de savoir que j'étais confiné dans le bunker avec un fou, tout cela avait dégradé ma santé physique et mentale à tel point que je ne parvenais même plus à dormir.

Wagner se trouvait dans un pire état. En le voyant affalé sur mon bureau avec sa tête dans ses mains, je savais qu'il avait atteint sa limite. Je jetais un regard à Willy Oberbeil, le Commandant SS qui était le troisième membre de notre équipe. Le comportement de Wagner l'avait évidemment perturbé, et il s'assit à demi sur son bureau, en se mordillant nerveusement les ongles. Nos regards se rencontrèrent un moment avant qu'il ne détourne le sien.

J'attendais, dégoûté et embarrassé, jusqu'à ce que Wagner se reprenne suffisamment pour nous dire ce qui s'était produit lors de la conférence du Führer. En inspirant nerveusement sur la cigarette que j'avais allumée pour lui, Wagner nous dit simplement : « Hitler a ordonné la destruction complète de l'Allemagne et du peuple allemand. Il prétend que la nation s'est montrée faible et ne mérite donc pas de survivre. »

Ainsi, c'était donc ça. Hitler avait finalement reconnu que notre position était sans espoir. Il avait accepté la défaite. Et maintenant, avec sa politique de la *terre brulée* il voulait s'assurer que rien de valeur ne soit laissé aux armées ennemies rassemblées pour porter le coup final au Troisième Reich.

« Il n'y a plus besoin, avait déclaré le Führer, de considérer ne serait-ce même qu'une forme primitive d'existence. »

Je ne pouvais pas croire qu'un seul Allemand prendrait au sérieux cet ordre insane et méchant. À mes yeux, comme à ceux de Wagner, cela me parut être la preuve définitive qu'Hitler était fou.

En fait, cet ordre ne fut jamais totalement exécuté, grâce au bon sens d'hommes comme Albert Speer, le ministre de l'industrie du Reich. Bien qu'il ait servi la cause nazie depuis le début de son accession au pouvoir, il voyait clairement les potentialités catastrophiques de la *terre brulée*.

Mais au milieu des ordres et des contre-ordres qui émanaient du bunker au cours de ces derniers jours désespérés, il était clair qu'il se trouvait

 un homme déterminé à mettre en pratique la politique du Führer : Martin Bormann.

Dès mes premiers jours au sein du bunker, j'avais développé une fascination pour cet homme. Il paraissait se mouvoir avec aisance parmi la hiérarchie nazie pleine de zèle. C'était un homme calme, peu enclin aux discours développés ou aux slogans défiants la mort comme l'autre occupant puissant du bunker, Josef Goebbels. Et pourtant, il n'y avait aucun doute sur son incroyable pouvoir. Il était le lieutenant le plus fidèle d'Hitler, son plus fervent soutien – *l'éminence grise derrière le trône.*

Son calme était trompeur. Bien qu'il soit très peu connu en dehors du cercle immédiat de la direction nazie, il était parvenu à surpasser l'influence d'hommes comme Himmler et même Göring, devenu à cette époque un bouffon discrédité et non fiable. Le secret du succès de Bormann paraissait reposer sur sa présence constante. En ces jours, Hitler ne pouvait pas se tourner sans qu'il ne trouve l'attentif Bormann à ses côtés. Et une telle attention devait s'avérer payante pour Martin Bormann. Avant la fin, il allait se retrouver en charge de tout, y compris de son ancien maître.

Lorsqu'Hitler mit en place sa politique de la *'terre brulée'*, ce fut Bormann qui la renforça par toute une série d'ordres terribles.

Le 23 mars, il décréta que toute la population de l'Allemagne ; hommes, femmes, enfants, travailleurs et prisonniers de guerre devaient être raflés et conduits de force vers Berlin.

Si cet ordre avait été exécuté, le résultat en aurait été une famine massive. Il devait savoir que des millions de gens auraient péri. Mais connaissant Martin Bormann comme je le connaissais, je doute que de tels motifs sur le plan humain, l'eussent beaucoup affecté.

Je n'avais que peu de contact avec cet homme de l'ombre. Pourtant au cours du peu d'occasions que j'eus de le voir, je fus frappé par sa détermination apparente, son pouvoir et sa dévotion à l'égard du

Führer. Il me traversa même l'esprit que s'il devait y avoir un seul homme qui conserverait le drapeau du Nazisme, même après la défaite, cet homme serait Martin Bormann. Et les évènements qui devaient suivre me donnèrent raison.

À présent que le mois de mars s'était écoulé, la situation militaire était devenue de plus en plus désespérée. L'Armée Rouge avait forcé le passage à travers la Prusse, les Britanniques se ruaient sur le nord de l'Allemagne et les armées américaines se rassemblaient pour une offensive au cœur du Reich. Les messages que nous traitions n'étaient rien d'autre qu'un catalogue de tristesse, à peine égayé par quelques succès locaux servant à raviver nos esprits remplis de désespoir. Le jour et la nuit perdirent leur sens, l'atmosphère parmi les chefs du bunker alternait entre la résignation et la peur, et le nombre de visiteurs diminua jusqu'à quatre ou cinq par jour.

Il y avait toujours Bormann, dans ses propres quartiers et son propre personnel dans un bunker séparé sous la Chancellerie, mais j'avais l'impression qu'il y avait de moins en moins de fonctionnaires et de Généraux Nazis se risquant à visiter Berlin à cause de la menace imminente des Russes. Ils savaient par-dessus tout que les Russes exerceraient d'horribles représailles sur les Nazis qu'ils haïssaient si âprement. Les espoirs que les restes de nos meilleures divisions Panzer seraient capables de contenir l'Armée Rouge en l'empêchant de s'emparer de Berlin, étaient à présent réduits à néant.

Un matin, j'étais assis à mon bureau croulant sous les documents et je parlais à Wagner et à Oberbeil, lorsque le téléscripteur se mit à cliqueter. Wagner se leva et s'approcha de l'appareil. Il s'empara d'un message codé à deux lignes devant être introduit dans l'unité de déchiffrage. Puis il le lut. Il se figea pendant un moment, puis dans un soudain accès de furie, il froissa le papier en boule et le jeta dans un coin.

« Ah les salauds ! » grogna-t-il en écrasant son poing sur la table. « Les minables salauds ! »

Oberbeil récupéra la boule de papier sur le sol et entreprit de la défroisser.

« Nous pourrions avoir à communiquer ça au Führer, quoi que cela contienne », dit-il tout en lissant le message.

Wagner se moqua de lui :
« Qu'allons-nous communiquer ? Tout est perdu, espèce d'idiot ! » Puis il s'écroula sur sa chaise. Oberbeil me montra le message. Il nous indiquait que nos unités défensives avaient été écrasées et que l'Armée Rouge s'était frayée un chemin vers Berlin. La nouvelle, bien qu'elle fût attendue, stupéfia le bunker. Nous ne pouvions pas faire grand-chose à part prier que les Russes ne nous fassent pas prisonniers. C'était comme de vivre dans une maison de fous. J'étais maintenant véritablement terrifié. Mais ce n'était pas si honteux ; tout le monde autour de moi l'était également.

Depuis que les bombardements sur Berlin avaient commencé en mars, le moral était descendu presque à zéro. Tout le bunker tremblait continuellement. Les raids aériens, incessants, s'étaient poursuivis sans interruption pendant six semaines et maintenant que les Russes se rapprochaient, le bruit sensiblement différent des tirs d'artillerie venait se mêler à nos conversations. Nous pouvions clairement distinguer la différence entre les explosions d'obus et celles de bombes.

Les obus nous les entendions – alors que les bombes nous les sentions. Au cours de raids particulièrement importants, il était devenu nécessaire - lorsque nous prenions le café, de tenir notre tasse fermement entre nos deux mains pour éviter qu'elle ne se renverse. De temps à autre, même notre dispositif électrique de secours se coupait, nous plongeant complètement dans les ténèbres. C'était alors que le besoin de crier devenait vraiment irrépressible. Il n'y a qu'une seule raison, en fait, pour expliquer le fait que je ne sois pas devenu fou dans ce trou à rats bombardé, c'est que nous étions tous encouragés, souvent contraints, à prendre de la drogue sous forme de pilules qui devaient, paraît-il, nous rendre optimistes. Aucune drogue n'aurait pu avoir cet effet sur nous, mais le stimulant que nous prenions nous a certainement aidés à continuer.

Cette substance agissait bénéfiquement sur Wagner, pendant de courtes périodes, mais il en prenait par poignées. Willy Oberbeil et moi-même étions plus prudents. Mais même en l'étant, lorsque je dus m'en passer, après avoir été interné dans un camp de réfugiés suisse, je devins rapidement déprimé au point de songer au suicide.

Le seul message, qui peut-être apporta un semblant de consolation à ceux présents dans le bunker ces derniers jours, fut la nouvelle surprenante que nous reçûmes le 13 avril. Nous apprîmes que le Président Franklin Roosevelt était mort.

Assez étrangement, Wagner fut chargé de contacter le quartier général du Renseignement dans le bastion de Rottach am Egern dans le sud de l'Allemagne, pour confirmer si nous avions quoi que ce soit à y voir. La réponse nous parvint :
« Non, il s'agit d'une mort naturelle. »

La nouvelle de la mort du dirigeant américain fut accueillie dans le bunker, à la fois comme un changement dans notre malheur et comme un événement qui nous sauverait, même à cette onzième heure. J'entendis le Dr. Goebbels prédire avec confiance que suite à la disparition de Roosevelt, les alliés prendraient maintenant conscience de la menace russe, quant à sa domination sur l'Europe, et cesseraient de combat contre les hordes Rouges. D'après les rapports qui avaient été transmis par nos agents des États-Unis au  bunker en début d'année, c'était Roosevelt qui avait mis fin à tout espoir nourri par les Nazis de voir les Russes maintenus à l'écart de Berlin. Même s'il était tout à fait clair que s'ils l'avaient voulu, les Américains et les Britanniques auraient aisément pu remporter la course vers la capitale du Reich.

Mais Roosevelt, nous disait-on, avait déjà engagé des pourparlers secrets avec Staline, sans la connaissance ni l'approbation des Britanniques et des Français, dans lesquels les Américains avaient décidé que les Russes s'empareraient de la capitale. Nous fûmes informés, qu'en privé, le Président considérait les russes comme le seul peuple capable d'accomplir le sale boulot de la prise de Berlin. Il disait volontiers que les Russes étaient des sauvages et qu'il était parfaitement heureux de les laisser s'emparer de Berlin. Les Américains ne voulaient pas y prendre part. De même ils étaient tombés par la suite d'accord, d'après nos agents, sur la manière dont l'Allemagne serait divisée lorsque les hostilités se termineraient.

En conséquence, des instructions furent transmises au Commandant des Alliés, le Général Eisenhower, directement depuis la Maison Blanche, lui intimant de ralentir l'avancée des armées britanniques et américaines en Allemagne. Les Russes devaient disposer du temps nécessaire pour prendre Berlin et faire leur *'sale boulot'*. Donc, en contradiction avec les Généraux présents sur le terrain, Patton et Montgomery, Eisenhower mit un frein à la progression vers Berlin. Mais à présent que Roosevelt était mort, les espoirs nazis que les Alliés en Occident poursuivraient leur chemin vers Berlin, renaissaient. Malheureusement pour l'Allemagne – comme ce fut le cas pour le reste du monde – cela n'eut pas lieu. Cet échec américain eut pour effet de faciliter ma fuite d'Allemagne. Et pas seulement pour moi, mais pour beaucoup de dirigeants Nazis qui s'enfuirent à travers les frontières suisses[3].

S'ils avaient su saisir l'opportunité, les Alliés auraient pu capturer l'homme qui était destiné à continuer de prêcher la doctrine nazie longtemps après que la guerre fut terminée : Martin Bormann lui-même. Mais ces considérations n'étaient pas les nôtres dans le bunker assiégé en avril 1945. Le 15 du mois, le bunker reçut un de ses plus intéressants visiteurs : Eva Braun.

Eva Braun arriva dans le Führerbunker en provenance de Bavière.

---

[3] **Note de l'éditeur** – Grâce à l'aide cruciale du Vatican, la plupart se rendirent en Espagne, puis en Argentine.

Eva et son Terrier Écossais au Nid d'Aigle, en Bavière

Eva au Berghof d'Hitler dans l'Obersalzberg, en Bavière.

Partie III

La Maîtresse d'Hitler

Eva Braun était bien différente de l'image populaire attachée à une maîtresse de dictateur. Elle était issue d'une famille de la classe moyenne… Et elle était une personne simple, typique de cette même classe. Cette femme, jolie plutôt que belle, n'avait au cours de ses douze années de relation, jamais passé plus de quelques semaines seule avec Hitler depuis leur première rencontre au studio d'un photographe en 1933.

À présent, le Führer fulminant contre la chute de son empire et éructant des ordres impossibles à une armée en déroute, elle n'éprouvait pas moins de difficulté à l'avoir pour elle seule. Il est difficile de dire ce qu'elle fit dans le Führerbunker. Elle était arrivée sans bagage mais portant un manteau de fourrure, puis elle disparut derrière la porte des appartements privés d'Hitler. Je ne la revis qu'une seule fois.

Le 16 avril, Wagner donna l'ordre qu'Oberbeil et moi-même retirions toute la documentation contenue dans les bureaux. Boîte par boîte, nous les transportâmes dans une pièce adjacente où elle fut brûlée dans une chaudière. Même alors, les rapports qui nous parvinrent au cours des prochains jours, furent détruits dès qu'ils furent lus par Hitler. Le 21, nous reçûmes l'ordre d'évacuer le bunker.

Une heure avant, je m'étais rendu au niveau supérieur du bunker et j'avais croisé Martin Bormann. Son visage était sévère, son uniforme déchiré et maculé de boue – ce qui venait renforcer la rumeur circulant au sein du bunker, disant qu'il avait personnellement dirigé les mouvements des troupes de l'arrière garde de Berlin. Il pénétra dans le bunker d'un pas pressé, ignorant les saluts des membres du Parti se tenant à l'entrée du couloir. Je le suivis en bas et comme je m'arrêtai pour entrer dans mon propre bureau, je le vis écarter le garde SS devant la porte des appartements d'Hitler, avant de pénétrer chez le Führer.

À voir sa mine résolue, j'en déduisis qu'il devait avoir pris une décision importante. Mais cela ne fit rien pour adoucir l'atmosphère de défaite qui était tombée tel un linceul sur le bunker. Un état d'esprit résumé par une phrase que j'entendais de plus en plus souvent : « Tout est perdu sauf l'honneur. »

Bormann était reclus avec le Führer lorsque Wagner rejoignit Oberbeil et moi-même dans notre bureau et annonça : « Messieurs, aujourd'hui sera notre dernier jour dans le bunker. »

Il s'assit sur son bureau et fit passer des cigarettes. Puis d'une voix ferme, bien plus calme qu'il ne l'avait été depuis des semaines, il continua : « Notre travail ici est terminé. Il n'y a rien à faire de plus. »

« Rien d'autre ? » demandai-je.

« Non. Du moins pas ici. Il m'a été confié que nous partons pour rejoindre un autre endroit du Reich. J'imagine que nous continuerons notre travail là-bas. » répondit Wagner.

Puis il quitta le bureau et nous laissa à nos pensées. Les miennes tournaient autour du problème de quitter Berlin vivant. J'étais techniquement un citoyen neutre – mais je soupçonnais fortement que les Russes ne respecteraient pas la neutralité et que si je devais être capturé par les troupes Soviétiques, je serais de toute façon fusillé. Mais, bien que les chances de survivre soient minces, j'étais déterminé à tout tenter plutôt que de mourir dans ce trou.

Je me trouvais dans mon bureau depuis environ deux heures après que Wagner nous eut quittés, lorsque j'entendis des bruits révélant une activité inhabituelle dans le couloir central du bunker. Je me précipitai au dehors. J'arrivai à temps pour voir Martin Bormann quitter les quartiers d'Hitler en compagnie du Général Zimmermann et une demi-douzaine d'autres hommes, la plupart d'entre eux sans uniforme. Bormann paraissait bien plus détendu qu'il ne l'était en entrant, et je le vis même sourire faiblement à une remarque de Zimmermann.

De l'autre côté du couloir, un groupe d'officiers était entré et se tenait maintenant rassemblé des deux côtés du corridor. Quelques-uns se tenaient à moins d'un mètre de moi et c'est devant ces officiers que Zimmermann s'arrêta et échangea quelques mots. Il leur dit :

« La guerre n'est pas perdue. Bien que la situation soit à la fois éprouvante et dangereuse, je suis convaincu que la foi et le courage de la Wehrmacht nous permettront d'effectuer un baroud d'honneur qui, j'en suis sûr, obligera les Alliés à engager des négociations. »

Malgré les assurances patriotiques de ce général de la SS, les officiers près de moi reçurent ses paroles avec peu d'enthousiasme. Je pouvais voir sur leurs visages qu'ils ne croyaient pas un mot de ce qu'il disait. Mais Bormann paraissait pressé de s'en aller et prit le Général par le bras pour le conduire vers les escaliers de sortie du bunker.

Deux heures de plus passèrent – bien que pour moi, anxieux de partir, elles me parurent aussi longues que deux années.
Puis il y eut d'autres mouvements dans le couloir du dehors et une fois de plus je m'en fus m'enquérir de ce qui se passait. Cette fois-ci, je comptai environ trente officiers et fonctionnaires se tenant en petits groupes le long du couloir. Une fois de plus, ils adressèrent un regard vers la porte des quartiers d'Hitler, devant laquelle le garde SS se tenait impassible.

Quelque part, une radio invisible grésilla une annonce. Je n'entendis que ces mots : « Le Führer » avant que quelqu'un ne l'éteigne. Je sentis que quelque chose d'important allait se passer.

Un moment plus tard, la porte des appartements du Führer s'ouvrit et Eva Braun apparut. Son manteau de fourrure était plié sur son bras et elle tenait dans sa main droite une trousse de toilette noire. Derrière elle, se tenaient deux jeunes filles en civil et une vieille femme suivie par trois SS en uniforme transportant des valises.

Eva Braun avait terriblement changé depuis la dernière fois où je l'avais aperçue. Elle marchait comme une somnambule. Ses cheveux étaient emmêlés et décoiffés, et les cernes sous ses yeux étaient sombres et prononcés comme si elle n'avait pas dormi depuis des jours. Son regard était sans vie, comme si toute étincelle lui avait été ravie. Elle marcha doucement dans le couloir, se tournant pour murmurer un vague '*Au revoir*' à certains des hommes qui s'étaient à présent alignés dans le couloir et la regardaient incrédules. Ses pieds traînaient et frottaient le sol, comme si le fait de marcher lui coûtait un effort intense. Après quelques minutes éprouvantes, elle atteignit le pied des marches où un jeune Colonel s'avança et prit son bras. Elle le gratifia d'un rapide et léger sourire et s'appuyant lourdement sur lui, elle disparut à la vue de tous.

Mon dernier reste de courage parut partir avec elle et à ce moment, je me sentis le plus grand lâche du monde. À mes yeux, cette figure tragique était un symbole vivant de notre défaite.

Elle venait à peine de disparaître lorsque la porte de la salle de conférence s'ouvrit de nouveau et Hitler lui-même parut sur le seuil. Un groupe de Généraux, dont Keitel et Jodl, et le Grossadmiral Dönitz le suivaient de près. Le Führer évolua le long du couloir, sa jambe gauche traînant quelque peu, il serra la main de chacun d'entre nous.

Note de l'éditeur : À cet endroit de la lettre de Don Angel, une incohérence mensongère nous apparut. Nous ne pensions pas que l'Amiral Dönitz ait pu se trouver à Berlin au cours du dernier stade de la Guerre. Je téléphonai immédiatement au Membre Sharkhunters Peter-Erich Cremer (114-1985), répondant au pseudonyme de *« Ali »*. Il était le chef de la garde personnelle de Dönitz à Flensburg et devait ainsi avoir quelques connaissances personnelles de cet épisode.

Je ne lui donnai pas de date précise – je ne fis que lui demander si l'Amiral Dönitz était à Berlin entre mars et avril 1945. Il répondit très vite qu'il n'était pas possible que Dönitz ait pu être présent à Berlin en ces mois parce qu'il se trouvait alors à Flensburg, commandant la Marine, tandis que Berlin était sous le siège constant et le proche encerclement de l'Armée Rouge. À ce moment, je crus que Don Angel mentait. Je mis sa lettre dans un dossier et poursuivis mes travaux.

Deux jours plus tard, *'Ali'* Cremer me rappela depuis sa résidence en Allemagne. Il m'indiqua qu'il avait examiné son agenda personnel des années de Guerre et il m'assura que le Grossadmiral Dönitz **ÉTAIT** bien dans le Führerbunker après le 21 avril. Je ne lui avais donné aucune date dans ma question initiale, j'avais mentionné seulement *« mars ou avril »* et il me donna la date précise, la même fournie par Don Angel.

Je réalisai alors que la lettre de Don Angel n'était pas un mensonge et je la ressortis ainsi de son dossier poussiéreux.

Trois membres d'équipage d'U-Boot à notre convention Sharkhunters de 1988 à Hambourg. Cremer est assis à droite.

Retournons au récit de Don Angel…

La dégénérescence complète d'Hitler apparaissait dans chacun de ses mouvements. Il était comme une marionnette sans ses ficelles, une sorte d'homme vide dont seul le pouvoir encore apparent empêchait la chute totale. Petit à petit, il se rapprocha, s'arrêtant en face de mes compagnons pour une poignée de main et quelques mots. Mes yeux étaient rivés sur lui ; j'étais fasciné. Moi qui avait vibré à son éloquence et répondu à son appel à la guerre, je pouvais à peine croire que cette créature boitillante avait presque failli diriger le monde.

Pourtant lorsqu'il arriva à ma hauteur et que je serrai sa main fine et molle dans la mienne, je ressentis une grande force – comme un choc électrique me parcourant le bras. Ce fut comme si toute sa détresse m'avait été transmise. Ses yeux étaient baissés et lorsqu'il parla sa voix était si basse que je pouvais à peine entendre ses paroles. Je me penchai en avant m'attendant à un message d'espoir et d'encouragement, mais tout ce qu'il dit fut :
« Où va cet homme sans but ? »

À ce jour, je ne sais pas ce qu'il a voulu dire mais considérant la situation d'alors, il aurait difficilement pu murmurer une phrase plus appropriée. Il se détourna de moi. Il trébucha, Keitel et l'Amiral Dönitz se précipitèrent et le retinrent par le bras pour lui éviter de tomber. Mais dans un effort immense, Hitler les repoussa et continua le long du couloir sans l'aide de personne. Tout au long de cette procession funéraire, il agita hasardeusement son bras droit. Comme s'il essayait de dire : « Mes chers amis, excusez-moi. »

J'imagine que tout le monde, y compris moi-même, s'attendait à une sorte d'excuse ou d'explication… quelques mots sur ce qui devait advenir à présent. Mais il n'y eut rien de tel.

Bormann avait promis que le Führer trouverait le moyen de se reprendre, mais il était à présent clair que ni Hitler ; un vieil homme brisé tel que je l'avais vu, ni Bormann, ni qui que ce soit d'autre ne croyait plus à cette promesse. En effet, Bormann qui pendant si longtemps avait travaillé dans l'ombre d'Hitler jour et nuit, brillait par son absence.

Certains membres du personnel du bunker pensaient que Bormann, en collusion avec Dönitz, tentait de négocier avec les Russes. Wagner lui-même me confia : « C'est probablement la seule manière de se libérer de ce cimetière dans lequel nous vivons. »

Il ne paraissait pas s'interroger sur les conséquences d'une telle démarche. La survie était tout ce qui comptait. Mais moi qui devais plus tard entendre Bormann condamner les Communistes et tout ce qu'ils représentaient, ne pouvais pas accepter que ce fervent Nazi pourrait nous trahir aussi facilement et nous abandonner à l'ennemi. Comme il me le confia lui-même, huit mois après que la Guerre fut finie : « Il m'importait peu ce jour-là de trouver des excuses à Adolf Hitler. Je ne pensais qu'à sauver ma peau. »

Puis il me dit également : « Notre Führer peut toujours unifier l'Allemagne et la libérer de la division géographique et spirituelle. »

À partir de ce que Bormann m'a confié et de ce que j'ai vu au cours de ces dernières heures passées dans le bunker, je suis presque certain de ce qui est vraiment arrivé à Hitler. Je sais que beaucoup de gens étant resté dans le bunker, après que j'en fus parti, ont donné leur propre explication sur ce qu'il est advenu là-bas et leur version est peut-être plus acceptable que la mienne. En fait, je ne tenterai pas de les discréditer.

Mais avec les preuves dont je dispose, je présente ma reconstitution des évènements. Quelques minutes après qu'Hitler eut disparu en haut des escaliers à l'extérieur du Führerbunker, je vis un homme, qui présentait une ressemblance avec Hitler en termes de stature et de visage, être escorté par trois officiers SS en uniforme dans les appartements privés du Führer. Il était bien connu de tous qu'il y avait parmi les membres du personnel d'Hitler, un homme passant pour être son double.

Note de l'éditeur : Il est généralement accepté qu'il ne s'agit pas du véritable Hitler sur cette photo prise lors des derniers jours de la guerre. Le nez, les oreilles et les joues sont bien différentes de celles du véritable Hitler.

Lors de mes conversations avec Bormann, il insistait sur le fait qu'Hitler avait été évacué du bunker sous l'influence de drogues le 21 avril – le jour où j'avais serré sa main dans le couloir du bunker. Bormann ne me fournissait pas d'explication sur le fait que des témoins apparemment fiables avaient prétendu avoir vu et parler à Hitler dans le bunker jusqu'à son prétendu suicide du 30 avril, excepté pour dire qu'en tant que créateur du mythe du suicide d'Hitler, il s'était assuré que tous ses participants soient informés.

Il m'incombe alors de croire que ce fut le double d'Hitler qui, neuf jours après mon départ, était destiné à jouer ce rôle hautement important dans l'histoire du Nazisme. Ce fut cet homme qui fut tué à bout portant d'un coup de revolver dans la bouche et dont le corps, habillé dans l'uniforme d'Hitler, fut brûlé au côté de celui d'Eva Braun dans les jardins de la Chancellerie le même après midi.

Je ne puis jurer de la véracité de cette histoire. Je n'étais pas présent sur les lieux. Mais sept ans plus tard je devais être le témoin d'une scène incroyable qui devait renforcer mon opinion qu'Adolf Hitler n'est pas mort à Berlin en avril 1945.

Trois heures après avoir serré la main d'Adolf Hitler, je laissai le bunker du Reich et regagnai la surface pour faire face à une confusion et un bruit des plus épouvantables. L'artillerie russe pilonnait Berlin pour la changer en tas de ruines. La capitale paraissait en feu. Le ciel lui-même était sombre mais les contours irréguliers de la ville martyrisée présentaient par contraste une toile de fond rouge de feu.

Je m'appuyai contre un débris de mur au milieu des ruines de la Chancellerie, attendant une accalmie dans le bombardement intensif en provenance des lignes russes se tenant à moins d'un demi-kilomètre. Cela ne semblait possible de survivre à cet enfer ; pourtant lors d'un bref moment de calme, j'entendis une voix me hurlant à l'oreille : « Viens ! Cours ! » Je me redressai aussitôt. J'avais reconnu la voix du Colonel SS Wagner, le Chef du renseignement Nazi au quartier général d'Hitler. Il était accompagné par le Commandant SS Willi Oberbeil et tous trois ensemble, nous trébuchâmes sur les innombrables cratères du jardin de la Chancellerie. Wagner prit la tête de notre expédition et nous le suivîmes. Nous faufilant et parfois rampant, nous évoluions sur les monticules de gravats qui jonchaient les rues sombres. J'ai pu tout aussi bien courir pendant trois minutes ou trois heures. J'étais si effrayé que je me rendis compte après coup ne pas être capable de m'en rappeler en termes de temps – seulement en termes de terreur.

Les rues de Berlin étaient pleines de morts et de mourants, hommes et femmes, de débris et d'échafaudages effondrés. Autour de nous, les crépitements d'une mitrailleuse nous accompagnaient. Je ne savais pas où je m'enfuyais ni vers où me diriger. Mais soudain la silhouette sombre devant moi s'arrêta et quelques secondes plus tard, des mains amies me guidèrent sur le siège d'une large Mercedes noire. Je m'enfonçai dans un siège en cuir, sans savoir ce qu'il se passait ; simplement heureux d'être en vie.

Je sentis plus que je ne vis Oberbeil grimper sur le siège à mes côtés, suivi par Wagner et un quatrième homme qui m'était inconnu. Le chauffeur au casque d'acier relâcha l'embrayage et la puissante voiture s'élança. Le grand exode de Berlin venait de commencer. Bien que la capitale soit perdue, les cerveaux du Parti Nazi restaient intacts.

Trois heures plus tôt, j'avais vu Hitler se faufiler en dehors du bunker, accompagné par ses Généraux et son entourage personnel. Mon moral n'aurait pu être plus bas. À mes yeux, cela était la fin. Mes maitres nazis étaient vaincus et la cause que j'avais servie avec tant d'enthousiasme semblait anéantie sans espoir de survie.

Après l'étrange comportement d'Hitler, j'avais trouvé l'atmosphère du bunker encore plus oppressive que d'habitude et fus soulagé lorsque Wagner annonça que nous partions. Il nous dit à Oberbeil ainsi qu'à moi qu'au matin personne d'important ne serait plus sur place. Mais à ce moment, il ne me paraissait pas très utile de s'enfuir. Les messages que j'avais examinés la semaine précédente ne mentionnaient qu'une seule chose : l'Allemagne avait souffert une défaite totale.

Pourtant voilà que j'étais conduit – apparemment sans encombre – à l'extérieur de Berlin. Je n'avais pas la moindre idée de l'endroit où nous allions, mais le simple fait qu'il y ait toujours quelque part où aller m'aider à réparer mon espoir sérieusement entamé. Mais nous étions loin d'être en sécurité. Les Russes avaient presqu'entièrement cerné Berlin. Seul le secteur du sud-ouest était encore entre les mains des Allemands. Plusieurs pelotons de nos troupes soutenus par les *Jeunesses Hitlériennes* d'Artur Axmann, étaient parvenus à contenir l'ennemi assez longtemps pour nous permettre de fuir.

Personne n'échangea un mot tandis que nous tournions et retournions dans les ruelles de la ville. Nous surveillions avec anxiété les signaux trahissant la présence de troupes ennemies pouvant mettre un terme à notre tentative de fuite. Beaucoup de rues étaient partiellement bloquées à cause des bâtiments effondrés. Trois fois nous fûmes forcés de nous arrêter pour nous frayer un chemin à travers les décombres avec nos mains nues. Notre chauffeur alla jusqu'à foncer dans un monticule d'un mètre de gravats. Une fois gagnée la banlieue déserte, il arrêta le véhicule. Il nous expliqua qu'il serait plus sûr d'attendre les autres avant de partir vers Munich. En l'espace de dix minutes, des phares clignotèrent sur la route derrière nous, illuminant un convoi composé d'environ dix-huit autres voitures venant dans notre direction.

Note de l'éditeur – Lorsque les hauts gradés déclarèrent qu'ils se battraient jusqu'au dernier homme ; pensez-vous vraiment qu'ils envisageaient forcer leurs hommes à se battre tandis qu'eux et leurs familles s'échapperaient ? Poursuivez la lecture – la défaite de l'Allemagne avait été anticipée plus d'un an à l'avance et ceux qui étaient au sommet de la hiérarchie du régime nazi, s'assurèrent que le maximum d'entre eux puissent s'enfuir. Plus vous lirez, et plus cette opération de fuite bien planifiée et bien exécutée deviendra apparente.

La dernière chose que je vis de Berlin furent les lueurs tâchées de l'horizon. Le bruit des coups de feu s'était réduit à un murmure lointain et le danger immédiat étant derrière, je fis le point sur mes compagnons. A mes côtés, le petit Oberbeil se plaignait d'avoir perdu ses lunettes et de mal voir. Wagner examinait une profonde entaille à la cheville droite – il se l'était faite sur une poutre à demi enterrée lors de notre sprint depuis le bunker. Et notre autre passager, un Colonel SS au visage aussi rond que son ventre, son uniforme froissé et tâché, était encore vautré dans le siège où il avait atterri. La peur et la fatigue physique inhabituelle l'avaient laissé épuisé.

Je trouvai dans ma poche un paquet de cigarettes à moitié terminé et les partageai autour de moi. Lorsque ce fut mon tour d'allumer la mienne, je découvris à quel point je tremblais.

Nous continuâmes vers le sud en pleine nuit, l'aurore nous vit dévaler la campagne allemande que nous trouvâmes fraîche et plaisante en comparaison de l'enfer que nous avions laissé derrière nous au cours de la nuit. À la lumière du jour, je finis par réaliser l'étendue de notre opération. Nous étions la dernière voiture d'un convoi composé de près d'une douzaine de véhicules. Pratiquement tous les hommes clefs qui avaient occupé le bunker au cours de ces dernières semaines désespérées, se trouvaient là. Le noyau du Haut Commandement nazi se déplaçait en bloc vers le dernier bastion du Reich. Beaucoup d'entre eux devait parvenir à l'atteindre.

La mort fit une apparition soudaine et menaçante dans le ciel clair sous la forme d'une patrouille de combat britannique. En quelques secondes, l'air fut saturé par l'explosion des obus. Notre chauffeur freina et fit une embardée qui se termina dans une haie, tandis que la voiture de tête du convoi était pulvérisée au milieu d'une éruption de flammes.

Je m'éjectai de la voiture et me frayai un chemin dans les buissons. J'étais à peine conscient des cris des blessés à cause du vrombissement des moteurs d'avions, lorsque je vis une explosion venir de l'un d'eux au-dessus de nous, avant qu'il ne s'écrase à quelques mètres devant moi. Je ne vis rien de ce qui arriva aux autres – j'agrippais le sol à plat ventre, ma tête entre mes mains. Dans ce genre de situation vous ne vous préoccupez pas des autres. Le monde se résume à la personne qui est à vos côtés, le reste cesse d'exister.

Ce fut terminé en une minute ; pourtant après cette minute, vingt-trois personnes étaient mortes et au moins une douzaine d'autres blessées qui se traînaient sur la route. Dix voitures étaient complètement détruites. Nous embarquâmes certains des moins blessés dans les voitures restantes mais nous laissâmes les autres derrière, enveloppés de couverture et de manteaux, espérant que notre propre service d'ambulance ou la Croix Rouge des Alliés les découvriraient.

Pendant un long moment, nous ne nous sentîmes pas d'échanger le moindre mot et une fois encore j'étais juste reconnaissant d'être en vie. Mais mon esprit ne tarda pas à analyser les évènements extraordinaires dont j'avais été témoin ces derniers jours. Soudain, le Colonel SS, dont le nom était je crois Lachner, interrompit mes pensées et attira notre attention à tous.
« Le Führer ne voulait rien d'autre que d'être abandonné à mourir auprès de son peuple. » Il s'écria : « Mais Bormann voulait le sauver. »

Je sentis Wagner se raidir et Oberbeil fixa intentionnellement du regard le Colonel. Il était évident qu'il en savait plus que nous au sujet du sort d'Hitler.
« Bormann a donné des instructions pour que le Führer soit drogué, de force si nécessaire, et emmené hors de Berlin. C'est ce qui s'est passé. »

Lachner, qui avait occupé une position à responsabilité proche de Bormann au sein de la Chancellerie, nous conta ce qui s'était passé.

Lorsque Bormann était apparu dans le bunker pour la dernière fois, Hitler était toujours déterminé à rester et si nécessaire, prêt à mourir en défendant la capitale à la tête des légions fantômes qui n'existaient alors que dans son esprit. Mais Bormann avait déjà pris le commandement et donna des ordres pour qu'Hitler et Eva Braun soient tous deux évacués du bunker. Ils furent drogués, ce qui devait être fatal à Eva Braun[4].

À mesure que Lachner parlait, je me rappelais le visage gris cendre d'Hitler et son bégaiement plus prononcé que de coutume. J'avais supposé que son état était dû à la forte émotion qu'il avait dû ressentir en quittant Berlin – mais à présent il était plus probable que les effets secondaires des drogues en soient responsables.

La nouvelle que Bormann avait contremandé les dernières volontés du Führer nous laissa stupéfaits. Cela semblait incroyable que Martin Bormann, l'homme qui avait été le fidèle lieutenant d'Hitler pendant vingt ans, ait pu accomplir une telle *'volte-face'*. Je dus attendre presqu'un an avant d'entendre de la bouche de Bormann lui-même, la véritable raison de cette trahison apparente.

Notre fuite à travers l'Allemagne dura presque vingt heures. J'ai toujours un vague souvenir des villes détruites et des visages horrifiés des gens que nous croisions en nous dirigeant vers le sud. À mesure que les heures passaient, Lachner se faisait de plus en plus volubile, bavardant sans fin sur les intrigues de cour d'Hitler. Il insistait sur le fait que beaucoup de bévues d'Hitler furent dues aux conseils mal avisés qui lui étaient dispensés par tout un sérail d'astrologues qu'il consultait régulièrement.

Quelques années après la guerre, je découvris comment les services secrets britanniques étaient parvenus à corrompre ces prétendus prophètes en leur donnant des informations à transmettre au Führer sous la forme de prédictions. Un agent des services de renseignements anglais me confia que sans leur conseil, Hitler n'aurait jamais attaqué la Russie. Si cela est vrai, et je n'ai aucune raison d'en douter, cela peut

---

[4] **Note de l'éditeur** : Don Angel reçut des rapports mensongers à propos de la mort d'Eva, car nous avons interrogé des gens en Argentine qui la connaissaient. Il y a même des preuves qu'elle était encore vivante au 21ème siècle. Cela est tout à fait plausible. Elle est née en 1912, en 2002 elle avait 90 ans.

alors être probablement considéré comme le plus grand triomphe de toute l'histoire de l'espionnage.

À la tombée de la nuit de la soirée du 22 avril, notre convoi décimé arriva à destination : Rottach am Egern, le refuge naturel de l'Allemagne au sein des montagnes bavaroises. C'est ici que les Nazis avaient prévu de mener leur dernier combat contre l'avancée des Alliés. Alors que nous nous rapprochions de la forteresse montagneuse lourdement gardée, je me remémorais les paroles du Général SS Zimmermann, nous disant qu'il était encore possible de négocier une paix honorable.

Des membres Sharkunters en 2008 visitant des bunkers encore présent au sein du « Refuge Sud ».

De longues files de véhicules attendaient leur tour pour passer à travers les points de contrôle le long de la route. À chacun d'entre eux, nous fûmes vérifiés avec attention par des gardes SS, et étape par étape, nous pénétrâmes de plus en plus profond au sein du refuge, chaque voiture dirigée vers une section différente d'après le nombre peint à la hâte sur sa carrosserie. On nous indiqua de suivre un passage étroit qui nous conduisit du côté incliné au pied d'une des montagnes. Le chauffeur s'arrêta enfin à l'entrée d'un tunnel gardé par des SS armés de mitraillettes.

Le tunnel de Rottach-am-Egern

Sans un mot, un jeune lieutenant, après avoir passé une porte d'entrée en acier, nous emmena dans un bunker miniature – plus petit mais similaire au Führerbunker de Berlin.

Pour la première fois en deux jours, notre petite unité de renseignements se retrouva seule ; Lachner nous ayant laissé à la barrière principale de Rottach am Egern pour rejoindre ses collègues au sein d'une autre section. Un petit bureau nous avait été attribué près de l'entrée du bunker, le nouveau quartier général pour les travaux d'espionnage de l'Allemagne nazie.

Wagner explosa de colère lorsqu'il vit nos misérables installations. À part une lourde table en bois et quatre chaises solides, la pièce était complètement vide. Nous n'étions équipés ni de radio, ni de transmetteur ou du moindre dossier ou - livre de code - attirail nécessaire à notre activité. Pourtant nous étions censés, comme nous le découvrîmes, gérer les plans de fuites de certains des plus hauts dignitaires du régime nazi.

Partie IV

La fuite de l'Allemagne

Heureusement, un des accès de colère de Wagner nous permit d'obtenir des résultats rapides et vingt-quatre heures plus tard après notre arrivée, un puissant appareil radio fut installé dans un coin de notre bureau.

Au cours de la semaine suivante, nous reçûmes et transmîmes des ordres servant à fuir l'Allemagne pour des douzaines de hauts membres du Parti Nazi. Je ne saurai jamais qui furent la plupart d'entre eux. À mes yeux, ils n'étaient que des noms de code sur un morceau de papier. Mais il était évident que ce plan de fuite massive avait été prévu de longue date.

Nos deux voies d'évacuation de l'Allemagne passaient par les villes frontières suisses de Feldkirch et Kempten. De ces deux villes, la dernière était la plus sûre, car un de nos agents sur place était membre du Parti Communiste local – il s'agissait d'un Nazi qui avait été implanté là au cours de la Guerre contre notre ennemi le plus acharné... Ce fut une des quelques anticipations des services de renseignements allemands – probablement l'organisation la plus inefficace de son genre au monde.

Je me trouvais à Rottach am Eggern depuis à peine une semaine, lorsque Wagner m'appela de son bureau privé. Il n'avait presque pas dormi depuis une semaine et il ressemblait à un homme proche d'admettre la défaite totale. Mais il esquissa un sourire en me disant : « Mon cher Gomez, j'ai de bonnes nouvelles pour toi. Tu as reçu l'ordre de retourner à Madrid. Là-bas tu contacteras les membres de ton ancienne organisation et tiens-toi prêt à recevoir un visiteur très spécial. »

« Qui est-ce ? » demandai-je.

« Je ne puis te le dire. Ce que je peux te dire c'est que si le Parti Nazi doit survivre, alors il est indispensable que cette personne s'échappe en sécurité du Reich et de l'Europe. Cette tâche t'a été assignée. Tu recevras des instructions le moment venu. Elles seront signées du nom de code ZAPATO. »

Je regagnai mon logement, en proie à des sentiments contradictoires. J'étais à la fois heureux de rentrer en Espagne mais pris d'une curiosité intense au sujet de la personne que Wagner considérait comme indispensable à la cause Nazie.

Le 29 avril 1945 je quittai le refuge – les derniers fragments de l'Empire Nazi qui s'était étendu à toute l'Europe, il y avait à peine un an. Ce matin-là, je fis mes adieux au Colonel Wagner ainsi qu'à Willy Oberbeil. Mon dernier souvenir d'eux est la vision de deux hommes désabusés et fatigués, dont les uniformes autrefois rutilants étaient à présent souillés et froissés. Ils répondirent à mon salut par un marmonnement fatigué : « Heil ! » Je me retournai et quittai le bunker. Au-dehors, un garde SS m'attendait avec une voiture de l'OKW (Oberkommando der Wehrmacht – Haut commandement de la Wehrmacht), dont le plein avait été fait et un laissez-passer pour me permettre de passer par l'entrée principale.

Je conduisis jusqu'au point de contrôle, toujours lourdement gardé, et pris la route vers Munich où il m'avait été donné l'adresse d'un garage pour le ravitaillement en carburant.

J'étais toujours éloigné du Front Américain mais les signes de la guerre étaient partout aux alentours. La route vers Munich était encombrée de véhicules abandonnés, quelques-uns intacts, mais la plupart partiellement ou totalement détruits. Des diversions arrangées à la hâte par la Police de la Wehrmacht me permirent d'éviter les pires portions de route et je roulai plutôt vite, freiné par un seul arrêt de trente minutes pour laisser passer un convoi militaire. Je rencontrai quelques civils le long de la route et le peu de trafic que je croisai était uniquement militaire.

Les renseignements SS m'avaient fourni de faux papiers, m'identifiant comme le chef espagnol de l'Hotel Deutsche Kaiser de Munich. Mes papiers étaient à peine examinés par les gardes aux points de contrôle que je traversais. Il était dur de reconnaître sur les faces blafardes de ces gardes, la fière armée, qui avait, il y avait peu, défilé triomphante au pas de l'oie à travers toute l'Europe avec une aisance si arrogante. Et s'il n'y avait pas eu la discipline rigide de leurs officiers, je suis certain que beaucoup d'entre ces hommes seraient venus grossir le rang des déserteurs qui se rendaient tous les jours volontairement eux-mêmes aux Américains.

Mais je devais bientôt faire face à mes propres problèmes. On m'avait assuré que je ne rencontrerais pas d'obstacle à me ravitailler en carburant à Munich. Or, aucune des stations-services sur mon chemin n'était ouverte, mais cela ne m'avait pas inquiété. Cependant, lorsque je me rendis à l'adresse que l'on m'avait fournie et que le propriétaire refusa de me servir, je commençai à être ennuyé. Je lui indiquai qu'en ce moment personne ne pouvait circuler en voiture à moins d'être affilié au gouvernement. Mais il refusa de se laisser convaincre.

Juste alors, un détachement SS, qui s'avançait dans la rue, se dirigea de mon côté. J'attendis qu'il s'intéresse à moi et je m'avançai pour m'entretenir avec le sergent responsable. Je pris le risque de lui confier que, muni de faux papiers, j'étais chargé d'une mission secrète très importante qui nécessitait mon déplacement. S'il n'avait pas cru mon histoire, j'aurais pu être jeté en prison et plusieurs jours auraient pu s'écouler, dans l'état où se trouvaient les moyens de communication, avant que Wagner ne puisse arranger ma libération.

Heureusement, l'homme accepta mon histoire et m'accompagna dans le garage du propriétaire. Le sergent, une brute chauve, menaça l'homme recroquevillé d'arrestation immédiate s'il ne faisait pas le plein de mon véhicule. L'homme s'exécuta et je ne l'en blâme pas.

Plus je me rapprochais de la Suisse, plus il devenait évident que le troisième Reich avait été vaincu. Je commençais à rencontrer des groupes de réfugiés ; des vieillards, des femmes et des enfants, s'éloignant péniblement et sans espoir de la zone de combat. Je questionnai certains d'entre eux, mais ils ne paraissaient pas savoir où ils allaient. Ils fuyaient c'est tout. Les adultes étaient maigres et peu habillés, et je remarquai que beaucoup d'enfants étaient sans chaussure. À l'un des groupes, je jetai quelques boîtes de conserve de viande et de légumes qui avaient été empilées dans le coffre de ma voiture. Ils s'en emparèrent avec avidité sans un mot de remerciement.

Je remarquai un petit motel et m'y arrêtai pour commander une bière fraîche, mais le tenancier des lieux haussa les épaules et m'offrit la seule chose qui lui restait dans sa cave : un verre d'eau. Je le priai de regarder encore et cette fois je lui fis voir un morceau de beurre de la taille d'une boite d'allumette. La femme du patron accepta vivement et quelques instants plus tard, il m'apporta un litre de bière fraiche. Deux kilomètres de route plus loin, je découvris le prix que j'avais réellement payé ; la voiture tressauta et s'arrêta ! Mon hôte avait siphonné le contenu de mon réservoir. Furieux, je pensai retourner en arrière pour faire arrêter cet homme, mais le bon sens me fit réaliser que je perdrais ainsi un temps précieux. À la place, je remplis une valise avec de la nourriture et une couverture ainsi qu'une paire de chaussures de rechange, et me mis en marche.

En un peu plus d'une heure, j'atteignis une petite gare où je fus émerveillé de voir que les trains fonctionnaient encore. Il n'était pas question d'acheter un billet.

« Êtes-vous fou ? demanda le porteur. « Personne n'achète plus de billet. Lorsque le train s'arrête, vous montez si vous le pouvez. »

Lorsqu'il arriva, le train consistait essentiellement de wagons de marchandises et de wagons ouverts, mais il me conduisit au moins jusqu'à la banlieue de Garmisch où, après un retard de trois heures, je parvins à prendre un train pour Innsbruck.

La ville était submergée de troupes militaires et la gare elle-même débordait de brancards et de blessés. Je décidai de manger avant de continuer vers la dernière étape de mon voyage à Feldkirch. Je m'éloignai de la gare et me faufilai dans les ruelles jusqu'à ce que j'atteigne un minuscule café à l'écart des assauts des hommes en uniformes gris. Je m'assis à une table près de l'entrée. Il faisait sombre et, au premier abord, je ne pris pas attention au couple qui était assis à mes côtés.

Je pouvais à peine en croire mes yeux lorsque je reconnus l'homme en regardant de son côté. Je l'avais aperçu pour la dernière fois dans le Führerbunker, nous exhortant à la défense finale du Troisième Reich. C'était le Général SS Zimmermann ! Il dut me reconnaitre au même moment ; une expression d'incrédulité se figea sur son visage. Il me fit un signe. Je venais à peine de m'asseoir lorsqu'il commença à me parler rapidement à voix basse.

« Voici ma femme. Je veux que vous preniez soin d'elle. Assurez-vous que rien ne lui arrive de mal, parce que j'ai l'intention de me tuer. »

J'étais sans voix. Cet homme était un étranger, un officier SS influent qui ne connaissait même pas mon nom. Lui, qui avait été, il y avait peu, plein d'optimisme, affirmait à présent vouloir se suicider, en remettant entre mes mains la responsabilité de la sécurité de sa femme.

Je le suppliai de reconsidérer sa décision, mais malgré mes arguments, il m'expliqua qu'il ne pourrait jamais quitter l'Allemagne et que comme il n'avait pas l'intention de servir quelqu'un d'autre que le Führer, le seul recours qui lui restait était le suicide. Voyant que c'était inutile de tenter de le convaincre, je lui dis que j'avais reçu l'ordre de rentrer en Espagne et que je pouvais emmener sa femme s'il insistait.

Soudain, comme s'il craignait que je change d'avis, Zimmermann se leva. Il embrassa sa femme sur le front, serra fermement ma main et sans dire un mot, disparut dans la nuit. Frau Zimmermann, son prénom était Maria, se leva de sa chaise à moitié, puis se rassit. Elle dit simplement : « Que Dieu lui vienne en aide, où qu'il aille. »

Deux ans après la guerre, je découvris que Zimmermann avait en effet accompli sa promesse et s'était suicidé.

La nuit suivante, Maria Zimmermann et moi, prîmes contact avec notre agent, un prêtre Catholique de Feldkirch se nommant Père Jean. Nous décidâmes que ce serait mieux si nous voyagions en tant que mari et femme, et le Père Jean rédigea promptement un certificat de mariage. Nous restâmes avec le prêtre pendant trois jours et ce fut dans sa maison le 1er mai, que j'entendis la radio allemande annoncer qu'Hitler « était mort à la tête de ses troupes ».

J'étais plutôt confus lors cette annonce, car je sentais qu'elle ne pouvait être vraie. J'étais au courant des instructions de Bormann de transporter le Führer en un endroit sûr, à l'écart du champ de bataille et de l'avancée de l'Armée Rouge. J'avais assisté en personne à la fuite minutieusement préparée de chaque dignitaire nazi, et je me refusais à croire qu'Hitler ait pu être laissé en arrière.

La nuit du 3 mai, je regagnai la Suisse sans encombre, sachant que de nombreux Nazis de haut rang m'avaient précédé sur des routes similaires, et que beaucoup d'autres suivraient.

En Suisse, nous nous présentâmes aux autorités comme Angel Donate Reca et Maria Pinto, mari et femme, et demandâmes un rapatriement en Espagne. Nous fûmes tous deux longuement interrogés et transférés de camp en camp jusqu'à ce que nous soyons envoyés au camp de réfugié pour les Espagnols de Le Plaine près de la frontière française.

Je me trouvais dans cet endroit horrible, le 7 mai, lorsque j'entendis que la guerre était terminée. L'Allemagne s'était rendue sans condition. Le niveau de misère et de saleté à Le Plaine étaient indescriptibles. Nous vivions dans des huttes sans chauffage et dormions sur des bancs en bois recouverts de paille. Les toilettes étaient un trou dans le sol dans un coin de la hutte. La puanteur était extrême.

Lors de mon deuxième jour là-bas, j'eus la chance de rencontrer un garde suisse sympathisant nazi qui accepta de faire passer un message à un certain Père Ramon, dont le nom m'avait été donné par le prêtre catholique qui nous avait aidés à Feldkirch. Ce moine présenta mon cas au consulat espagnol de Genève et peu après je reçus la visite du consul espagnol, señor Albazor. Il se donna beaucoup de peine et s'arrangea avec les autorités alliées de la Commission Interalliés pour le Rapatriement des Réfugiés, pour que Maria et moi soyons transférés dans un hôtel à Genève sous surveillance policière. De là, ce fut aisé d'organiser notre passage à tous les deux pour Barcelone.

J'avais télégraphié à ma femme pour l'avertir de notre arrivée, et elle nous attendait dans une voiture lorsque nous accostâmes à la fin de juillet. Après avoir entendu notre histoire, elle insista pour que Maria Pinto vienne vivre avec nous à Madrid. Elle resta avec nous pendant trois ans avant de rentrer en Allemagne. Plus tard, j'appris qu'elle travaillait pour le gouvernement allemand en Amérique du Sud. Puis Maria s'installa de nouveau en Allemagne, à Cologne, et elle se fiança à un Anglais en vivant sous le nom de Maria Danneworth.

Lorsque je rentrai à la maison, les Nations Alliées célébraient l'écrasement de l'Allemagne nazie. Mais je savais que leur victoire n'avait pas été complète. Tandis qu'elles se réjouissaient, des quantités d'hommes capables de conserver vivant l'esprit du Nazisme, étaient en train d'être sauvés par ceux qui croyaient encore en leur cause. J'étais l'un de ceux qui assistèrent à ces fuites. Deux hommes m'y aidèrent… le premier est accusé du massacre de millions de gens.

Je le rencontrai pour la première fois en 1946. En juin de cette année, un moine appartenant à un ordre suisse m'appela chez moi à Madrid en me demandant de prêter assistance à un réfugié allemand qui avait trouvé asile au sein de sa fraternité. Cet homme répondait au nom de Climents, me dit-il. Le moine le décrivit comme : « un homme bon qui souhaite démarrer une nouvelle vie en Argentine. »

Je luis répondis que je pouvais peut-être l'aider, mais que je devais d'abord le rencontrer. J'accompagnai le moine au collège de son ordre situé à quelques kilomètres de Freiberg en Suisse. Je songeais que je parviendrais à reconnaitre la véritable identité de Climents, mais il n'en fut rien. À ce moment, il me confia simplement : « Je suis un officier SS et je suis pourchassé par les Alliés. M'aiderez-vous ? » J'acquiesçai.

Climents s'en retourna avec moi à Madrid, muni d'un passeport spécial émis pour lui par le Vatican. Ces passeports furent délivrés à de nombreux réfugiés après la guerre, mais n'étaient valides que pour voyager au sein de l'Europe. Je notai que ce passeport portait le nom de Didier. Cependant, je ne posai pas d'autre question et obtins un passeport argentin pour lui, libellé au nom de Climents. Le troisième jour de juillet 1947, je le conduisis à l'aéroport de Madrid pour prendre un avion à destination de Buenos Aires.

Alors que nous attendions ensemble dans la salle d'embarquement, je lui demandai s'il pouvait me dire son nom véritable.

« Mon nom est Eichmann » répondit-il. Cela ne me disait rien. Mais à présent que toutes ces années ont passé, le monde entier connait la signification de ce nom…

Quel fut l'autre homme qui vint solliciter mon aide ? Ce fut Martin Bormann.

Je me tenais avec mon compagnon sur la tourelle de commandement de l'U-Boot et regardais vers l'Atlantique aux reflets blancs mouchetés.

La côte espagnole n'était qu'une tâche grise dans la mince lueur de l'aurore. Tout était calme, excepté le claquement des vagues contre la coque du sous-marin. Puis mon compagnon parla : « Cela n'est pas une fuite. Il s'agit d'une simple pause. La guerre n'est pas terminée comme tout le monde semble le croire. Un jour l'Allemagne – l'Allemagne d'Hitler – sortira victorieuse. »

Il porta son regard au loin. Mais je savais que ce n'était pas l'Espagne qu'il voyait. Il regardait en direction de l'Allemagne. Une Allemagne déchirée, effrayée et vaincue.

« Un jour je reviendrai », dit-il avec défi. « Cela, moi Martin Bormann, je le jure. »

Nous descendîmes en silence sur le pont inférieur. Comme Bormann disparaissait un étage plus bas, un garde d'honneur de la Kriegsmarine le remarqua. Martin Bormann faisait face au commandant de l'U-Boot à travers le pont étroit et attira fièrement l'attention. Leurs bras se tendirent en même temps et ils répondirent ensemble au salut : « Heil Hitler ! »

C'était le 7 mai 1946 – un an jour pour jour après l'armistice de reddition sans condition signée à Reims. Un nouveau chapitre de l'histoire du Nazisme venait de s'ouvrir.

Après ma fuite de l'Allemagne, où j'avais passé les trois derniers mois de la guerre dans le Führerbunker, le quartier général d'Hitler dans le sous-sol de la Chancellerie du Reich, j'avais pour un temps cru que j'en avais terminé avec mes maîtres Nazis.

En quittant le Reich, il m'avait été ordonné d'alerter les membres du réseau d'espionnage en Espagne dont j'avais été le chef en temps de guerre, de se préparer pour recevoir un *visiteur spécial*. Telles étaient les instructions que j'avais reçues du Colonel SS Wagner, le directeur des services de renseignements à Rottach am Egern, ultime lieu de la résistance nazie à l'avancée des Alliés.

De temps en temps, au cours des mois suivants, je me rappelais ces ordres, mais j'étais convaincu qu'ils ne seraient jamais mis en pratique. J'étais loin de m'imaginer que je serais une fois de plus plongé dans la cause Nationale-Socialiste, à laquelle j'étais certain de ne plus être de la moindre utilité. Jusqu'à ce jour de décembre 1945 où je reçus la visite de Felipe, un Allemand qui avait travaillé pour le compte de mon organisation en Espagne. Cela faisait plusieurs années que je ne l'avais vu. Il était autrefois pourvu d'un embonpoint certain, mais il avait depuis perdu un poids considérable. Il était grand, blond et âgé d'environ 40 ans.

Il posa son bras sur mon épaule et parut très heureux de me revoir. Nous parlâmes du bon vieux temps, avant et pendant la guerre. Je ne fus pas très surpris lorsque Felipe me confia qu'il travaillait toujours pour les Nazis. Je savais que de grosses sommes d'argent avaient été déposées auprès de différents agents disséminés au sein de divers pays — tous étant des hommes dévoués à la cause Nazie. Ces hommes, et Felipe était l'un d'eux, avaient été choisis pour maintenir la vitalité du Nazisme au cas où l'Allemagne perdrait la guerre. Ils étaient tous d'ardents fanatiques. Certains d'entre eux avaient même vendu leur maison et leurs biens pour accomplir leur tâche. Mais Felipe était plus avantagé et disposait encore de grosses sommes. Sa position était vitale au bon fonctionnement des plans de fuites qui avaient été mis en place pour les Nazis de haut-rang qui avaient échappé à la guerre.

À cause de cela, j'étais certain que sa visite surprise n'était pas simplement une mondanité. Elle était probablement liée à l'arrivée de mon *'visiteur spécial'* tant attendu. Felipe ne me confia rien au sujet de sa mission, mais avant de me quitter il me donna une enveloppe scellée qui contenait selon ses dires des informations importantes.

Je l'ouvris à la manière habituelle. Ma formation d'espion avec les Allemands m'avait révélé la manière dont gérer ce genre de message. Je retournai à mon bureau et choisis une grande enveloppe, d'une taille plus grande que celle laissée par Felipe. Je plaçai l'une à l'intérieur de l'autre et pulvérisai le tout avec un liquide que je gardais caché dans le tiroir de mon bureau. Je branchai rapidement un fer à repasser électrique et pressai l'enveloppe jumelle jusqu'à ce qu'elle soit sèche. Elle se rigidifia.

Le traitement à l'aide d'un deuxième spray liquide permit à l'enveloppe intérieure de s'ouvrir. Avoir tenté de l'ouvrir d'une autre manière aurait occasionné la destruction du message qu'elle contenait. Mes instructions étaient rédigées en espagnol.

ATTENDEZ-VOUS À RECEVOIR UN VISITEUR SPÉCIAL À MADRID ENTRE LE 1ER ET LE 15 JANVIER. CETTE PERSONNE, QUE VOUS RECONNAITREZ, SERA ACCOMPAGNÉE DU PORTEUR DE CETTE LETTRE.
ZAPATO

ZAPATO ! Il s'agissait du nom de code que Wagner m'avait fait mémoriser avant de quitter Rottach am Egern.

Je passai les prochaines quatre semaines dans un état de spéculation frénétique. La paix que j'avais connue au cours des mois passés s'était évanouie pour être remplacée par l'obligation évidente de retourner au service de la cause. Cependant, le message bien que d'une teneur discrète, me disait la seule chose que je brûlais le plus de savoir. Au moins un Nazi important avait survécu à la guerre.

Felipe vint me trouver à mon domicile le 3 janvier 1946. Mais, cette fois-ci, il n'était pas tout seul. Je ne reconnus pas tout de suite son compagnon. Il portait un pardessus sombre sur un costume gris ainsi qu'un chapeau feutre de couleur vert bouteille baissé sur ses yeux.

Il me semblait avoir déjà vu cet homme, mais je ne pouvais pas encore distinguer son visage pour parvenir à lui donner un nom. Felipe nous présenta : « Angel, je voudrais te présenter Herr Fleischmann ».

Ce fut en m'avançant pour lui serrer la main que je reconnus Martin Bormann. Mais un Bormann qui avait bien changé. Lorsque j'avais vu le Chancelier du Parti dans le bunker pour la dernière fois, il était plus imposant. Son visage s'était maintenant émacié et ses joues creusées. Néanmoins, ses yeux étaient éclairés d'une lueur unique qui reflétait son insatiable soif de pouvoir et son ambition sans limite.

Il enleva son chapeau et je remarquai qu'il était partiellement chauve sur le devant, bien que je devais plus tard découvrir que cette calvitie avait été provoquée artificiellement. Une opération de chirurgie plastique s'était occupée également de son nez grec proéminent.

Felipe était curieux d'apprendre la véritable identité de l'homme qu'il avait emmené chez moi et à la première occasion, il me prit en aparté pour me demander : « Qui est ce Herr Fleischmann ? »
Je lui répondis : « Qui d'autre cela pourrait-il être que Herr Fleischmann ? »

Mais il insista pour connaitre la position que l'homme avait occupé en Allemagne. Je lui dis que j'avais connu Herr Fleischman comme un des assistants d'Himmler. Je vis que Felipe n'était pas satisfait de la réponse, mais il haussa les épaules et abandonna le sujet avant de me quitter aussitôt après.

Dès que nous fûmes seuls, je conduisis Bormann dans le salon, lui offris une cigarette et un verre de liqueur espagnole, qu'il accepta – puis j'attendis.

Il parla le premier. « Vous souvenez-vous de moi dans le bunker ? »

« Oui », lui répondis-je. « Vous êtes Martin Bormann. »

Il sourit à demi et me dit : « C'est ça. Mais pour tout le monde, je suis Herr Fleischmann. Compris ? »

« Bien sûr ». Puis me souvenant à qui le message de Felipe avait été adressé, j'ajoutai : « Si vous êtes Herr Fleischmann, alors je ne suis pas Don Angel, mais Señor Gomez. »

Gomez était le nom sous lequel j'avais travaillé dans le bunker à Berlin. Nous parlâmes en espagnol, bien que celui de Bormann fût terriblement mauvais.

« Vous allez devoir étudier dur si vous voulez améliorer suffisamment votre espagnol pour rester ici sans être repéré. » lui dis-je.

« Je ne resterai pas longtemps en Espagne », répondit-il. « Mais je suivrai votre conseil et étudierai l'espagnol. »

Puis il me tendit une enveloppe, blanche à l'extérieur et non cachetée. Il s'y trouvait d'autres instructions signées par Zapato.

J'étais censé conduire Bormann à Condor, un château sur la côte méditerranéenne de l'Espagne à Denia, à 30 kilomètres au sud de Valence. Je fus plus tard informé que Macario, un Allemand qui vivait en Espagne depuis plus de trente ans et qui travaillait pour les Nazis depuis avant la guerre, nous y attendait. Il disposait d'une maison à deux kilomètres du château, et utilisait un petit cottage construit dans un des murs du château.

Je supposais alors que mon rôle se bornerait à livrer Bormann à Denia, mais Bormann me prévint : « Faites de l'exercice. Vous devez être prêt à entreprendre un long voyage très bientôt. »

Cette nuit-là, il dormit dans la chambre d'amis de ma maison. Il était arrivé sans aucun bagage et je dus envoyer chercher un pyjama et un nécessaire de rasage.

Partie V

Bormann le Prophète

Pendant les deux jours qui suivirent, mes conversations avec Bormann tournèrent naturellement autour de la situation de l'après-guerre en Allemagne. À ce stade, il n'était pas prêt à discuter du sort d'Hitler et se montrait seulement disposé à parler du sort probable des autres dirigeants nazis qui attendaient leur procès à Nuremberg.

Il prophétisa joyeusement : « Ces gens paieront bientôt pour la haute trahison qu'ils ont commise. »

Il était particulièrement virulent à l'endroit de son ancien ennemi dans le proche entourage d'Hitler, Hermann Göring (photo de droite). « Cet espèce de gros porc était la pire personne qu'Hitler ait pu choisir pour diriger la Luftwaffe, » déclarait-il.

Ribbentrop aussi (photo de gauche), en prenait pour son grade, comme l'homme responsable de la déclaration de guerre prématurée de l'Allemagne : « Il aurait pu faire un bon ambassadeur ; ce dont je doute – mais il n'aurait jamais dû être nommé Ministre des Affaires Étrangères. »

Bormann prétendait que ces deux hommes avait poussé Hitler à s'engager dans une guerre pour laquelle l'Allemagne n'était ni économiquement ni militairement préparée. Göring, disait-il, avait donné à Hitler une impression complètement fausse sur l'état de préparation dans lequel se trouvait l'Allemagne pour s'impliquer dans une guerre totale au cours des années 1930-1939.

Bormann prétendait que Göring avait déclaré à Hitler : « Aucun pouvoir en Europe ne peut nous vaincre dans le ciel », et qu'Hitler l'avait cru.

« Quant à Ribbentrop, en tant que Ministre des Affaires Étrangères, il avait fait une chose impardonnable. » Bormann ajoutait : « en échouant à rapporter à Hitler d'une manière véritablement exacte, le caractère, le moral, les sentiments et la force de l'Angleterre et de son Empire, en rentrant de sa dernière visite de l'avant-guerre à Londres.

« Hitler se montrait extrêmement sage dans beaucoup de ses décisions, » m'expliquait Bormann. « C'est dommage qu'il n'ait pas fait preuve de plus de sagesse dans le choix de ses conseillers. »

Je n'ai jamais entendu un commentaire de Bormann à l'encontre de Göring ou de Ribbentrop sans qu'il ne soit accompagné d'insultes.

Note de l'éditeur : Le fils de Joachim Von Ribbentrop, le commandant **Rudolf Von Ribbentrop (4189-1995)** (à droite sur la photo), était un membre de Sharkhunters.

Bormann resta avec moi à Madrid jusqu'au 6 janvier. Ce matin-là, nous prîmes ma nouvelle Chrysler pour effectuer le trajet de huit heures jusqu'au Château Condor. Le mince soleil hivernal donnait une atmosphère sinistre à la demi-douzaine de cottages en pierres blanches qui semblaient déserts lorsque nous nous arrêtâmes devant l'entrée principale du château.

Cet endroit avait été utilisé au cours de la guerre comme un centre d'espionnage et les hommes vivant au sein des cottages avaient tous travaillé pour le régime nazi à différents stades de la guerre. Le château avait été construit pour offrir au commandement une vue parfaite à la fois de la plaine côtière et de la mer. C'était donc une cachette idéale pour un fugitif comme Bormann. Une pièce de la tour ouest avait été meublée de manière rudimentaire et les vitres teintées en préparation de la visite de Bormann. Macario nous attendait et s'avança sur le seuil de son cottage tandis que nous sortions de la voiture. Il avait alors environ 55 ans et habillé comme il l'était dans un jersey bleu, un pantalon de toile, il ressemblait au pêcheur espagnol typique.

Il nous salua brièvement et sans cérémonie. Nous n'étions que deux clients de plus parmi une longue liste d'hommes sans visage qui avaient croisé son chemin. Il nous conduisit vers l'imposante porte en chêne du château et, tenant une lampe tempête au-dessus de sa tête, il nous emmena au logis de Bormann se trouvant à moins d'un jet de pierre de la porte principale. Nous gravîmes un court escalier en pierre longeant la tour ouest avant de nous glisser dans une ouverture étroite sur notre gauche. Un épais rideau servait de séparation avec le seuil. Macario l'ouvrit devant nous.

« Cela n'est probablement pas le meilleur logement que vous ayez eu, mais il y en a peu d'aussi sûrs. »

Macario sifflota en posant la lampe tempête sur un bureau appuyé contre le mur aux pierres grossièrement taillées. Un lit avait été emménagé dans un coin. Une paire de chaises en bois ainsi qu'un petit secrétaire à tiroirs complétaient l'ameublement de la pièce. À la place d'un tapis, le sol de pierre était recouvert d'une couche de deux pouces de sable blanc fin.

Bormann semblait satisfait – au moins n'émit-il pas la moindre critique au sujet de sa cachette spartiate. Mais il ne tarda pas à donner un ordre en allemand sur un ton sec. Macario s'éclipsa et réapparut quelques minutes plus tard avec un panier de victuailles et du vin. Je ne restai pas pour prendre part à son repas, mais lui souhaitai une bonne nuit et me mis en route pour rentrer à Madrid.

Je ne reçus aucune instruction de Bormann pendant trois mois et longtemps avant cet épisode, j'avais décidé que ma participation à ce drame était terminée. Puis, le 1er mai, Felipe me rendit visite. Une fois encore il m'apporta un message et une fois de plus ce dernier concernait la fuite de Martin Bormann. Comme d'habitude, le message était bref et allait droit au but. Herr Fleischmann embarquerait depuis Villagarcía – un village de pêcheurs au nord-ouest de la côte galicienne de l'Espagne, le 7 mai. Et je l'accompagnerai.

Bormann partait et je devais l'accompagner – mais où ?

Mais où ? Il n'y avait aucun indice de notre destination finale. Je savais seulement que je recevrais de plus amples instructions de notre agent à Villagarcía.

Le matin du 3 mai 1946, je m'en fus dire au revoir à ma femme, Conception. Je lui annonçai que je serais parti de la maison pendant plusieurs semaines ou peut-être quelques mois. Je descendis à Condor dans la Chrysler, poussant la grosse voiture aussi vite que je le pouvais sur les routes accidentées, car il me tardait d'interroger Bormann sur l'endroit où notre voyage s'achèverait.

Il m'attendait impatiemment, faisant les cent pas dans la cour pavée en dessous de sa chambre. Il me serra chaleureusement la main et me salua en espagnol. Il n'avait pas perdu ses trois mois à Denia et maîtrisait presque parfaitement la langue ibérique. Il paraissait aussi plus alerte. J'étais indécis sur la manière de m'adresser à lui, mais je décidai de garder son pseudonyme.

« Herr Fleischman, c'est bon de vous revoir. J'espère que votre séjour à Condor n'a pas été trop difficile. »

Bormann fit la grimace. « Je ne dirais pas difficile, Señor Gomez. Mais néanmoins, je ne suis pas mécontent de partir. »

Pendant ces trois mois, Bormann n'avait parlé à personne d'autre qu'à Macario. Il n'avait pas quitté Condor, mais au moins les environs étaient très beaux. Des hectares et des hectares de jardins de roses et de pelouses à l'intérieur de l'enceinte du château. Dans cet environnement et sous la chaleur du soleil méditerranéen, Martin Bormann avait minci, forci et gagné en confiance. Il était évidemment excité à la perspective de passer enfin à l'action. Les dernières douze semaines avaient été consacrées à penser et à planifier le futur et la reconstruction du Parti Nazi. Il était à présent temps de traduire ces pensées en actes. Il était de si bonne humeur qu'il avait commandé à Macario une bouteille de bon vin espagnol et insista pour que le fidèle agent se joigne à notre toast.

C'était une scène étrange. Nous étions debout et nos ombres dansaient sur le mur de pierre à la lumière des bougies. Bormann versa le vin dans trois gobelets. Il nous tendit chacun le nôtre et prit une posture martiale. Il leva son verre : « Messieurs, nous buvons au Parti National Socialiste et à son dirigeant. Heil Hitler ! »

« Heil Hitler ! » Nous lui répondîmes en écho et je sentis une excitation se répandre à travers tout mon corps. Se pouvait-il alors que le Führer soit encore vivant ? Bormann interrompit mes pensées.
« Allons, nous devons nous reposer. » dit-il. « Vous et moi, Gomez, avons beaucoup de kilomètres à parcourir. »

Macario et moi laissâmes Bormann tout seul dans sa chambre-cellule, et regagnâmes le cottage de Macario. Cette nuit-là, je rêvais du bunker de Berlin sous des couleurs particulièrement vives. Et j'entendis à nouveau la voix d'Hitler : « Où va cet homme sans un but ? »

Je me levai à l'aurore et trouvai Bormann tout habillé - m'attendant. Nous prîmes une rapide collation à base de pain, de langoustines fraiches, accompagnée d'une tasse de café chaud, Macario nous avait préparé un sac de provisions et une bouteille de cognac à emporter. Bormann et moi lui serrâmes rapidement la main et montâmes dans la Chrysler. Nous traversâmes la petite ville, le soleil levant dans le dos, première partie de notre trajet de huit cent kilomètres à travers l'Espagne. Bormann, habillé d'un modeste costume bleu et d'une chemise blanche en coton, se tenait assis sans un mot à mes côtés, tandis que nous foncions à toute vitesse le long de la côte vers Grenade. Nos seules escales ce jour-là furent Grenade et Séville, et seulement afin de remplir notre réservoir de carburant. Je choisissais délibérément d'emprunter les petites stations de campagne où il n'y avait aucun risque que Bormann soit reconnu. Nous mangions en conduisant, Bormann me tendant la bouteille de cognac de temps à autre. Sa bonne humeur de la veille avait été remplacée par son attitude taciturne habituelle.

J'avais choisi une route contournant les grandes villes et notre première étape nocturne se fit dans la petite ville marchande de Merida, près de la frontière portugaise. Nous ne voyagions pas munis de passeports et je m'étais enregistré sous mon propre nom, Angel de Velasco au petit hôtel que j'avais sélectionné, en montrant ma carte d'identité. J'enregistrai Bormann en tant que Herr Fleischmann, je payai la facture et le concierge endormi ne demanda même pas les papiers de Bormann. Nous passâmes notre deuxième nuit à Ponferrada, à peine à cent vingt kilomètres de notre destination : Villagarcía.
Mais ces cent vingt kilomètres – la dernière étape – nous prirent la journée du lendemain toute entière pour la parcourir. La route, une

piste défoncée et mal faite, zigzaguait au travers d'une chaine de montagnes et j'arrivai à Villagarcía complètement épuisé. Je me rendis directement à la maison de l'un de mes agents, un homme nommé Martinez, qui nous accueillit. Il était un véritable pêcheur et nous souhaita la bienvenue dans son pantalon de toile, son jersey bleu de marin et ses sabots de bois. L'intérieur de la maison était pauvre mais propre, et Martinez avait préparé à souper.

Bormann et moi mangeâmes avec avidité et tandis que nous étions encore à table, Martinez nous présenta son fils, qui, dit-il, viendrait avec nous dans le bateau le matin suivant. Il avait une enveloppe pour moi, mais il me dit :
« Il m'a été donné la stricte recommandation de ne pas vous confier cette enveloppe avant que vous ayez embarqué. »

Je protestai : « Pourquoi pas maintenant ? J'insiste pour que vous me la donniez. » Puis je me tournai vers Bormann. « Je suis fatigué de ce jeu de devinettes. Je veux savoir où nous allons. »

Bormann fit preuve de calme face à cet éclat.
« Mon ami, je ne connais pas notre destination exacte. L'organisation qui arrange notre transport est très efficace – comme vous devez vous-même le savoir. Je n'ai pas besoin de vous rappeler la nécessité d'une stricte confidentialité. J'ai laissé l'organisation entre les mains d'hommes de confiance. Ne posons pas de questions. Bientôt, vous saurez tout. »

Cette gentille réprimande me ramena à la réalité. « Bien sûr, je comprends » dis-je à Bormann. Et à Martinez : « Bien sûr, vous devez exécuter les ordres. Je m'excuse pour mon impolitesse. »

Bormann et moi fumâmes une dernière cigarette avant de gravir l'escalier branlant d'une chambre où deux lits avaient été préparés pour nous. Je m'endormis aussitôt que ma tête toucha le coussin.

Il faisait encore sombre lorsque Martinez secoua brutalement mon épaule. « Señor, il est temps d'y aller. » murmura-t-il, et j'entendis Bormann pousser un grognement endormi.

Nous nous habillâmes à la lueur d'une lampe à la paraffine et portant chacun une valise, l'ancien Chancelier du Parti Nazi et moi-même, suivîmes le vieux pêcheur jusqu'au port.

Dans l'obscurité d'une nuit sans lune, je distinguais une vieille bicoque de pêcheur se balançant irrégulièrement à ses amarres. Un vent violent s'était levé et je pouvais entendre le déferlement des lourdes vagues contre le rivage. Bormann était terrifié.

« Mein Gott ! » s'écria-t-il. « Ne me dîtes pas que nous devons naviguer dans cette chose. Elle va couler avant que nous ne quittions le port. »

Le vieux pêcheur lui dit de ne pas s'inquiéter, et nous aida à embarquer à bord du vieux rafiot dont il était évidemment fier, même si rien ne le justifiait. Je jetai un dernier coup d'œil aux alentours avant de suivre Bormann à bord. J'avais organisé le retour de ma voiture à Madrid et j'avais confié au chauffeur un bref message à l'attention de ma femme, lui disant que je serais absent un peu plus longtemps que prévu.

Ni Bormann, ni moi-même ne portions de manteaux et nous frissonnâmes, en nous ruant dans la cabine principale du bateau, comparativement plus chaude. Le navire était doté d'un équipage de cinq personnes et aux yeux d'un observateur non averti, il semblait que nous partions pour une pêche de nuit normale. Le bateau de Martinez était un quarante-cinq pieds, propulsé par un moteur diesel paresseux. Mais malgré les inquiétudes et les commentaires sarcastiques de Bormann, il se fraya un chemin stable au milieu des vagues gigantesques de l'océan.

Nous étions environ à deux miles de la côte lorsque Martinez ralentit le moteur et donna l'ordre que l'ancre soit jetée. Il cria à l'un de ses pêcheurs de surveiller scrupuleusement la venue d'autres navires dans le coin, et nous nous installâmes pour attendre en silence. Je remarquai les lumières d'autres bateaux à distance et pour la première fois Bormann s'agita. Mais Martinez nous assura qu'il s'agissait des lumières d'autres bateaux de pêche et que ceux-ci se trouvaient à plus d'un mile d'ici.

La mer se faisait de plus en plus agitée, mais le vieux pêcheur ne montrait aucun signe d'inquiétude face au roulement nauséeux de sa

coquille de noix. Ce fut alors que Martinez sorti un pli volumineux de son manteau.
« Voici le paquet que vous attendiez, Señor. »

Il me le tendit. Je voulus l'ouvrir sur place, mais Bormann me dit : « Non, attendez que nous soyons à bord de notre prochain vaisseau. »

Nous savions tous deux qu'il devait y avoir un autre bateau à nous attendre. Au dehors, un pêcheur cria quelque chose et Martinez se leva soudain en disant : « Très bien. Il est temps pour vous d'y aller. »

Sur le pont, je ne voyais aucun signe de l'approche d'un autre navire, mais deux marins se tenaient sur le côté pour nous assister. J'allai à la barre et ce que je vis me coupa le souffle. Un canot pneumatique piloté par deux marins portant l'uniforme de la Kriegsmarine, cognait doucement contre le flanc du bateau !

Ils nous adressèrent un salut militaire lorsque nous descendîmes dans le canot, et Bormann leur rendit leur salut. Nous criâmes nos adieux à Martinez et les deux marins nous libérèrent et commencèrent à pagayer pour nous éloigner du bateau. Le canot jaune se fracassa violemment sur les vagues et les marins jurèrent en allemand. Bormann et moi avions toujours nos yeux fixés sur les flots dans l'attente du moindre signe d'un navire aux environs. Mais il n'y avait rien.

Puis soudain, la mer devant nous commença à bouillonner et au milieu des vagues écumantes, la forme immanquable d'un sous-marin émergea violemment des profondeurs. La mer s'enfuit en cascade sur son pont et si ce n'avait été la maîtrise des deux marins, nous aurions été aspirés. Même alors, nous fûmes forcés de renflouer frénétiquement.

Quelques instants plus tard, nous grimpions sur le pont d'acier trempé et nous hissions sur l'échelle glissante sur le bord de la tourelle. Bormann et moi nous posâmes sur la passerelle étroite entourant la trappe ouverte, d'où s'échappait l'odeur écœurante du diesel. Le Commandant de l'U-Boot, qui attendait à la tourelle de commandement, avait disparu en bas, nous laissant Bormann et moi seuls dans l'aube émergeante. Nous aperçûmes le bateau de pêche rentrant en Espagne.

Bormann contempla pensivement la côte et parla doucement comme s'il prononçait ses pensées pour lui-même. « L'Europe me reverra, dirigeant une nouvelle Allemagne encore plus puissante. »

Puis il se tourna brusquement et s'engouffra dans les boyaux de l'U-Boot. Je le suivis sur l'échelle étroite et les deux marins, ayant rangé le canot, me rejoignirent, puis firent claquer les clips de la trappe étanche derrière eux. Bormann se retrouva face au Commandant sur le pont étroit et ils se saluèrent mutuellement.

Le Commandant du sous-marin, en uniforme naval arborant une Croix de Fer rutilante sur sa tunique, ouvrit ses bras et accueillit Bormann par une ferme embrassade. Il se tourna vers moi, me tendit une main puissante et fit claquer ses talons : « Commandant Karl Jui[5] » annonça-t-il en s'inclinant légèrement. Je suppose qu'il n'était pas âgé de plus de trente-cinq ans et bien que bel homme, ses cheveux étaient déjà prématurément blancs. Il était grand et arrogant, sa taille encore accrue par le confinement de la salle de contrôle de l'U-Boot.

Tandis que le Commandant Jui présentait son second, le docteur du vaisseau et les autres officiers à Bormann et à moi-même, je remarquais autour de moi que l'équipage était en alerte près des stations d'immersion, attendant l'ordre de Jui de plonger. Ils portaient tous des jerseys blancs comme le membre d'équipage qui nous conduisit le long de la passerelle en acier vers la proue du bâtiment.

Comme je pénétrais par la porte étanche, je sentis que le sous-marin bougeait et que le pont supérieur s'enfonçait. Nous étions en train de plonger, et j'embarquai ainsi pour le voyage le plus fascinant de ma vie. Je regardai ma montre. Il était 5:10 du matin le 7 mai 1946. Exactement un an jour pour jour après la capitulation de l'Allemagne aux Alliés victorieux, je me trouvais à bord d'un U-Boot allemand plongeant sous les lames de l'Atlantique.

À part moi-même, il n'y avait qu'un seul autre civil à bord de ce vaisseau de guerre pleinement équipé, cet autre homme était Martin Bormann, le fugitif du Troisième Reich le plus recherché, l'homme autour duquel une tempête de spéculations avait longtemps fait rage.

---

[5] **Note de l'éditeur** : Évidemment, il ne s'agit pas de son nom véritable

Nous étions en route pour une destination inconnue d'où Bormann planifiait d'œuvrer à la renaissance du Parti Nazi – un nouveau Nazisme qui ne conquerrait pas l'Europe, mais le monde entier.

On était venus nous chercher au large de la côte espagnole et à présent en pleines conditions de guerre, nous étions en route pour un périple de trois mille miles sous l'Atlantique. Un des membres d'équipage en uniforme de la Kriegsmarine conduisit Bormann et moi-même à une petite cabine dans les entrailles de l'U-Boot. Dans cette boite d'acier confinée, Bormann et moi devions partager dix-huit longs jours. Et là, il me révéla ses plans, plans qu'il avait passé les derniers mois de la guerre à préparer afin d'assurer la continuité des préceptes nazis.

Le Commandant Jui apparut à la porte de notre cabine dès que le marin nous eut laissés. Bormann s'entretint avec lui en allemand pendant une minute ou deux. Je ne pus distinguer ce qu'ils se disaient mais lorsque Jui ferma la porte et nous laissa seuls, Bormann fit remarquer : « À partir de maintenant Angel, nous nous considérons comme des sujets argentins. »

Ainsi, trois mois après que j'ai reçu les instructions d'aider Bormann à s'échapper de l'Europe, notre destination finale m'était enfin révélée. Puis Bormann me désigna le paquet qui m'avait été donné par l'autre agent lorsque nous avions quitté l'Espagne.
« Je pense qu'il est à présent temps d'ouvrir l'enveloppe », dit-il. « Si je ne me trompe pas, elle devrait contenir certaines instructions pour notre Commandant. »

Je pris le colis, le posai sur la table. Je l'examinai avec attention. C'était une enveloppe ordinaire – non du modèle habituellement utilisé par les services de renseignements nazis. Je l'ouvris sans aucune manipulation particulière. Si elle avait été du type spécial que j'avais maintes fois reçu, procéder de la sorte aurait rendu tout message illisible.

Au début, je ne retirai qu'une seule feuille de papier. Sur celle-ci figurait des instructions écrites en espagnol se référant à Martin Fleischmann, le nom dont Bormann se servait tout le long de sa fuite. Je devais l'instruire de la manière de vivre, des situations politiques et du langage parlé dans ces pays d'Amérique du Sud, que je connaissais personnellement. Je devais porter une attention particulière à la vie en

Argentine. De l'enveloppe, je piochai aussi deux passeports argentins. Un était pour Bormann au nom de Luis Oleaga ; l'autre au nom d'Adian Espana, m'était destiné.

Bien que les passeports paraissaient véritables – ils avaient été émis par le Consulat d'Argentine de San Sebastian – il y avait une note attachée à une page intérieure du mien disant que ces passeports étaient conçus pour n'être utilisés qu'en cas d'urgence et que les gens qui nous accueilleraient en Argentine nous fourniraient des papiers plus authentiques lors de notre arrivée. Le message était signé 'Zapato'. Je sus alors qu'il provenait du Colonel SS Wagner, l'ancien Chef des renseignements SS au sein du Führerbunker de Berlin.

Le dernier objet du paquet était une autre feuille de papier contenant un long message rédigé en écriture codée. Je ne parvenais pas à le déchiffrer. Je le tendis à Bormann et il haussa simplement les épaules en disant :
« Donnez-le au Commandant. »

Le message contenait en fait les instructions de navigation pour le Commandant Jui. Bormann et moi nous assîmes pour étudier nos documents et notre nouvel environnement. Il y avait deux couchettes placées l'une au-dessus de l'autre et accrochées à la paroi en acier de la cabine, à droite de la porte. Des étagères se trouvaient au-dessus et nous pûmes y ranger nos bagages : deux petites valises. En face de la porte, une table qui se repliait contre les couchettes lorsqu'elle n'était pas utilisée. Une seule ampoule sans abat-jour brillait continuellement de son support dans le plafond, et il y avait aussi une petite lampe vissée à l'étagère au-dessus de la table. Les couchettes elles-mêmes étaient fermes mais confortables – chacune d'elle parée de draps et de coussins blancs et munies d'une lampe de lecture. Le pont d'acier était recouvert d'un morceau de tapis usagé au centre de la pièce. Nos installations de toilette étaient faites d'un petit lavabo d'aluminium fixé à la cloison d'acier à l'extérieur de notre cabine. Deux chaises d'acier achevaient de compléter l'ameublement.

Nous nous trouvions dans la cabine depuis environ deux heures, lorsque je sentis que l'U-Boot pointait son nez vers l'avant. Bormann et moi échangeâmes un coup d'œil interrogateur, mais notre question

inaudible reçut presque immédiatement sa réponse en la personne du Commandant Jui qui frappa à la porte et entra vivement.
« Messieurs, nous avons fait surface. Nous nous trouvons à proximité des côtes portugaises. Nous y resterons moins d'une heure pour rassembler le ravitaillement nécessaire. »

Curieux, je suivis le Commandant Jui à la salle des opérations du sous-marin et me mis à observer deux marins ouvrir la trappe de la tourelle et disparaitre à notre vue. Un troisième marin sécurisa la trappe derrière eux et Jui vociféra un ordre : « Descendez à trois brasses. »

J'entendis le son du réservoir de ballast se remplir, et puis un silence. Bormann nous avait rejoints sur la plateforme et nous regardâmes le Commandant Jui faire un tour complet avec son périscope. Apparemment satisfait, le Commandant nous rejoignit : « Tout va bien. Mais nous devons attendre. »

Il amena un jeu d'échecs. Lui et Bormann s'installèrent pour une partie.

De temps en temps, le Commandant Jui s'excusait pour jeter un coup d'œil au périscope. Environ une heure après que les deux marins furent partis, Jui donna l'ordre de faire surface. Je sentis une bouffée d'air frais lorsque la trappe s'ouvrit et que peu après les deux hommes dévalèrent les marches de l'échelle, en portant chacun un objet de la taille d'une boite de cigare. Je supposai qu'elles devaient être très lourdes, car les hommes avaient visiblement des difficultés pour les transporter en bas. Les boîtes furent empilées sur le pont et ils s'en retournèrent pour une autre cargaison. Dix-neuf de ces boîtes furent chargées. Je soupçonnais qu'elles contenaient de l'or. Mais si Bormann le savait, il n'en dit jamais rien et mes soupçons ne furent jamais confirmés. Après ces boites, deux caisses en bois furent descendues et on me confia qu'elles contenaient de la nourriture.

Quinze minutes plus tard, nous fûmes submergés à nouveau et la vie à bord du vaisseau reprit pour notre trajet sans escale de dix-huit jours à travers l'Atlantique. La plupart du temps, Bormann et moi restions isolés dans notre cabine, ne parlant qu'occasionnellement à un membre d'équipage, mais ne conversant généralement qu'entre nous.

Il nous était servi une nourriture excellente y compris du pain croustillant fraîchement confectionné à bord deux fois par semaine. Un des marins fut détaché pour nous servir. Parfois, le Commandant Jui lui-même se joignait à nous pour un repas, mais il se lassa bientôt, car il devait se tenir debout pour manger. Il n'y avait que deux places à notre table.

Jui était un vétéran des U-Boote doté de l'arrogance que le commandement de vie et de mort donnait à ces héros de guerre. Deux fois j'eus l'occasion de me confronter à lui. La première fois ce fut un incident sans importance qui se produisit au cours de mon deuxième jour à bord. Je m'étais promené sur le pont, mais je reçus grossièrement l'ordre de regagner mes quartiers lorsque Jui me vit en train de bavarder avec un de ses officiers, en m'accusant de distraire l'homme dans l'accomplissement de ses tâches. À mon retour à notre cabine Bormann devina mon ressentiment et je lui contai ce qui s'était passé.

Il haussa les épaules. « Ne prenez pas ça très au sérieux. Vous devez vous souvenir que sur ce bateau nous sommes ses invités. Jui est aux commandes et nous devons accepter ce qu'il dit et ne pas essayer de le contredire. »

Je résolus d'oublier l'incident.

La deuxième fois que je me querellai avec le Commandant Jui, ce fut pour un motif bien plus sérieux, mais il ne se produisit que vers la fin de notre traversée et je vous en dirai plus bientôt.

Partie VI

Les leçons de Bormann

En accord avec les instructions que j'avais reçues, je commençai à former Martin Bormann aux subtilités de la langue espagnole. Bormann s'y consacra studieusement. Chaque nuit il étudiait un livre de phrases allemandes traduites en espagnol et j'insistais pour tester son vocabulaire, Bormann se mettant en colère contre lui-même lorsqu'il oubliait un mot. La difficulté résidait dans le fait de lui apprendre la manière argentine de parler espagnol, avec une prononciation différente de l'espagnol utilisée en Espagne. J'avais moi-même séjourné plusieurs fois en Argentine et connaissais plutôt bien le pays et sa langue. J'avais passé là-bas plusieurs mois pendant la guerre, occupé à des travaux d'espionnage pour le compte des Nazis – organisant un réseau d'espions en liaison avec les renseignements japonais pour transmettre des informations sur le ravitaillement de nos sous-marins dans l'Atlantique Nord.

Les premiers jours, Bormann ne fit pas grand-chose que d'étudier l'espagnol et prendre des notes sur une écritoire reliée en cuir. Je me rendais compte graduellement que l'homme avec lequel j'étais n'était plus le réfugié Bormann que j'avais recueilli à Madrid trois mois plus tôt.

Il avait repris toute son ancienne autorité et arborait à nouveau l'air d'un homme qui sait exactement où il va. Et à mesure que sa confiance en lui-même croissait, il commença à parler plus ouvertement du passé et de ses plans pour le futur. Au cours d'une conversation dans laquelle il me confia la teneur de ses projets pour ramener le Nazisme à la vie, je lui demandai : « Comment est-il possible que le Parti National Socialiste survive après la défaite qu'il a subi ? »

Il me répondit : « Ni moi, ni beaucoup d'autres n'avaient compris jusqu'à ce qu'il soit trop tard, ce qu'étaient nos possibilités pour le futur. Mais maintenant, je suis pleinement conscient de ses possibilités et me trouverai bientôt en position d'en tirer pleinement avantage. »

À ce stade, il fut réticent à me révéler ses plans en détails. Mais il exprima sa croyance que l'Allemagne d'Hitler pourrait gagner une seconde guerre de conquête, dans les six prochaines années.

« L'Allemagne d'Hitler » demandai-je, « comment pouvez-vous parler de l'Allemagne d'Hitler si le Führer est mort ? »

Il me regarda sérieusement avant de répondre :
« Vous avez-vous-même vu le Führer quitté le bunker. Donc si vous l'avez vu partir, alors il ne peut pas être mort là-bas. »

« Oui, je l'ai vu partir » dis-je en acquiesçant. « Mais je n'ai pas la moindre idée de ce qu'il lui est arrivé après ça. Il aurait pu tout aussi bien y retourner. »

Bormann ne répondit rien pendant une minute.
« Voulez-vous savoir où Adolf Hitler se trouve aujourd'hui ? »

« Je suis plus intéressé de savoir s'il est vivant », répondis-je. « Quant à connaitre l'endroit où il se trouve, ça n'est pas si important. »

« Vous avez raison. Il est aussi important pour nos partisans de savoir qu'il est vivant, que pour les Alliés de croire qu'il est mort. »

Il me conta alors l'incroyable histoire du sort d'Hitler :
« Écoutez-moi avec attention et souvenez-vous de ce que je vous dis. C'est la vérité. Lorsqu'Adolf Hitler a quitté le Führerbunker, il était à peine conscient de ce qui se déroulait. Après des mois de combat contre l'ennemi sur le champ de bataille et les trahisons au sein de son propre camp, il était épuisé mentalement et physiquement. Mais à de nombreuses reprises, il exprima sa résolution de mourir aux côtés des soldats allemands. Cela je ne pouvais pas le permettre. Hitler était l'incarnation de la cause Nationale Socialiste. L'une ne pouvait pas survivre sans l'autre. Tout au moins pas maintenant.

Le 21 avril 1945, il était devenu évident que la guerre était perdue. Il devint alors nécessaire de contremander les souhaits du Führer et de l'extraire physiquement du bunker. J'organisai son transport secret de Berlin à Rottach am Egern, escorté par des officiers sous ma responsabilité. Seule une poignée de gens, à part moi-même, savaient que le Führer était là, et ces gens étaient de ceux que je savais dignes de confiance pour garder le secret de cette fuite aussi longtemps qu'il serait nécessaire.

« De Rottach, il fut transporté à travers l'Allemagne puis clandestinement par bateau à destination de la Norvège. Deux de mes agents l'hébergèrent dans un endroit à des kilomètres du village le plus proche jusqu'à ce que des arrangements puissent être pris afin qu'il quitte l'Europe. »

« Mais alors qu'en est-il d'Eva Braun[6] et du suicide ? » demandai-je.

« Eva Braun n'est jamais arrivée en Norvège. Malheureusement, il lui fut administré une dose trop forte de drogue dont elle mourut plus tard. Quant au suicide, je fus l'auteur de l'histoire racontant qu'Hitler et Eva Braun s'étaient tous deux suicidés et leur corps incinérés avec de l'essence. Les témoins qui confesseront plus tard cette fin avaient été soigneusement informés selon mes ordres. »

Bormann se pencha avec attention sur la table : « Hitler n'est pas mort, je le sais. Je sais également qu'il est toujours vivant mais en ce moment, je ne suis pas prêt à vous en dire davantage. » Ce fut tout ce dont je dus me contenter.

Pourtant, plus tard à la réflexion, lors d'une mission cauchemardesque, je devais tomber sur des preuves concluantes que ce qu'il m'avait conté était la vérité. Mais même à ce moment, je commençais peu à peu à accepter le fait incroyable : Hitler était toujours vivant.

Bormann m'indiqua que la nouvelle de la mort d'Hitler avait été une source de satisfaction et de plaisir pour les Alliés. Il pensait qu'avec la mort d'Hitler, les Alliés accepteraient que le Nazisme ne puisse être reconstruit. Bormann voulait également perpétuer le mythe de sa propre mort pour les mêmes raisons. À de multiples occasions tout au long de notre traversée à bord du sous-marin, il me demanda ce que je ferais si son nom était prononcé au cours d'une conversation. Je lui

---

[6] **Note de l'éditeur** : Comme mentionné précédemment, il existe des preuves très sérieuses qu'Eva Braun n'est pas morte et s'est enfuie en Argentine.

assurai : « Martin, pour ma part, tout le monde croira que vous êtes mort. »

Bormann fut satisfait de cette réponse : « C'est ce que je voulais entendre. »

Mais il ajouta : « Non que je sois mort ici. Dites-leur que je suis mort sur le champ de bataille en luttant contre les Bolchéviques. »

Puis je suggérai à Bormann qu'il m'avait confié tant d'informations, qu'il ne me permettrait jamais de rentrer de ce voyage, d'autant que j'étais la seule personne au monde pouvant annoncer qu'il était toujours vivant. « Je suis plus ou moins votre prisonnier ».

Bormann ricana et se leva de la banquette sur laquelle il était étendu. Il s'approcha de moi et mit ma main dans la sienne.

« Il n'est pas question que vous restiez mon prisonnier. Vous vous êtes comporté comme un ami et un membre loyal du Parti. Il y a bien sûr certaines choses que je ne peux pas vous dire. C'est simplement peu utile que vous soyez au courant de tout, mais cela ne signifie pas que je ne vous fais pas confiance. Je suis plus que confiant que vous ne révèlerez pas le secret de ma fuite lorsque vous rentrerez en Espagne. »

Ce fut l'unique fois où Martin Bormann et moi-même fûmes sur le point de devenir des amis proches.

La vie à bord d'un sous-marin est tellement claustrophobique, qu'il est impossible pour deux hommes d'être confinés presqu'entièrement au sein d'une même cabine, sans que leurs nerfs ne se tendent à se rompre. Il y avait des fois où je détestais positivement Bormann. Je me souviens clairement d'un incident : nous avions pris la mer depuis une semaine lorsqu'un membre d'équipage tomba gravement malade et le docteur de l'U-Boot rapporta que la condition de cet homme était extrêmement grave. Pour ne pas rester sans rien faire, j'annonçai à Bormann :
« Je crois que je vais parler à ce pauvre gars. Peut-être parviendrais-je à lui remonter le moral. »

La réponse de Bormann me choqua et me surprit. Sèchement et avec mauvaise humeur, d'une voix dure, hors de propos, il dit : « Pourquoi perdre votre temps ? Cela n'a aucune importance pour vous. Ne vous embêtez pas avec ça. Ce qui arrive à cet homme ne peut en aucune manière affecter notre futur. »

Ce type d'attitude insensible me choqua. Elle aurait pu être acceptable venant de la part d'un esprit tordu comme celui d'Himmler. Mais de Bormann, qui détestait Himmler, cela paraissait inutilement brutal. Par la suite, le marin mourut. Bormann fut complètement indifférent à ce décès et lorsque je lui demandai ce qu'ils faisaient d'un homme qui mourrit à bord d'un sous-marin, il loucha et répondit : « Nous le mangeons. »

En fait, peu après, nous regagnâmes la surface et l'équipage se rendit sur le pont supérieur où je suppose que le pauvre malheureux reçut des funérailles navales.

Mais dans l'ensemble, je dois dire que Bormann se montrait un compagnon agréable et intéressant. Nos discussions ensemble englobaient de vastes sujets divers et variés. Lorsque vous êtes enfermés dans une tombe d'acier sous la mer, il devient nécessaire de trouver une échappatoire pour parler de tout et de rien.

La première semaine, j'avais développé une sorte de folie des U-Boote, et expérimenté des phases de dépression et de malaise physique. Bormann me réconforta en me disant que cela n'était pas inhabituel même parmi les équipages de sous-marins, et il me conseilla de penser au futur.

« En ce moment, tout le monde parle de la destruction de notre cause », me dit-il. « Pour eux, la bataille a été gagné, mais pour nous il n'en est rien. Pendant qu'ils se contentent d'éditer leurs journaux, nous préparons un nouveau chapitre de l'histoire du Parti Nazi. Le moment viendra bientôt où leurs nerfs seront aussi dévastés que les nôtres peuvent l'être ici. Vous devez vous reprendre. Nous quitterons bientôt ce satané sous-marin et serons de retour sur la terre ferme – et cela ne fait pas si longtemps que nous avons quitté l'Espagne.

Mais à mon sens, il me semblait que nous étions enfermés en mer dans notre boîte en métal depuis une éternité, et je refusais d'être réconforté. J'enviais le Commandant Jui, sa patience et son acceptation de cette vie antinaturelle. Cependant, je savais qu'il avait passé toute la guerre dans des U-Boote. Il avait servi les premières années dans l'Atlantique Nord comme Premier Lieutenant dans un sous-marin semblable à celui-là. La plupart de son temps de guerre avait été passé à patrouiller pour anticiper les approches occidentales en direction de l'Europe, et il avait été impliqué dans le torpillage de sept navires alliés. Pour avoir pris part à ces actes audacieux, il fut décoré de la Croix de Fer et à la fin de 1944, il lui avait été confié le commandement de son propre U-Boot. Il se trouvait en mer à la fin de la guerre et avait reçu des ordres spéciaux pour conduire ce vaisseau à une ile secrète au large de la côte Sud-Américaine, puis d'attendre les ordres.

Note de l'éditeur : Le Brésil fit évacuer son personnel de l'île Trindade (à ne pas confondre avec Trinidad) avant la guerre et des équipes allemandes prirent alors possession des lieux. Les premiers

temps, ils fournirent du soutien radio tandis qu'au cours des derniers mois de la guerre et jusqu'au milieu de 1947, ils maintinrent la présence de troupeaux de cochons et de chèvres ainsi que la fourniture en eau aux 'Black Boats' et beaucoup d'autres vaisseaux emportant des milliers de dignitaires du Reich en Argentine. La photo de gauche était le point d'ancrage, une langue de plage agrémentée de huttes visibles dans la photo de droite. Les deux photos furent prises par le contingent allemand en 1939. Ils érigèrent également un relais radio avec une grande antenne (voir photo).

Tout au long de notre traversée, l'U-Boot resta en contact radio avec sa base, et quotidiennement au cours de la dernière partie de notre voyage Bormann recevait des messages de la part des agents qui nous attendaient en Amérique du Sud. Pour tuer le temps, j'offrais constamment mes services à Bormann pour l'assister avec ses

écrits, mais à part demander une ou deux questions concernant les travaux des services de renseignements, il refusait mon aide.

La station de radio de Trindade construite en 1939. Traduction des notes en haut de la photo : Services Secrets du Reich ; Commandant des Services Secrets ; Services Principaux – Autres termes : Ile de Trindade ; Station de radio, second plateau, mars 1939.

Ainsi, j'étais confronté à de longs moments d'ennui et me promenais dans le sous-marin. Cependant, la plupart des membres de l'équipage auxquels je parlais, étaient sur la réserve même dans leur réponse aux questions les plus innocentes. Je trouvais que ma seule échappatoire était le sommeil, et pour dormir, je demandais au docteur du vaisseau de me fournir des cachets. Cet officier, répondant au nom de Willy, se montra plus approchable que la plupart. Étrangement, il était aussi l'officier radio du sous-marin, mais il n'était disponible que quelques heures par jour.

Nous devînmes bons amis et passâmes beaucoup de temps à parler de nos familles respectives. Willy vivait à Hambourg, où il avait une femme et un fils qu'il n'avait vus que quatre fois depuis son engagement au sein des U-Boote en 1939. Il était âgé de quarante ans et, contrairement au reste de l'équipage avait les cheveux d'un noir de jais. Mais, en revanche, sa caractéristique commune avec les autres, c'est qu'il était plutôt petit. Une des curiosités de flottes de sous-marins, c'est que les hommes qui les composaient étaient presque invariablement de petite taille.

Willy était un marin très enthousiaste qui aimait la vie de sous-marinier, mais, en ce qui me concernait, j'avais rapidement perdu tout l'intérêt que j'avais autrefois nourri pour les vaisseaux sous-marins. Ce bateau était doté de la nouvelle invention d'alors, le dispositif de *'tuba'* qui était censé garantir un renouvellement constant d'air frais lorsque le vaisseau était submergé. Les premiers trois jours, je ne cessais d'en faire l'éloge mais après une semaine je trouvais la circulation de l'air insuffisante, l'odeur du diesel et la chaleur presque insupportable me rendaient malade. Et je maudissais le *'tuba'* avec tous les autres équipements du bateau.

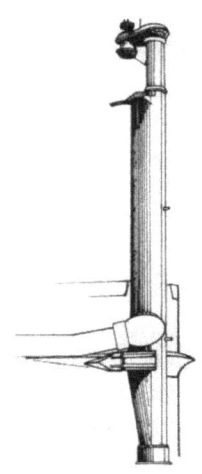

Note de l'éditeur : Il s'agit de la version initiale du tuba qui fut modernisée sur de nombreux vaisseaux (type VII et type IX) à la fin de la guerre. Contrairement à la nouvelle version qui fut conçue pour le type XXI et le type XXIII qui fonctionnaient hydrauliquement, ces modèles étaient articulés et devaient être activés manuellement depuis le poste de commande. Ils étaient pourvus d'une valve étanche au niveau du pont mais ils n'étaient pas sans poser quelques problèmes.

Le pot d'échappement diesel se trouvait dans la même petite embouchure qui contenait l'afflux d'air frais et ainsi, comme Don Angel le fait remarquer, l'air rentrant avait une odeur de diesel. Si une vague s'engouffrait dans l'embouchure d'admission d'air, l'évacuation diesel continuait de fonctionner, aspirant de grandes quantités d'air hors du vaisseau, ce qui causait à l'équipage des saignements de nez et des oreilles. Dans de rares cas, les membres d'équipage étaient intoxiqués par le monoxyde de carbone.

Pour Bormann, cela ne semblait pas l'affecter autant. Il ne quittait que rarement notre cabine et passait des heures à écrire son livre. Même cela était un tourment pour moi, car à ces moments il ne me répondait que par des grognements ; refusant même carrément de considérer ma présence. Au cours de ses longs silences, Bormann, dont la tête rasée s'était à présent pourvue de cheveux et arborait une barbe développée, avait pris l'habitude énervante de tirer sur sa joue gauche. C'était une de ces petites choses qui peuvent vous rendre fous lors d'un long voyage en sous-marin.

Après la politique, le sujet de conversation favori de Bormann était sa famille. J'étais surpris d'apprendre qu'il était marié et avait une fille âgée de quinze ans. Il me confia qu'il espérait organiser son transfert en Argentine dès qu'il se serait lui-même installé. Des années plus tard, j'appris que sa fille était parvenue à le rejoindre et elle vit à présent à Buenos Aires où elle s'est mariée et a eu des enfants.

Pourtant, si j'étais dans un état d'intense nervosité, je me rendis compte que ma condition était partagée par un grand nombre des membres de l'équipage. Au milieu de la monotonie de la deuxième semaine en mer, un marin se coinça le pied dans la machinerie et fut sérieusement blessé. Ainsi, il se retrouva à passer tout son temps dans la salle du mess des marins tout près de notre cabine. Comme le pauvre gars ne pouvait plus bouger, je me rapprochai de lui, c'était quelqu'un à qui parler et je finissais par déduire qu'il était tout aussi anxieux que je l'étais de voir ce voyage se terminer. Cependant, il m'expliqua que cette traversée n'était pas aussi mauvaise que certaines qu'il avait faites, mais qu'il n'en espérait pas moins que la blessure à son pied serait assez sérieuse pour que le Commandant Jui le laisse à terre avec Bormann et moi-même lorsque nous atteindrions l'Amérique du Sud et bien qu'il lui en coutât quelques douleurs, il paraissait presque content d'avoir été blessé.

À partir des remarques des autres marins, je commençai à soupçonner qu'il avait provoqué l'accident lui-même et beaucoup de membres de l'équipage le félicitèrent ouvertement sur ses chances de quitter le navire. Il me semblait que l'attitude de certains marins les plus loquaces se rapprochait de la mutinerie et mon impression à leur sujet changea. Elle passa de celle d'un équipage aguerri, bien entraîné et enthousiaste à celle d'un groupe d'hommes démoralisés qui n'aspiraient qu'à mettre fin à leur vagabondage sous les mers. Et je pensais que le Commandant Jui aurait des problèmes avec eux avant que notre voyage se termine.

Un jour, je trouvai Bormann dans une humeur philosophique. Pendant des heures, j'écoutai ses explications au sujet du passé, et ses espoirs pour le futur. Il commença par comparer le National-Socialisme avec certaines des religions les plus anciennes de l'homme, faisant remarquer que de manière semblable à toutes les croyances, le Nazisme cherchait un dirigeant surhumain pour libérer son peuple et le conduire à la supériorité mondiale.

Bormann pensait qu'il n'y avait que deux théories possibles dans la vie de l'homme : le Communisme ou le National-Socialisme. Il condamnait le Communisme avec amertume :
« Qui peut bien vouloir que les hommes soient égaux comme les animaux ? » grognait-il.

« Le Nazisme est la seule solution. Nous pensons qu'il doit y avoir des dirigeants, des surhommes que les masses doivent suivre. Nous voulons élever une race d'hommes dotés du cerveau et du physique permettant de diriger le monde.

Nous avons initié cela avec les SS parce qu'aucun des membres sélectionnés pour appartenir à la SS n'avaient de défaut mental ou physique. Nous voulons faire procréer notre race de façon à ce que dans un millier d'années, le Reich produise une race d'hommes et de femmes splendides. »

Allant et venant dans la cabine, il poursuivit :
« Je suis convaincu que le National-Socialisme renaîtra en Allemagne. Cela peut prendre quelques années, même une génération, mais cela reviendra. »

Je protestai qu'il s'agissait d'un rêve impossible, car l'Allemagne serait occupée pendant de nombreuses années et que les Alliés écraseraient sûrement tout réveil de sentiment nazi. J'ajoutai que le monde n'était pas rempli de héros, et que les hommes oublieraient bientôt la guerre et cette période de l'histoire allemande. Ils avaient perdu la guerre ; cela était suffisant pour la plupart.

Bormann se tourna vers moi en fureur : « Espèce de fou ! Avez-vous perdu toute espérance ? cria-t-il. « Ne voyez-vous pas qu'en occupant l'Allemagne, les Alliés donneront toujours aux Allemands des raisons pour qu'ils se retournent contre eux ? »

Bormann termina sa tirade en prédisant : « Ces fous penseront qu'ils ont remporté une victoire définitive, mais s'ils sont assez stupides pour continuer à haïr le peuple allemand et montrer cette haine, alors la cause nazie ne mourra jamais. Le peuple se tournera à nouveau vers nous pour regagner sa liberté. »

Il parlait de manière optimiste sur le fait de trouver en Amérique du Sud un peuple qui se prêterait aux enseignements nazis de la race supérieure.

« Cela doit être un peuple très intelligent », fit-il remarquer.

Mais à ce sujet, je me devais de le désillusionner : « Si vous pensez trouver ici une race supérieure, vous serez déçu, Martin. » lui dis-je.

« Mais n'est-il pas vrai que nous ayons des partisans là-bas ? »

Je lui répondis : « Oui, mais vous ne connaissez pas encore les Sud-Américains. Aujourd'hui ils vous considéreront comme un héros. Demain, ils pourront tout aussi bien vous tirer dans le dos. »

À ce moment, notre discussion fut interrompue par le bruit strident d'un klaxon et un martellement féroce à la porte de notre cabine. Je réalisai que les moteurs de l'U-Boot s'étaient arrêtés.

Un matelot entra dans la cabine et nous fit savoir que le Commandant Jui voulait nous voir urgemment, puis il nous conduisit à l'écoutille conduisant à la salle des machines. En face d'un énorme bloc d'accumulateurs, le Commandant Jui s'entretenait vivement avec un groupe d'ingénieurs. Lorsque nous les rejoignîmes, Jui s'interrompit et nous dit sérieusement : « Nous devons nous arrêter pour procéder à des réparations d'urgence sur l'un des accumulateurs[7]. »

Il désigna l'un des énormes accumulateurs et pointa son doigt en direction d'une brèche s'étendant en longueur, depuis le plafond jusqu'au sol du pont. Il expliqua que dans son état actuel, cette panne pouvait affecter la fourniture d'électricité aux moteurs et à moins d'être

---

[7] **Note de l'éditeur** : Le terme d'accumulateur fait référence aux batteries.

réparée immédiatement, nous forcerait à poursuivre notre traversée à la surface à l'aide des moteurs diesel.

« Je n'ai pas besoin de vous dire à quel point cela serait dangereux pour chacun d'entre nous. » ajouta-t-il.

Mais déjà le personnel de la salle des machines avait commencé de colmater la brèche, ce qui signifiait que le danger immédiat serait bientôt surmonté. Nous reconduisant à notre cabine, le Commandant Jui s'excusa encore pour le défaut de son navire, mais me rappelant mes conversations avec l'équipage, je lui confiai : « Je ne suis pas surpris de voir que certaines choses vont mal. Je ne pense pas que votre équipage soit content, Commandant. »

Jui éclata de rire.

« Ne vous en faites pas pour l'équipage. Nous en avons vu d'autres. Je pense simplement que mon sous-marin a été plusieurs fois lourdement affrété et que cela a endommagé les compartiments des accumulateurs. »

Le jour suivant, notre moral remonta lorsque nous approchâmes de l'estuaire du Río de la Plata. Cela signifiait que nous n'étions qu'à seulement un ou deux jours de toucher terre. Bormann se montra très excité et sortit une carte à grande échelle de l'Amérique du Sud. Il dessina une grande croix passant par notre lieu de désembarquement, le minuscule port de Puerto Coig, situé dans la région argentine de la

Patagonie. Ce même après-midi, mon intuition que l'équipage était déterminé à ne pas prendre la mer sur ce vaisseau, fut renforcée lorsqu'une autre brèche mystérieuse fut trouvée dans un autre casier d'accumulateurs. Dans mon état de nervosité, j'imaginai même que le désastre pouvait se déclarer à quelques miles des côtes. J'étais sûr qu'il s'agissait d'une manœuvre délibérée de sabotage, et je m'en ouvris auprès du Commandant.

« C'est incroyable que ni vous ni aucun de vos officiers ne puissent déterminer la cause de ce dommage. C'est du sabotage, espèce de fou. Vous ne le voyez pas ? »

Le Commandant Jui explosa de fureur. Dans un langage qui choquerait un docker de Hambourg, il m'abreuva d'insultes pendant au moins deux minutes entières. À ce moment, Bormann s'interposa. « Commandant Jui », rugit-il. « Faites attention et calmez-vous ! »

Jui s'arrêta, obéissant. Le visage rouge de fureur, Bormann abusa vicieusement du Commandant subjugué. Pâle et tremblant, Jui souffrit une explosion de colère que seul Hitler lui-même aurait pu égaler.

En criant, l'adjoint du Führer administra un sermon au jeune commandant et termina en lui disant : « Vous ne méritez pas d'être aux commandes d'un navire allemand. Je considère cet homme (il me désigna d'un geste) comme un héros. C'est grâce à lui que je suis ici. Et si vous l'insultez, considérez que vous avez insulté le dirigeant du Parti Nazi ! »

Il rapprocha son visage de celui tremblant de Jui et gronda : « Ai-je besoin de vous rappeler, Commandant, des conséquences encourues pour une erreur aussi grave ? »

Après cela Bormann tourna les talons et s'en fut.

Après que Bormann fut parti, les officiers et l'équipage présents sur le pont prirent un moment pour se reprendre. Mais d'ici là, ma colère s'étant évaporée et pour apaiser les tensions, je m'avançai et lui tendis ma main : « En ce qui me concerne, Commandant, l'affaire est réglée. Croyez-moi je regrette qu'elle ait seulement eu lieu. »

Jui semblait heureux d'accepter mon amitié, et ensemble nous allâmes à sa cabine partager une bouteille de vin français.

Tandis que nous étions dans la cabine du Commandant, Bormann nous rejoignit, paraissant aussi avoir oublié l'incident.
Presqu'immédiatement, un matelot apparut avec un message. Ce dernier disait : « Tout est prêt et nous vous attendons. »

Il était signé du nom de Rodriguez. Ce message, notre premier contact direct avec notre agent à terre, nous apporta à tous un moment de soulagement.

Bormann me demanda si je connaissais Rodriguez personnellement, et je répondis que non.

« C'est étrange », dit-il. « On m'avait dit qu'il s'agissait d'un prêtre et que vous le connaissiez. »

« Je ne connais qu'un seul prêtre travaillant pour nous en Argentine, et son nom n'est pas Rodriguez », répondis-je.

Bormann sourit : « Votre nom n'est pas Adian, n'est-ce pas Angel ? Et le mien n'est pas Luis. Alors pourquoi le nom de ce prêtre ne serait-il pas Rodriguez ? »

Je remarquai que le message n'était pas codé. Un second signal quelques heures plus tard, acheva de nous convaincre que nous étions finalement en sécurité.

Il disait : « Vous pouvez opérer en toute sécurité. Nous contrôlons totalement la situation. Heil Hitler ! »

Nous disposions de moins de vingt-quatre heures avant de débarquer et la tension était à son comble. Bormann et moi passâmes la dernière nuit en nous tournant sans cesse sur nos couchettes, sans pouvoir dormir. Willy, le docteur, nous donna à tous deux un sédatif et suggéra même que l'on m'administre une injection pour me permettre de passer ces dernières heures de suspense, mais je refusai. Même à ce moment je ne pouvais pas oublier ma formation d'espion et ma règle principale : ne jamais faire confiance à personne. J'étais le seul témoin de la fuite de

Bormann. Je ne voulais surtout pas prendre un risque de dernière minute.

Le matin du 25 mai, le Commandant Jui donna l'ordre de faire surface et je sentis les 'boum' 'boum' 'boum' rythmés de nos moteurs diesel prendre le relais sur nos moteurs électriques ; le U-Boot remonta à la surface.

Bormann et moi accourûmes sur le pont juste à temps pour voir Jui revenir de son bref tour de reconnaissance. Autour de son cou pendait une puissante paire de jumelle Zeiss : « Un comité d'accueil vous attend », dit-il à Bormann.

« Combien sont-ils ? » demanda Bormann.

« J'ai compté huit hommes et deux voitures » répondit Jui.

Mais je ne pouvais plus attendre. Je dépassai Jui et gravis l'échelle d'acier jusqu'à la plateforme d'observation sur la tourelle de commandement. C'était ma première vue sur la terre depuis dix-huit jours angoissants. À travers la brume, je pouvais voir la plage très proche, et un certain nombre de silhouettes nous faisant signe.

Une fois à terre, je regardai Bormann marcher sur la plage près du petit port de Puerto Coig, avec un sentiment d'intense satisfaction. Ma mission la plus importante d'agent secret de la cause nazie avait été accomplie. Bormann, le criminel de guerre le plus recherché au monde, avait été clandestinement transféré d'Europe en toute sécurité et se trouvait maintenant sur les côtes amicales de l'Argentine.

Je me tenais sur la plage de galets ce matin de mai 1946 et jetais un dernier regard au vaisseau qui nous avait emmenés ici depuis l'Espagne. Au milieu du brouillard, je pouvais distinguer vaguement ses plaques d'acier scintillantes et son équipage au garde à vous sur le pont supérieur, leurs bras tendus effectuant le salut nazi.

Bormann se retourna, sa silhouette battue par le vent se levant contre la crête de la plage montante, et étendit son bras vers l'U-Boot au loin. En trois minutes, le canot pneumatique qui nous avait emmenés à terre regagna le sous-marin et des mains vaillantes le hissèrent à bord. Je regardai vers la mer et je vis le Commandant Jui à présent seul sur la tourelle. Quelques instant plus tard, lui aussi disparut et l'U-Boot disparut à son tour dans la brume. Sa dernière mission accomplie, le vaisseau se dirigeait vers Buenos Aires – la reddition et l'asile[8].

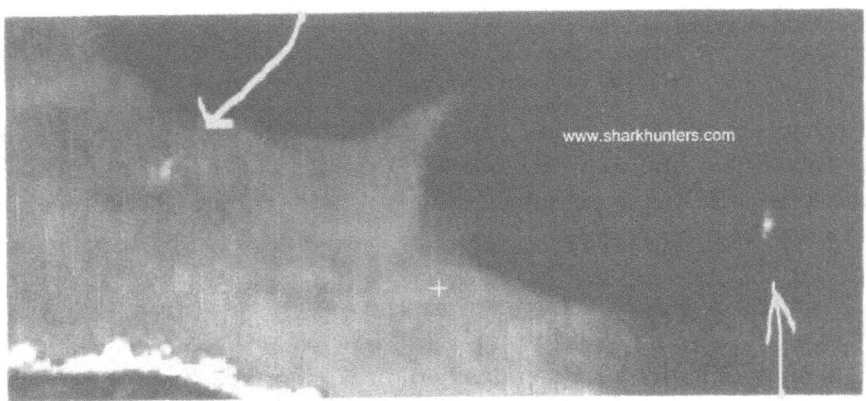

Nous fûmes rejoints sur la plage par l'agent nazi Rodriguez, un prêtre que j'avais reconnu comme l'homme ayant travaillé à mes côtés il y avait quelques années dans ce pays sous le nom de Père Vogamiz. Rodriguez, portant la tenue catholique romaine, accueillit Bormann chaleureusement. Je me demande si le bon prêtre, ou qui que ce soit d'autre à ce moment, réalisait qu'il était le comité d'accueil du nouveau Führer Nazi.

---

[8] **Note de l'éditeur** : Le sous-marin n'atteignit jamais Buenos Aires. Nous pensons qu'il fut sabordé par son équipage dans une zone qui nous fut révélée dans une lettre de Don Angel, après que ce dossier nous fut envoyé. Cette photo (voir ci-après), pensons-nous, montre le vaisseau à bord duquel Don Angel aurait voyagé avec un autre U-Boot allemand, sabordé à Caleta de los Loros.

Partie VII

Des haines à demi enfouies

Même après toutes ces années, le visage, le nom et la voix enregistrée d'Adolf Hitler sont suffisants pour ramener à la surface des haines à demi enfouies et une peur inoubliable dans le cœur des millions de gens qui ont souffert et se sont battus au cours de la dernière guerre. Pourtant, pour ceux qui partagèrent ses croyances – et j'étais parmi ceux-là - il était considéré comme un génie. Les souvenirs de ces dernières semaines éprouvantes que j'avais passées avec lui dans le bunker de Berlin sont toujours vivaces, et je me rappelle encore comme si c'était hier des paroles prononcées par l'adjoint du Führer, Martin Bormann, lorsque nous quittâmes les côtes de l'Europe au printemps 1946 :
« L'Allemagne ne peut espérer une véritable unification spirituelle et géographique que sous l'égide d'Hitler. »

Mais l'image qui vient à mon esprit à la mention du nom d'Hitler n'est pas celle d'un dictateur dynamique et dominant. C'est celle d'un infirme grotesque, d'un homme faible, s'accrochant à la vie dans l'étendue funèbre et glaciale du Pôle Sud.

L'aventure la plus macabre de ma carrière de professionnel de l'espionnage, débuta un jour de juillet de 1952. J'avais quitté l'Espagne pour vivre avec ma femme et ma famille au Mexique trois ans auparavant et m'étais installé à Ciudad Juarez, une petite bourgade près de la frontière des États-Unis.

Publiquement, je travaillais pour le groupe de presse Carcia Valseca, comme chroniqueur littéraire d'un supplément hebdomadaire. Mais comme toujours, mon véritable travail concernait les Nazis – aider à établir, pour l'expansion du Parti en Amérique Centrale et en Amérique du Sud, un système de communication pour leur réseau de renseignements. C'était un travail de routine qui nécessitait peu de voyages ou de risques. Je commençais à songer que mon utilité à la cause nazie avait atteint ses limites.

Enfin, jusqu'à ce jour de juillet 1952 lorsque je reçus un message de routine m'ordonnant de rejoindre une région isolée à la pointe sud de l'Amérique du Sud où je serai emmené à la rencontre d'une *'personne de la plus haute importance'*. Je supposai naturellement que cette personne très importante à laquelle mes ordres faisaient allusion, ne pouvait être que mon vieil ami, Martin Bormann. Mais j'avais tort. Même maintenant, après des années d'interrogations, je suis forcé de conclure que l'homme que j'ai rencontré n'était rien de moins que le Führer lui-même : Adolf Hitler.

Je ressentais une ancienne excitation sur le chemin de l'aéroport. Une fois de plus, j'étais appelé au service de mes maîtres nazis. Je me demandais quelle mission ils allaient me confier. Je me posais toujours la question lorsque, après quelques changements d'avions et de nombreuses heures de retard frustrantes, j'arrivai finalement à l'aérodrome désigné dans mes instructions. La piste d'atterrissage se trouvait dans un pays sauvage inhospitalier au sein de la partie la plus au sud de l'Argentine. J'étais attendu et lorsque je pénétrai dans le seul bâtiment présent, une cabane en bois rustique dans un coin du champ, je fus reçu pas un aryen blond qui se trouvait être un ancien pilote de la Luftwaffe.

Notre appareil, un bimoteur affecté au transport de marchandises, était garé et déjà ravitaillé en carburant, à l'extrémité de la piste. Sans plus attendre, le pilote me demanda de le suivre et nous embarquâmes à bord de l'avion. De mon siège de co-pilote, il me paraissait impossible que ce gros avion puisse décoller à partir de cette petite piste. Mais mon pilote le souleva dans les airs et dans l'heure suivante, nous dépassions la côte à cinq mille pieds de hauteur.

Je lui demandai où nous nous rendions, mais ne fus aucunement surpris lorsqu'il refusa de discuter de notre destination. Il expliqua simplement qu'il n'y avait aucune difficulté de prévue à notre vol, car aucune des formalités habituelles n'avaient eu lieu sur la piste que nous avions utilisée. Le seul indice de notre destination finale était que l'avion était équipé de skis ainsi que de roues et à présent que nous étions en vol, je remarquais que notre boussole indiquait régulièrement le sud-est. Incroyablement, nous nous dirigions vers le Pôle Sud !

Pendant plusieurs heures, nous volâmes au-dessus d'étendues infinies de glace sans voir aucun signe de vie ou de végétation. Mon pilote semblait bien connaître la route, car il se référa très peu aux cartes ou aux aides à la navigation. Finalement, après la plus brève vérification, à mes yeux inutile, sur le terrain sans forme en dessous de nous, il tira sur les manettes jumelles et nous plongeâmes en direction du sol.

Nous atterrîmes sur une couche de neige moelleuse, et dès que l'avion fut presque stationnaire, je distinguai les contours anguleux d'un hangar recouvert de neige et un groupe de bâtiments assemblés à une centaine de mètres devant nous. Nous roulâmes à bord de l'appareil jusqu'au hangar principal et, avec la poussée finale des moteurs, glissâmes jusqu'à l'arrêt complet. Après le grondement continu des moteurs, le silence de cette étendue arctique était surnaturel. Je ne m'attendais pas du tout à trouver d'autres êtres humains dans ce qui semblait être une ville fantôme perdue dans la neige, mais dès que notre avion s'arrêta, un groupe d'hommes bien emmitouflés quittèrent l'abri du hangar et marchèrent au-devant de nous. Ils accueillirent mon pilote comme un vieil ami et me souhaitèrent la bienvenue dans un allemand poli. L'un d'entre eux me fournit un lourd pardessus de fourrure et me pressa de rentrer dans la maison la plus proche, à cent pas de là.

Note de l'éditeur : Nous pensons que soit Don Angel fait la supposition incorrecte d'avoir été transporté en Antarctique, ou bien qu'il fournit délibérément une fausse information, ce qui ne serait pas une chose inhabituelle pour un *'espion'*. Nous sommes certains qu'il a atterri loin dans la partie sud-ouest de la Patagonie et nous nous sommes même rendus dans le complexe où Hitler a vécu pendant quelques années après la guerre.

Il s'agit de l'habitation principale qui était composée de plusieurs petits cottages, un petit bâtiment abritant un générateur de courant, une autre petite installation pour les cuisines et un hangar à bateau où les navires et les hydravions étaient abrités[9]. Cette zone est complètement recouverte de neige au cours des hivers Patagoniens et ce complexe ne peut être atteint que par bateau ou par hydravion. Davantage de photos sont disponibles à www.sharkhunters.com. Il y avait également plusieurs chambres d'hôtes. Le complexe fut construit dans les ultimes moments de la guerre, avec des financements allemands, prétendument pour le Président d'un constructeur automobile allemand très connu, mais en réalité il était destiné à Hitler.

Une fois à l'intérieur, une maison en bois de plain-pied, on m'offrit une boisson chaude et on me conduisit à mon logement. Ma chambre était à peine plus grande qu'une salle de bain normale, mais elle était pourvue d'un lit confortable et d'une armoire à tiroirs, ce qui était suffisant pour mes besoins. Je découvris qu'il y avait des chambres similaires dans le bâtiment, plus une salle plus grande où tous les occupants prenaient leurs repas ensemble. À ce moment, il ne paraissait n'y avoir seulement que moi-même et les trois hommes qui étaient venus à ma rencontre, et un serveur en veste blanche qui cuisinait et servait notre nourriture.

---

[9] **Note de l'éditeur** : Le hangar à bateau abandonné. Lorsque nous y sommes retournés en 2009 et alors que nous marchions sur la pelouse, notre commandant de bateau argentin commença à marcher au pas de l'oie avec son bras droit tendu vers le haut. Nous lui avons demandé ce qu'il faisait, il nous répondit : « Je sais qui a vécu ici. J'ai grandi ici. Mon père était le gardien – Je sais qui a vécu ici ! »

Ce soir-là, le dîner ne me vit pas plus près de résoudre le mystère de ma présence en ces lieux isolés. Personne n'avait encore émis la moindre explication à ce sujet. Mes quelques tentatives pour interroger mes compagnons n'avaient provoqué que des regards aussi glaciaux que les environs, et une réponse inamicale.

Au cours du repas, je fus exclu presqu'entièrement de la conversation des autres et leur fus reconnaissant de m'excuser sur le compte de la fatigue, afin de me retirer dans ma chambre. Je m'étendis sur le lit cette nuit-là, tandis que mille questions s'enchevêtraient dans mon esprit. Pourquoi étais-je là ? Où allais-je ? Et – la plus importante de toutes – qui devais-je rencontrer ? Et quelles étaient les connections entre cet avant-poste abandonné et la photo des deux adolescents qu'il m'avait été demandé d'amener avec moi ?

Je sortis les photos de ma mallette et les étudiai à nouveau. Je connaissais bien ces enfants. Au cours des six derniers mois, j'avais reçu des instructions répétées pour m'assurer de leur bien-être. Plusieurs fois j'avais effectué des visites à leur résidence de Las Cruces, au Nouveau Mexique. Je savais qu'ils avaient été emmenés depuis Lisbonne, au Portugal en 1951. Je les avais souvent regardés à distance et photographiés sur le chemin de l'école. En quoi étaient-ils liés à cet homme mystérieux pour la rencontre duquel j'avais parcouru trois mille kilomètres ?

Il était presque midi le 10 août, lorsque l'un des hommes que j'avais rencontrés vint jusqu'à ma chambre et m'annonça : « Señor Gomez, aujourd'hui vous allez rencontrer le Führer. »
Il mentionna le titre de manière si neutre qu'au premier abord je ne parvins pas à saisir ce qu'il signifiait.

« Le Führer ? » demandai-je. « Qui voulez-vous dire lorsque vous parlez du Führer ? »

L'homme me regarda fixement comme si j'étais fou.

« Il n'y en a qu'un », répondit-il. « Adolf Hitler. »

Brusquement, il me fit signe de le suivre et tourna les talons. Stupéfait, je le laissai me conduire hors de la maison et nous traversâmes une voie enneigée, vers un autre bâtiment plus grand. À l'intérieur, il s'arrêta et toqua à la porte d'une pièce à la fin du couloir. Une voix étouffée répondit à ce signal. Il ouvrit la porte et me céda le passage. Il y avait quatre hommes dans la pièce. Trois d'entre eux étaient debout. Mais je les remarquai à peine. Mon attention était fixée sur le quatrième homme, qui était assis derrière un grand bureau en bois face à la porte. Je compris instantanément qu'il devait s'agir de l'homme auquel j'avais entendu faire référence comme au Führer.

Mais s'il s'agissait bien d'Hitler, alors il était à peine reconnaissable par rapport à l'homme que j'avais vu quitter le bunker de Berlin en avril 1945. Pour reconnaitre dans cette personne l'Hitler qui avait dominé l'Allemagne pendant douze ans, il était nécessaire d'être pourvu d'une imagination certaine.

Comparez vous-même. À gauche en 1940, à droite dans les années 1960.

Cet homme était sans moustache. Il était complètement chauve et la peau de ses joues et ses tempes avaient été tirées et pendaient sur ses pommettes. Pourtant son front et son menton étaient lourdement ridés, et une cicatrice d'un pouce de long avait blanchie sur sa tempe droite. Ce visage sinistre était comme encadré par une bannière nazie noire et rouge qui était suspendue au mur dans son dos.

L'un des trois hommes se tenant à ma droite m'invitait à m'avancer et me présenta au visage derrière le bureau. Je me mis au garde à vous et fit le salut nazi. L'homme derrière le bureau esquissa un sourire furtif et me rendit mon salut par un mouvement de la main droite.

Hitler, s'il s'agissait d'Hitler, me reçut assis et j'appris plus tard qu'il éprouvait des difficultés à se tenir debout. Je m'aperçus que son bras gauche était à demi paralysé. Son visage était grisâtre et de temps à autre il devait essuyer un filet de salive qui s'écoulait sur son menton affaissé. Lorsqu'il faisait cela, je remarquais que sa main fine et ridée tremblait violemment. Il avait l'apparence d'un homme dont la vitalité avait disparu et ses yeux étaient ternes et dépourvus de la moindre étincelle. Il portait un costume bleu marine à deux boutons agrémenté de l'emblème Nazi sur le revers. Le costume ne lui allait pas et pendait mollement sur ses épaules étroites.

L'homme qui m'avait conduit au bureau me fit à présent asseoir et sortit une liasse de papiers qu'il posa devant le vieil homme devant moi. Après un bref coup d'œil aux papiers, il commença de me poser des questions d'une voix faible et hésitante. Il s'agissait de questions sur l'Amérique du Sud, et les composantes politiques et économiques des divers pays du continent. Mais il parlait comme s'il n'était pas vraiment intéressé, et je dus me pencher en avant pour entendre ses paroles distinctement. J'étais pris par une telle sensation d'irréalité comme dans un rêve, que je dus me concentrer pour répondre intelligemment.

Il continua à poser des questions, à présent sur la force du mouvement nazi en Amérique du Sud et au sujet de mon travail pour la cause du National-Socialisme. Pourtant, il ne montra de signes de vie et un réel intérêt, que lorsque dans un mouvement soudain de son poing serré, il me demanda : « Avez-vous les photos des deux enfants ? »

Il ne fit référence à eux qu'en ces termes : *'les enfants'* ou bien *'ce garçon'* tout au long de notre entretien sans jamais donner un indice de la moindre relation avec eux. Je savais seulement que le nom du garçon était Adolfo et qu'il avait environ seize ans. Le nom de la fille était Stern, le terme allemand pour désigner une étoile.

Lorsqu'il me le demanda, je lui montrai un ensemble de cinquante ou soixante photos des enfants. Je dis au Führer qu'ils semblaient heureux et en bonne santé. À mesure que je parlais, il scrutait avidement les photos et lorsque j'eus fini, les questions cessèrent. Sans autre signe de la part du vieillard derrière le bureau, je compris que l'entretien était terminé. Un de ceux qui étaient présents dans la pièce se leva et me tapa sur l'épaule, m'encourageant silencieusement à partir. Je me levai, m'inclinai légèrement devant l'homme au bureau et quittai la pièce. Le jour suivant, j'étais ramené en Argentine.

Je ne revis jamais l'homme qu'ils avaient appelé le Führer.

Tout au long du vol, je repassais en boucle l'image de la rencontre morbide avec l'homme au dos voûté, assis, ratatiné dans cette pièce décorée de la Swastika d'une petite hutte posée sur les étendues glaciales du Pôle Sud ; l'homme que ses compagnons désignaient comme le *'Führer'*. Se pouvait-il que ce vieil homme rétréci ait pu être autrefois le dictateur dominant que j'avais pour la dernière fois rencontré à Berlin dans le Führerbunker, lors de la chute de l'Allemagne nazie ?

Cette pauvre créature présidant à présent sur un million de mètres carré de néant, était-elle bien celle qui avait conquis tout un continent ? Était-ce Hitler ? Je me souvenais des longues conversations que j'avais eu avec l'adjoint d'Hitler, Martin Bormann, au cours de notre longue traversée depuis l'Europe, il y avait maintenant six ans. Bormann m'avait alors confié comment il avait planifié la fuite du Führer de l'enfer berlinois et comment il avait prévu de le garder au secret jusqu'à ce que le Nazisme soit assez fort pour libérer à nouveau l'Allemagne.

À présent que notre avion s'en retournait en Amérique du Sud, j'étais rempli d'excitation. C'était comme si tout ce que Bormann m'avait dit était en fait parfaitement vrai, et que le Parti Nazi était en fait toujours suffisamment fort et résilient pour réémerger.

Dès mon retour chez moi à Ciudad Juarez, une ville mexicaine près de la frontière états-unienne, je résolus d'attendre les instructions du réseau nazi clandestin auquel j'étais toujours affilié. Ma tâche – sous la couverture d'œuvrer pour un groupe de presse – était d'organiser et de rentrer en contact avec les sympathisants nazis de l'Amérique Centrale, et à cette fin, je recevais des ordres sur un récepteur radio que je gardais dans la chambre de ma maison.

Il était juste assez puissant – il était doté d'une portée de 100 kilomètres – pour me permettre de garder le contact avec le prochain lien dans la chaîne des militants du Parti à travers tout le continent Sud-Américain. Mais les jours d'attentes se changèrent en semaines, les semaines en mois, et les mois en années. Les messages que je recevais étaient triviaux. Il n'y avait aucun signe d'un appel à prendre les armes de la part de Bormann, ni d'aucun autre dirigeant de haut rang du Parti Nazi qui s'étaient échappés sur le continent.

Début 1957, je décidai de cesser de travailler pour mes maîtres nazis. Je désirais rentrer dans mon Espagne natale et m'y installer à nouveau avec ma femme et mes enfants, pour passer le restant de ma vie à leur restituer le temps que j'avais consacré aux nazis. Mais mes projets furent retardés.

Le 6 juin 1957, mon récepteur radio me transmis la nouvelle qui allait m'envoyer à travers l'Amérique du Sud pour une autre rencontre avec Martin Bormann. Au début, j'hésitai face au contenu imprécis de l'ordre m'enjoignant de me rendre à Panama City et de prendre contact sur place avec un autre agent nazi. À la place de suivre les ordres, comme je l'avais toujours fait, je choisis de prendre la décision audacieuse de m'envoler directement en Allemagne pour prendre contact avec l'homme au cœur de la cause nazie.

J'espérais qu'une fois là-bas j'obtiendrais des instructions plus détaillées. Si ce n'était pas le cas, j'étais résolu à quitter l'organisation et à reprendre une vie normale à Madrid.

Pour couvrir les traces de mon voyage, je proposai au patron de mon journal de me rendre en Europe pour une série d'entretiens. Je m'arrangeai pour en organiser un avec le Général Franco, et cela fut suffisant pour justifier mon déplacement, et je partis aussitôt. Mais immédiatement après mon audience avec Franco, je traversai l'Europe jusqu'à la ville allemande de Cologne. Cologne avait remplacé Munich en tant que nouveau sanctuaire du Nazisme et c'était ici, je le savais, que des hommes tels que Bormann venaient du monde entier pour des rencontres au sommet afin de faire le point sur la situation nazie, au moins une fois par an.

La manière dont je contactai le mouvement clandestin nazi fut de passer une annonce dans un journal de Cologne, communicant mes allées et venues. Le jour où l'annonce parut, je reçus un coup de téléphone à mon hôtel et je fus prié d'assister à un rendez-vous dans un café de la ville.

Là, je rencontrai un homme que j'avais connu pendant la guerre – un ancien officier SS – qui faisait à présent partie d'un groupe d'hommes importants qui étaient aux commandes du nouveau Parti Nazi en Allemagne. Cet homme me conduisit à sa maison sur Wagner Strasse où je restai pendant deux jours. Je lui fis part de mes sentiments et lui demandai d'être plus explicite au sujet du voyage que j'étais censé faire depuis Panama City, mais il refusa d'en dire davantage. Il m'expliqua simplement que le Haut Commandement avait demandé que j'assiste à l'une de leur réunion quelque part en Amérique du Sud. Il ajouta seulement que lorsque je serais là-bas, je comprendrais la raison pour laquelle j'y avais été envoyé.

Cette nouvelle inversa ma précédente décision de ne pas m'y rendre. Je résolus que je pouvais effectuer un autre voyage en Amérique du Sud, car je devinais qu'une requête émanant du Haut Commandement ne pouvait nécessaire conduire qu'à une rencontre avec Martin Bormann – le fugitif nazi que je n'avais plus revu depuis le jour où nous avions débarqué d'un U-Boot *pirate* sur la côte d'Argentine, il y avait dix ans de cela.

Je retournai immédiatement au Mexique et organisai mon ultime voyage sous l'impulsion des Nazis. J'envoyai d'abord ma femme en

Espagne et lui promis de la rejoindre bientôt. Puis, avec mon fils aîné Angel, je déménageai à Chihuahua.

La prochaine étape était de me libérer de la surveillance des agents de contrespionnage américain de la CIA qui m'avaient à l'œil. Ce ne fut pas difficile car j'avais transmis un nombre considérable d'informations sur les activités d'une cellule communiste au Mexique à l'attaché militaire américain de Mexico City. Les agents de la CIA qui me surveillaient ne semblèrent pas tellement intéressés lorsque je fis savoir que je préparais un tour des pays d'Amérique Latine pour présenter un spectacle de tauromachie. Je m'amusais énormément à rassembler mon troupeau de taureaux. J'avais moi-même été un bon toréro dans les arènes d'Espagne au début des années 1930 et j'envisageais le voyage comme des vacances agréables.

Comme je l'ai dit, j'emmenai mon fils avec moi et recrutai aussi une jeune femme qui essayait de se faire un nom dans le milieu quelque peu rude de la corrida en Amérique du Sud. Je pensais qu'il me serait utile de l'avoir à mes côtés. Le fait qu'elle fasse partie du spectacle, constituait une attraction supplémentaire et faisait vraiment passer mes voyages pour une entreprise commerciale. J'achetai tout l'équipement dont nous aurions besoin à Mexico City. Nous partîmes pour le Panama, en passant par le Salvador, le Nicaragua et le Costa Rica. Tout au long du périple, mon petit spectacle de femme toréador, que j'avais baptisée *'Lola Montes'*, remporta un franc succès[10].

Juste à l'extérieur de Panama City, dans une petite ville appelée Davis, je rencontrai mon agent de contact. C'était un Allemand prénommé Karl qui s'occupait d'élevage. Il était apparemment dans le milieu depuis environ 1947. Je devinai son passé. De toute façon, il m'informa que je devais partir pour l'Équateur, et il me communiqua l'endroit d'une ferme dans l'état de Cuenta, où il m'expliqua que la réunion du Haut Commandement était censée se tenir.

Je continuais ma tournée de corrida. C'était une dure tâche, car je devais rentrer dans l'arène moi-même pour exciter suffisamment les taureaux afin qu'ils assurent le spectacle, avec Lola, qui se montrait à

---

[10] **Note de l'éditeur** : Est-il possible que Conchita Cintron fut la femme torero mentionnée par Don Angel ? Elle était la seule femme toréador de l'hémisphère occidental à cette époque.

présent hautement efficace. Nous avions pris l'habitude lors de notre arrivée dans une ville, de chercher des taureaux raisonnablement impressionnants aux alentours, ce qui était difficile à dénicher. Ainsi, lorsque nous arrivâmes à Cuenta, je louai un camion et donnai au chauffeur l'adresse de la ferme, comme Karl me l'avait indiqué.

Malheureusement, le camion fut incapable de faire tout le trajet et je dus me résoudre à louer une mule, qui trouva son chemin vers la ferme nichée aux pieds des Andes. Le trajet à dos de mule fut plus éprouvant qu'aucune autre excursion que j'avais faite. Certains des ravins me forcèrent à traverser des endroits atteignables que par des planches de bois de moins d'un mètre de large, et je m'accrochais terrifié au cou de la mule.

Fourbu mais reconnaissant de ne pas avoir encouru de plus grands dangers, j'atteignis la ferme. C'était une large maison de bois comportant plusieurs cabines plus petites, et comme je marchais sur le sol poussiéreux, je fus approché par le propriétaire supposé, un équatorien et un détachement d'environ cinquante Indiens. Rapidement, j'expliquai que je venais seulement pour la réunion.
« Réunion » dit-il sans aucune émotion. « Il n'y a pas de réunion ici. »

Mystifié et plus qu'ennuyé, je tournai les talons. Mais l'homme me rappela et m'indiqua que compte tenu du fait que j'avais effectué un grand déplacement, il serait heureux que je me joigne à lui pour un verre. Il me conduisit dans sa maison et me versa un verre d'un alcool local, une boisson plutôt corsée comme une eau de vie mais avec deux fois plus de puissance. Nous parlâmes de tout et de rien en espagnol pendant une minute ou deux, puis je bus mon verre et lui dis au revoir. J'étais juste sur le point de quitter la maison lorsqu'un homme bronzé mais de toute évidence européen, apparut sur le seuil.
« Êtes-vous Don Angel Alcazar de Velasco ? demanda-t-il en allemand.

« Oui », lui répondis-je.

« Alors suivez-moi », dit-il en me conduisant par une porte tout en haut d'un escalier étroit. Arrivé au sommet, il hésita un moment, puis ouvrit la porte et me fit entrer.

Je pénétrai dans une grande chambre où sept autres hommes étaient assis autour d'une longue table nappée. Et là souriant, me souhaitant la bienvenue de l'autre bout de la table, se tenait Martin Bormann. Je le reconnus instantanément, mais les dix années écoulées avaient laissé des traces sur sa physionomie. Il était maintenant presque complètement chauve et avait les joues creusées. Cependant, ses yeux et son sourire étaient toujours ceux de l'homme que j'avais ramené d'Europe.

Je fis le salut nazi en entrant dans la pièce et le groupe répondit immédiatement en se levant et en répondant d'une seule voix : « Heil Hitler ! »

Martin fut le premier à parler : « Vous avez vieilli, Angel. »

« Les années ne vous ont pas épargné non plus, Martin. » répliquai-je avec un sourire. Bormann m'invita à m'asseoir à la table pour me joindre à lui et aux autres pour le café. Il ne me présenta pas à ces hommes, la plupart allemands, et je ne reconnus aucun d'entre eux.
Il versa mon café dans un large bol tout en remarquant : « J'ai gardé un œil sur vous depuis que nous nous sommes quittés, Angel. J'ai lu beaucoup de rapports au sujet de votre excellent travail pour nous, plus quelques rapports que vous avez rédigés vous-même. Je tenais à vous dire personnellement à quel point j'étais satisfait du travail que vous avez accompli pour le Parti. »

Je sirotai mon café, le remerciai et repris : « J'ai moi-même souvent pensé à vous et au voyage que nous avons fait ensemble. »

Bormann insista pour que je retourne en bas pour me rafraîchir et me reposer avant de le rejoindre pour dîner. Comme je quittais la pièce, je saluais brièvement d'un hochement de tête les autres hommes de la table, chacun d'entre eux se retrouvait face à une pile de papiers, comme si chacun avait reçu une feuille de route pour une réunion d'affaire importante.

Je me rendis au rez-de-chaussée et on me montra une chambre où je m'allongeai sur un lit simple et dormis pendant environ une heure. Je fus réveillé et à nouveau invité à l'étage, où Bormann et ses amis se préparaient à dîner. Une place avait été réservée pour moi sur l'imposante table en bois, juste à la droite de Bormann. Au cours du diner, composée d'une soupe épaisse mangée dans des bols de terre cuite, Bormann me parla avec ferveur, m'interrogeant avec un grand enthousiasme. Il voulait savoir tout ce que j'avais appris sur l'Amérique Centrale et du Sud, tout au long des années où j'y avais vécu depuis que nous nous étions quittés.

Il voulait également savoir qui je connaissais dans les milieux politiques Sud-Américains[11] et quelle était la situation, telle que je la voyais, de l'organisation des agents nazis clandestins sur le continent. Il écouta attentivement pendant que je décrivais le contexte social, politique, et économique des agents que je connaissais personnellement. Puis il me pressa de lui communiquer mon opinion au sujet de certains États Latins et de leur maturité pour une prise de pouvoir révolutionnaire. Sur ce sujet, les autres hommes commencèrent à intervenir avec leur propres questions ; sur les armements, les finances et la structure des divers gouvernements jusqu'à ce qu'au bout d'une heure, je me sentisse comme un citron bien pressé.

Je ne mentionnai pas le fait que je m'étais récemment rendu en Europe et ils ne parlèrent pas de cette partie du monde.

Bormann ne me parla pas beaucoup de lui-même et de sa vie en Amérique du Sud, mais je devinai qu'il avait été bien employé et qu'il avait plongé ses doigts dans de nombreuses organisations politiques. Il mentionna qu'il était parvenu avec succès à former un mouvement de jeunes sur les mêmes lignes que les anciennes Jeunesses Hitlériennes, ces enfants qui avaient prouvé leur valeur dans les batailles de rue de Berlin en 1945.

---

[11] **Note de l'éditeur** : Le Reich était certainement très implanté en Amérique du Sud. Ceci montre une tombe dans un cimetière du Brésil. Beaucoup de tombes sont identiques, portant des swastikas (croix gammée) et un nom allemand. Elles sont datées de 1936.

Mais il y avait une chose par-dessus tout que je voulais dire à Bormann ; et une question que je souhaitais plus que tout lui poser.

Premièrement, j'informai Bormann de ma décision de mettre fin à mon travail pour la cause nazie et de rentrer à Madrid avec ma famille. Il ne sembla pas surpris, mais me demanda d'y réfléchir.
« Ce n'est pas le moment de penser à nous quitter », dit-il farouchement. « Après tout, nous nous sommes battus pendant des années, et maintenant nous pouvons connaître la chance de réaliser nos ambitions. Notre parti est à présent le plus fort d'Amérique du Sud et la renaissance de l'Allemagne nazie n'est qu'une question de temps, quelques années tout au plus. Je suis conscient que cela a pris plus de temps que prévu, mais bientôt nous serons en mesure de remettre l'Allemagne sur la voie des triomphes comme le Führer en rêvait en 1939. »

Il fit une pause après son discours. « Cela parait stupide que vous nous quittiez. » conclut-il. « Lorsque tout ce pourquoi vous vous êtes battu est sur le point de prendre tout son sens. » Mais je ne me laissai pas persuader. « Je suis heureux que les choses se passent enfin comme vous le souhaitez, Martin » lui répondis-je. « Mais j'ai perdu beaucoup de mon énergie. Je ne me sens pas d'accepter d'autres missions. En un mot, je suis fatigué. »

Bormann accepta ma décision sans autre commentaire et changea de sujet. J'attendis une opportunité au cours du repas pour lui poser ma question à un million : « Qu'en est-il du Führer ? »

La question provoqua un silence de mort tout autour de la table. Bormann répondit lentement. « Je ne saisis pas. Qu'en est-il de lui ?

« Est-il toujours en train d'attendre ? » demandai-je.

« J'avais prévu de ramener le Führer en Allemagne au moment psychologique adéquat. » déclara Bormann. « Ce plan a à présent été abandonné. »

« Cela veut-il dire qu'Adolf Hitler est mort à présent ? »

Bormann haussa les épaules. Il refusa de me répondre, mais évita le sujet rapidement et volontairement. La dernière question de Bormann au cours de ce repas étrange, fut assez inhabituelle pour cet homme qui haïssait autrefois toute forme de publicité. Il souhaitait savoir si les gens en Europe parlaient toujours de lui.

« Les gens, oui. Ils parlent toujours de vous. Mais vous êtes rarement nommé dans la presse en ce moment. », lui avouai-je.

« C'est bien, c'est bien » fut sa réponse.

Je quittai Bormann le matin suivant. Nous nous quittâmes solennellement, formulant tous deux le souhait et l'espoir que nous nous rencontrerions encore dans des circonstances plus heureuses. Les dernières paroles qu'il m'adressa furent celles-ci : « Je vous ai une fois promis que je retournerai en Allemagne et cette promesse tient toujours. Le destin de la Patrie appartient au Parti National Socialiste et à son Führer. Heil Hitler ! »

Je remontai sur ma mule et sans me retourner sur le groupe d'hommes se tenant près de la ferme aux pieds des Andes, je rentrai à Cuenta. Dès que je pus organiser une réservation, je rentrai chez moi à Madrid. J'avais terminé de servir mes maîtres nazis. Je leur avais donné vingt ans de ma vie ; deux décennies au cours desquelles j'avais risqué ma vie et avais vieilli prématurément d'inquiétude.

J'ai cessé de travailler pour eux à présent, mais des milliers d'autres aident à conserver la cause nazie vivante et je tiens cela pour certain. Aussi efficacement que les pouvoirs démocratiques essaient de la retarder, la réémergence de la doctrine nazie en Europe est vouée à se produire.

Je le sais. J'ai connu les hommes qui œuvrent à cette fin. Ils ont du pouvoir. Ils ont de l'influence. Ils ont la détermination et les moyens financiers de conduire à nouveau l'Allemagne au sommet. Ils ont aussi Martin Bormann. Tant que des hommes comme lui vivront, le Nazisme ne mourra jamais.

C'est ici la fin du dossier envoyé à Sharkhunters International par l'espion espagnol, Don Angel Alcazar de Velasco qui travailla au service du Reich. Il était écrit à la machine, et long de 114 pages.

Examinons maintenant des commentaires faisant autorité sur Hitler, sa fuite et la hiérarchie du Reich qui s'est également échappée de l'Europe en ruine, et qui pour la plupart ont vécu leur vie relativement en sécurité, grâce à leur bienfaiteur Juan Perón.

Partie VIII

Détails & Preuves

À présent que nous avons pris connaissance des pensées et des mémoires de Don Angel Alcazar de Velasco, voyons qui d'autre savait qu'Hitler s'était échappé du Führerbunker.

Le Maréchal soviétique Georgi Zhukov dirigea la prise de Berlin par l'Armée Rouge. Ce furent ses troupes qui prirent le contrôle total de la ville – de ses entrées et de ses sorties. Après une enquête longue et minutieuse, le Maréchal Georgi Zhukov avoua à Staline : « Nous n'avons trouvé aucun corps qui soit celui d'Hitler. »

Le Général au commande du secteur américain de Berlin, le Major-Général Floyd Parks, déclara à la presse qu'il était présent lorsque le Maréchal Zhukov attesta qu'Hitler avait pu s'échapper.

Maréchal Zhukov   Major-Général Parks   Général Bedell Smith

Le 12 octobre 1945, Le Chef d'État-Major d'Eisenhower, le Général Bedell Smith déclara : « Aucun être humain ne peut dire avec certitude qu'Hitler est mort. »

Thomas J. Dodd, l'avocat en chef des procès de Nuremberg a dit : « Personne ne peut affirmer qu'Hitler est mort. »

Dans son ouvrage *'Ten Days to Die'*, le juge Michael Mussmanno a écrit : « La Russie est entièrement à blâmer pour le fait qu'Hitler ne soit pas mort en mai 1945. »

Dans son livre *Frankly Speaking*, le Secrétaire d'État Jimmy Byrnes écrit : « Alors que je me trouvais à Postdam à la conférence des Quatre Grands, Staline se leva de sa chaise, s'approcha et fit tinter son verre de liqueur contre le mien d'une manière très amicale. Je lui demandai ce que c'était que cette théorie à propos de la mort d'Adolf Hitler et il me répondit : **« Hitler n'est pas mort. Il s'est échappé soit en Espagne ou en Argentine. »**

Thomas J. Dodd   *Jimmy Byrnes*

En 1952, le Général Eisenhower déclara : « Nous n'avons pas été capable de déterrer la moindre preuve tangible de la mort d'Hitler. »

Le Colonel W. J. Heimlich était le chef du renseignement américain à Berlin et il fut chargé de déterminer ce qu'il était advenu d'Hitler. Après des recherches approfondies, le Colonel Heimlich conclut : « Il n'y a aucune preuve à part le ouï-dire permettant de soutenir la théorie du suicide d'Hitler. Sur la base des preuves actuelles, aucune compagnie d'assurance en Amérique n'accepterait de compenser la perte d'Adolf Hitler. »

Au cours de la Conférence de Postdam, le Président Harry Truman posa directement la question au dirigeant soviétique Josef Staline, à savoir si Hitler était bien mort. Staline répondit simplement : « Non ! »

Le magazine *Diario Illustrade* de Santiago du Chili, publia un article le 18 janvier 1948 dans lequel il reporta un incident s'étant produit sur l'aérodrome de Templehof le 30 avril 1945. Le chroniqueur était ami avec un artilleur dans un JU 52 qui comportait des jeunes recrues SS pour la défense de Berlin. Il relata ceci :

« Au cours du réapprovisionnement, il reçut soudain un coup de coude dans les côtes de la part de son opérateur radio avec un signe de la tête lui intimant de regarder dans une certaine direction. À environ 100 – 120 mètres, il vit un Arado AR 234. Lui et l'opérateur radio virent, sans le moindre doute, se tenir devant le jet, leur Commandant en Chef, Adolf Hitler, habillé dans son uniforme gris et en train de gesticuler de manière animée avec des fonctionnaires du Parti. Pendant environ dix minutes, tandis que leur avion était réapprovisionné, les deux hommes observèrent cette scène et aux environs de 16h30 ils redécollèrent. Ils furent extrêmement surpris d'entendre au bulletin d'information militaire de minuit, sept heures et demi plus tard, qu'Hitler s'était suicidé. »

Un article publié en août 1952 intitulé *'Hitler Did Not Die'/ 'Hitler n'est pas mort'* expliquait : « Le faux suicide d'Adolph (sic) Hitler dans le bunker de Berlin est à présent révélé comme le plus grand mensonge de l'histoire. »

Otto Günsche était l'aide de camp d'Hitler dans le Führerbunker et c'est lui qui est censé avoir versé de l'essence sur les corps – mais les corps de qui ? Après avoir été relâché de sa captivité soviétique, il refusa de parler de ce jour-là. Dans la première partie du 21ème siècle, sa femme mourut et des amis spéculaient sur le fait que Günsche pourrait bien mettre un terme à des décennies de silence auto-imposé.

Il célébra son 88ème anniversaire avec ses amis qui déclarèrent que Günsche était toujours un homme en parfaite santé. Peut-être quelqu'un prit-il peur qu'il décide enfin de se confier – qui sait – car peu après son 88ème anniversaire, sa femme de ménage le découvrit dans le sauna à 9 heures du matin… où il se trouvait depuis 3 heures de l'après-midi du jour précédent – avec la température réglée sur 85° Celsius. Le bœuf n'est pas cuisiné à cette température et certainement pas pendant aussi longtemps.

Peut-être que la mort de Günsche n'était vraiment due qu'à une attaque cardiaque…

Le Commandant Robert Thew (333-1987) était dans la US Navy jusqu'à ce qu'il prenne sa retraite, puis il intégra la NSA. Il nous déclara : « Nous (la communauté du renseignement) savions qu'Hitler ne s'était pas suicidé. »

Nous ne pouvons pas oublier de mentionner *'la preuve de l'ADN officiel'* fournie par le gouvernement, mais nous n'oublions pas non plus que ce fut le gouvernement qui déclara sans équivoque que le Président John F. Kennedy avait été assassiné par un tireur solitaire, Lee Harvey Oswald, en faisant usage d'un fusil dont la réputation d'imprécision n'était surpassée que par sa médiocre qualité. Quiconque croit la version du gouvernement sur des sujets d'une telle importance, serait sans doute prêt à acheter la Tour Eiffel ou le Pont de Brooklyn.

L'ADN a démontré que le crâne (voir la photo ci-dessous) détenu par les Soviétiques dans le coffre du sous-sol du Musée de l'Armée Rouge, était celui d'une jeune femme ! Ce n'était évidemment pas celui d'Adolf Hitler, donc toutes ces preuves s'écroulent tout spécialement après que le Maréchal Georgi Zhukov et Josef Staline ont déclaré ouvertement qu'ils n'avaient pas trouvé le corps d'Adolf Hitler à Berlin.

Au Commencement...

Le croiseur Dresden/Dresde, le seul survivant de la bataille 1915

Au cours de la bataille des Îles Malouines en 1915, l'escadron de croiseurs de l'Amiral Graf Von Spee fut totalement détruit, excepté le croiseur léger *Dresden*. Lourdement endommagé, il poursuivit son difficile périple à travers le Détroit de Magellan vers la liberté. À bord du croiseur se trouvait un jeune Oberleutnant zur See (Lieutenant), Wilhelm Canaris. Plein de rêves et de projets pour le futur, Canaris nota avec attention toutes les criques et les ports cachés lors de son passage, en prévision d'une utilité future. Il était destiné à devenir l'Amiral Canaris et chef de l'Abwehr, les services de renseignements allemands pendant la Seconde Guerre mondiale.

Il répertoria beaucoup de ports cachés connus sous le terme de « U-Plätze » où un navire pouvait jeter l'ancre à l'abri de tout repérage extérieur. À la manière allemande, il prit des notes détaillées. Le *Dresden* reprit sa route vers le Chili et Canaris fut capturé avec son équipage mais il s'échappa, soit en soudoyant soit par l'évasion, et traversa les Andes à cheval, avant d'atteindre le petit village de San Carlos de Bariloche juste après la frontière de l'Argentine. Canaris fut abasourdi ! Le petit village ressemblait en tout point à ceux de son Allemagne natale en Bavière. Cela resta gravé dans le cerveau de l'homme qui allait devenir le maître de l'espionnage du Reich.

San Carlos de Bariloche en 2008

En 1938, le vieux navire de ligne allemand, le *Schleswig-Holstein*, emprunta la même route et mis les notes à jour à la perfection.

Toutes ces données, cartes et plus encore, ont été publiées dans le mensuel de Sharkhunters

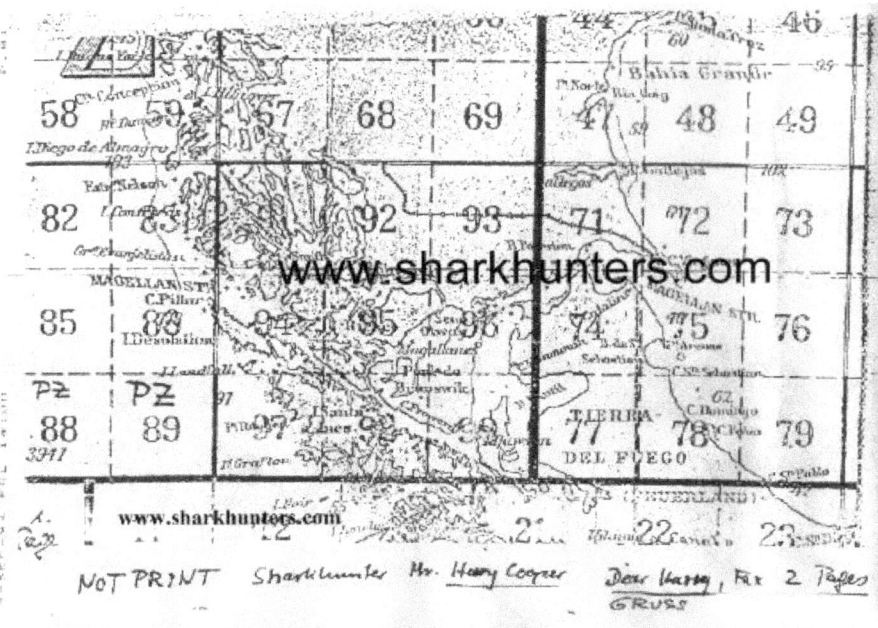

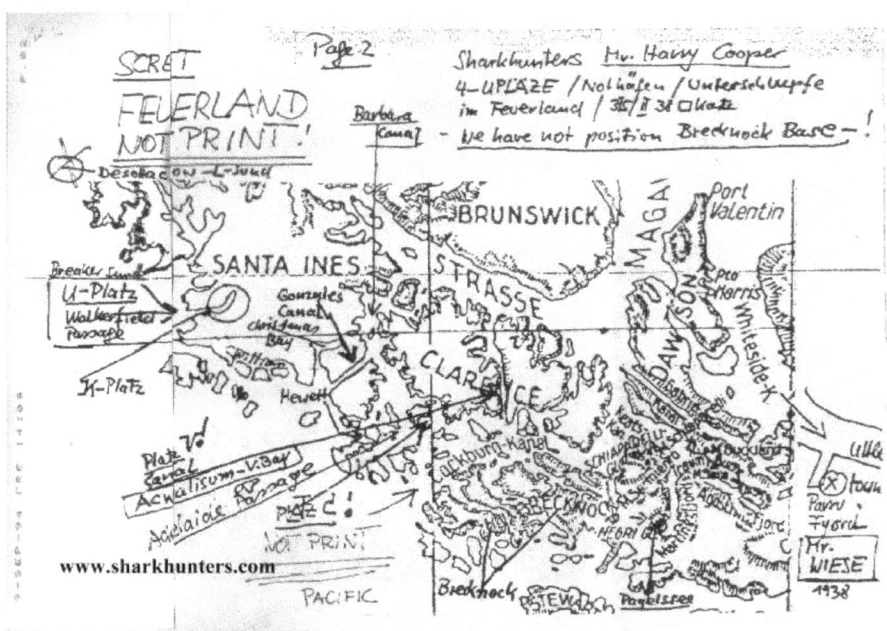

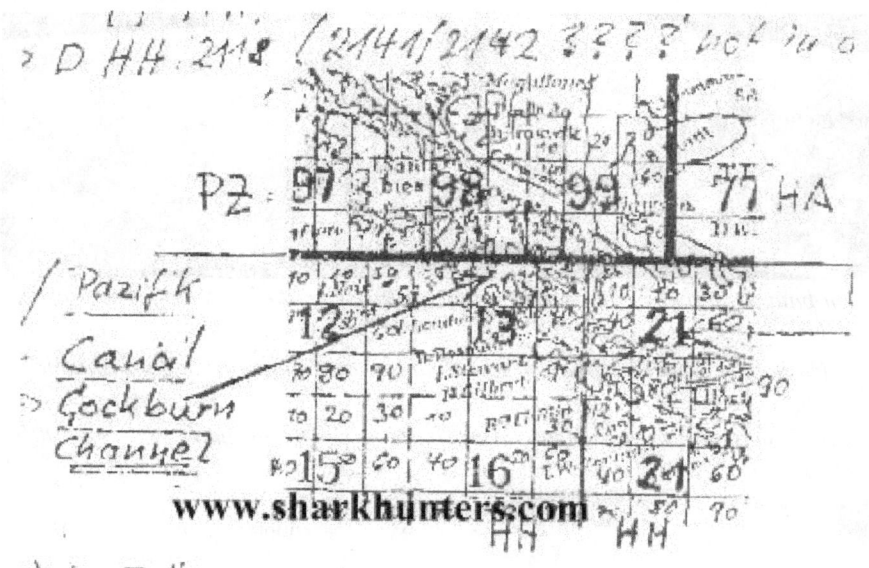

Il y figurait davantage d'instructions sur la manière de dénicher et de pénétrer dans ces ports cachés. Ces cartes contenaient les directions de navigation, les façons de repérer les points d'entrée, la profondeur des passes, les vents dominants, la distance les séparant des routes de navigation des vapeurs et des agglomérations principales, le nombre des navires et la taille qu'ils devaient faire pour se cacher là et d'autres importants paramètres.

L'ile Trindade (à ne pas confondre avec Trinidad) est un rocher au milieu de l'Atlantique sud, propriété du Brésil depuis des siècles. Un petit contingent naval y était maintenu pour y hisser et baisser le drapeau tous les jours, de manière à pouvoir en revendiquer la propriété et ainsi contrôler les droits de pêche sur 200 miles à la ronde. Ce roc est littéralement situé au milieu de nulle part, mais il est d'une importance stratégique considérable.

Peu avant la guerre, le Brésil rappela son personnel militaire et dans la semaine, un détachement de navires allemands arriva. Les équipages allemands occupèrent les anciennes huttes construites par les pêcheurs au début du $20^{\text{ème}}$ siècle et ils construisirent la station radio évoquée dans un chapitre précédent : *'Les leçons de Bormann'*.

(en haut à gauche) Le plateau Nord où la deuxième station radio fut construite.

(en haut à droite) Le plateau Sud où la première station radio fut installée.

(En dessous) le reste des fondations des huttes – ces photos furent prises en 2009.

En 1944, le Reich était déjà en voie d'écroulement, le Großadmiral Karl Dönitz déclara à un de ses collaborateurs que l'Allemagne avait déniché un Shangri-La imprenable pour le Führer. Nous pensons qu'il parlait de San Carlos de Bariloche. La majorité des habitants de Bariloche en ce temps-là était des Allemands et grâce à l'un d'eux relativement inconnu, du nom d'Otto Mehling, qui avait débarqué au début des années 1930 lors d'une mission d'espionnage, une surveillance étroite tout autour du lac en eau profonde Nahuel Huapi, et une force de sécurité allemande étaient opérationnelles sur terre et sur mer.

À partir de la maison qu'il avait construite de ses mains (photos à gauche ci-dessus), la nommant Berghof, Mehling pouvait surveiller une large portion du Lac Nahuel Huapi et il construisit une force de contrôle qui ne laissait aucun coin du lac ou de la proche ville sans vigilance. La vue depuis le Berghof de Mehling sur le lac est illustrée sur la photo de droite ci-dessus, et l'île proéminente est l'île Huemul sur laquelle les scientifiques allemands construisirent un laboratoire de recherche nucléaire en 1947.

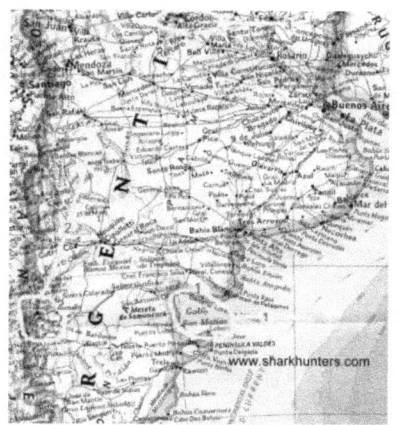

Cette carte présente le Golfe San Mathias. Nos dossiers indiquent que beaucoup d'U-Boot et des navires spécialement équipés allaient et venaient pour le compte de l'Abwehr allemande : des espions, du personnel militaire, des fonds, des installations radio et une quantité considérable de matériel nécessaire aux services secrets sud-américains. La petite ville dans le coin Nord-Ouest du Golfe, était le terminus d'une ligne de chemin de fer reliant Buenos Aires et d'une autre se terminant à l'Estancia San Ramon à l'extérieur de Bariloche.

 Un navigateur allemand inconnu fit ce trajet de nombreuses fois avec son vaisseau secret du nom de code « Mary ». Le Kapitänleutnant Heinrich Garbers fut décoré de la Croix de Chevalier pour ses travaux là-bas.

En 1944 lorsqu'il devint évident que le Reich allait perdre la guerre, Garbers fut interrogé sur ses voyages. Il informa les dirigeants du Reich qu'un bateau en bois ne pourrait pas être détecté par radar, et qu'il pouvait emmener quiconque en Patagonie. Nous savons qu'il effectua au moins un voyage après la guerre – nous pensons qu'il en fit davantage.

Pendant la guerre et des décennies plus tard, il n'était pas possible d'accéder par train jusqu'à la ville de Bariloche. La ligne de chemin de fer s'arrêtait à l'Estancia San Ramon et de là, il était indispensable d'organiser le transport pour les vingt derniers kilomètres pour atteindre la ville.

En hiver, c'était impraticable à cause des importantes chutes de neige en Patagonie. Nos recherches indiquent qu'Adolf Hitler et Eva Braun (Hitler) arrivèrent fin juin ou début juillet 1945, juste à la fin de l'hiver argentin, et restèrent à l'Estancia jusqu'à la fonte des neige – leur futur domicile étant préparé à l'extérieur de Bariloche.

Le Domaine Inalco du lac Nahuel Huapi

À mesure que la guerre s'acheminait rapidement vers un désastre pour l'Allemagne, des travaux furent hâtivement lancés sur le domaine appelé Inalco, non loin du lac Nahuel Huapi. Ce domaine avait été bâti en 1942 pour un *'entrepreneur'* allemand puis destiné à Jorge Antonio, l'homme de paille de Perón auprès des compagnies allemandes mais en réalité il fut secrètement conçu pour abriter Adolf Hitler. Le seul accès à Inalco était par la mer, d'habitude par bateau mais occasionnellement par hydravion. Un seul passage pour atteindre le domaine, il était donc nécessaire de passer devant cette tour de garde comme nous la voyons dans la photo prise en 2008 depuis notre bateau. Le domaine comprenait des chambres et des installations pour accueillir une douzaine d'hommes. Le moindre bateau qui dépassait cette tour était sûr d'être repéré et rapidement signalé aux forces de sécurité et donc à Inalco.

Si un bateau approchait depuis une autre direction, un bunker perché sur la colline surplombant cette partie du lac le repérait et signalait également sa présence aux forces de sécurité puis à Inalco. Le bunker n'est à présent qu'un tas de ruines, ayant été dynamité lors d'un *'exercice militaire'* au début des années 1960. L'auteur Harry Cooper a exploré ce bunker qui pouvait accueillir une douzaine d'hommes de ce côté-ci du lac.

Le Domaine isolé d'Inalco fut la résidence d'Hitler pendant des années.

Nous avons montré des photos du bâtiment principal et du hangar à bateaux dans le chapitre précédent *Des haines à demi enfouies*, mais il y avait aussi sur place des chambres d'amis, ainsi que des logements réservés au personnel de service. Beaucoup d'autres photos sont disponibles sur notre site internet : www.sharkhunters.com.

Lorsque notre petit groupe effectua sa visite en 2009, nous utilisâmes deux petits croiseurs à cabine pour rejoindre le domaine à présent abandonné. Comme nous marchions sur la pelouse, un des capitaines de bateau commença à imiter le pas de l'oie avec son bras droit levé. Lorsque nous lui demandâmes ce qu'il faisait, il répondit qu'il savait qui avait vécu ici. Nous lui avons alors demandé comment il le savait. Il expliqua que son père était le gardien des lieux dans les années 1950 et qu'il avait grandi ici. Il sourit à nouveau et continua sa marche au pas de l'oie avec son bras tendu en parcourant la pelouse.

Pourquoi cette petite localité – et pour quels habitants ?

Kurt Tank, le brillant ingénieur aéronautique qui conçut l'avion de combat FW-190, s'échappa de l'Allemagne via la Norvège et gagna l'Argentine où il continua à concevoir des avions de combat pour l'Argentine. Il vécut à Bariloche jusqu'à sa mort.

Le SS Hauptsturmführer Erich Priebke (7598-2011) se rendit à Bariloche peu après la guerre où il devint le directeur de l'école allemande de la ville. Même aujourd'hui, il y a toujours une grande école allemande et un important centre culturel allemand. Priebke fut extradé en Europe où il fut jugé et condamné. Il purgea une perpétuité en résidence surveillée à Rome.

Ces hommes et d'autres se sont réfugiés dans cette petite ville, semblable à un village bavarois transplanté au pied des Andes. Ils vinrent en ce lieu parce qu'il existait une large communauté composée d'anciens membres du Reich, parce que leur sécurité était assurée par les leurs, et parce que c'était si éloigné et caché que personne ne les trouverait ou encore moins ne songerait à les y chercher. Et par-dessus tout, cela ressemblait à leur splendide Bavière excepté les saisons inversées.

 Des centaines d'anciens officiers SS ont vécu dans et autour de ce petit village de San Carlos de Bariloche et certains même jusqu'au-delà de la frontière chilienne, et à une courte distance du domaine d'Hitler et d'autres endroits d'importance.

Cette magnifique résidence hôtelière (photo ci-dessous), nommée Llao-Llao est située à une courte distance de Bariloche. Sa construction en 1938 fut financée par les Allemands et passe pour avoir été le lieu de beaucoup de célébrations par des membres de l'ancien 3ème Reich, tout spécialement le 20 avril, le jour anniversaire de la naissance d'Adolf Hitler.

Et ils avaient la bénédiction de leur ange gardien : Juan Domingo Perón.

Ike (Dwight Eisenhower) à Llao-Llao

Cette photo montre le Président des USA, Dwight Eisenhower lors d'une visite à Llao-Llao en 1960. L'original de ce cliché est accroché à la réception de Llao-Llao et nous l'avons photographié sur place.

On peut se demander quelle était la véritable raison pour laquelle un Président américain se trouvait dans un établissement si loin de tout, après la fin de la guerre.

Le Laboratoire allemand de Recherche Nucléaire

Le contingent de scientifiques, de fabricants d'armes, d'officiers SS, de dignitaires du Parti Nazi etc. vint rapidement grossir la population de Bariloche au cours des mois qui suivirent la fin de la guerre – à peu près au même moment où Perón accéda au pouvoir. Ils empruntaient ce que les Alliés appelèrent des *'Ratlines'*, c'est-à-dire un réseau d'exfiltration permettant aux ressortissants du Reich en déroute de s'échapper par la voie des airs au Brésil, dans la région de Natal ou plus couramment ils arrivaient par sous-marins, bateaux de plaisance, vapeurs et voiliers, qui empruntaient le Golfo San Mathias, ou encore d'autres atterrissaient directement à Buenos Aires à bord de bateaux de croisière italiens.

Perón étaient décidé à aider ces hommes à s'échapper, principalement pour deux raisons. La première était bien sûr relative aux vastes sommes d'argent qu'ils apportaient avec eux mais la seconde était encore plus importante : l'énergie nucléaire ! Le scientifique spécialiste du nucléaire, le Dr. Ronald Richter (voir la photo où il est accompagné de son personnel), était un des plus grands chercheurs allemands en science nucléaire (à présent oublié de l'histoire) qui vint avec son équipe à Bariloche pour construire le laboratoire de recherche nucléaire de l'Ile Huemul sur le lac Nahuel Huapi.

Les restes des bâtiments du laboratoire et le réacteur lui-même sont encore là aujourd'hui comme les photos prises en 2008 en témoignent.

Il fut raconté que les scientifiques du Dr. Richter parvinrent à réaliser une fusion à froid qui dura quelques instants, mais que cette expérience devait rester secrète. Cependant, Juan Perón désireux de prendre tout le monde de vitesse, annonça que l'Argentine était la première nation d'Amérique Latine à être une puissance nucléaire. D'après l'ouvrage « Nazi International » du Dr. **Joseph Farrell** (7353-2008), les hommes de l'ombre derrière le Reich en Argentine, firent capoter les tests conduits par un scientifique argentin qui avait vérifié le laboratoire et conclut qu'il n'y avait pas de fusion à froid – grâce à des tests sabotés.

Le laboratoire de recherches nucléaires

Au-dessus à gauche – le seul bâtiment restant qui fut dynamité est le réacteur.
Au-dessus à droite – Un des laboratoires.

Au-dessus à gauche, ces objets sphériques se trouvent devant le bâtiment du réacteur.
Au-dessus à droite – à l'intérieur d'un autre laboratoire abandonné.

Beaucoup d'autres photos sur les ruines du laboratoire de recherches atomiques peuvent être consultées sur le site www.sharkhunters.com.

Perón était-il un ange gardien lorsqu'il fit construire son école de formation militaire de montagne directement en face de ce laboratoire sur le continent, à 400 mètres de distance ? Ou ne faisait-il juste que garder un œil dessus ?

Tant d'hôtels prestigieux en un endroit si lointain

En 1938, un an avant l'éclatement de la Seconde Guerre mondiale, des investisseurs allemands construisirent le prestigieux hôtel de luxe Llao-Llao en dehors de Bariloche, à environ 700 kilomètres au sud-ouest de Buenos Aires, au milieu de nulle part. Il fut gravement endommagé par le feu, mais reconstruit et rouvert en 1939. Ce qui est encore plus mystérieux au sujet de cet hôtel est la photographie de Dwight Eisenhower présente dans le hall d'entrée, où on le voit se tenir devant l'hôtel quelques années après la fin de la guerre.

En voyageant pendant quelques heures à l'ouest de Bariloche, en traversant la frontière du Chili, nous trouvons un autre hôtel très luxueux, où selon les sources locales, beaucoup d'officiers SS se rencontraient chaque année le 20 avril. Pour mémoire, il s'agit du jour anniversaire de la naissance d'Hitler. Il nous a été confié que ces célébrations prirent fin après l'arrestation de Priebke.

On peut se demander pourquoi ces hôtels prestigieux construits par les Allemands étaient si éloignés de toute civilisation. Nous devons nous rappeler qu'à l'époque où ces hôtels ont été bâtis, à 700 kilomètres au sud-ouest de Buenos Aires, la région n'était accessible que par train et pouvait être comparée aux frontières américaines de 1860. N'oublions pas de mentionner qu'au moins une clinique de chirurgie plastique fut construite à Bariloche au cours des dernières années de la guerre.

Durant notre visite à Bariloche en janvier 2008, nous avons mangé dans un restaurant où le propriétaire nous a accueillis sur le seuil de son établissement. C'était un homme d'environ 80 ans, grand aux cheveux blonds et aux yeux bleus. Il ne parlait pas un mot d'anglais, et je ne parle pas espagnol. Ses explications du menu n'étaient pas concluantes auprès de mes deux amis argentins, alors je lui demandai en allemand un menu rédigé en anglais. Il me répondit aussitôt en allemand. Nous parlâmes cette langue pendant deux minutes, je ne pense pas qu'il ait réalisé que nous étions passés à l'allemand. Je lui demandai comment il se faisait qu'il parle un aussi bon allemand. Il parut un instant choqué, puis répondit : « Je suis suisse »

Plus tard dans la soirée alors que notre hôte et ami nous divertissait avec des chansons gauchos au piano et à la guitare, je l'invitai de chanter le Matrosenlied. C'est l'hymne que les sous-mariniers allemands entonnaient lorsqu'ils partaient en patrouille. « Non, désolé », répondit-il. Il ne connaissait pas cette chanson. Je retournai à mon bœuf argentin lorsque soudain, après quelques minutes, il commença en fait à chanter le Matrosenlied.

Il me sourit et entonna tout le couplet du Panzerlied, la chanson des divisions armées. Lorsqu'il eut fini, j'applaudis et lui fis un geste des deux pouces. Il sourit à nouveau, se leva, fit claquer ses talons et tendit son bras en l'air.

Tandis que les deux hôtels mentionnés furent construits à une assez longue distance au sud-ouest de Buenos Aires, il en fut en revanche deux autres d'un intérêt tout aussi important qui furent élevés au nord-ouest de Buenos Aires dans la province de Cordoba. Tous deux sont à présent réduits à l'état de ruine, mais l'histoire de leur participation dans la Seconde Guerre mondiale – et après – est de prime importance.

L'Eden Hotel situé dans la petite ville de La Falda fut construit par un magnat allemand de l'hôtellerie à la fin du 19ème siècle puis acheté par une famille allemande (la famille Eichhorn) au début du 20ème siècle. Cette famille et tout spécialement Frau Isa Eichhorn, adorait Adolf Hitler et lui envoyait de grosses sommes d'argent pour l'aider dans sa carrière politique débutante.

Cet hôtel était doté de tous les équipements de l'époque : ascenseurs, haute gastronomie (il disposait de sa propre ferme et de son ranch d'élevage). Il y avait une flotte de véhicules Ford modèle T pour les clients et un membre du personnel pour chaque deux clients. Il existe, conservée à l'hôtel, une lettre de remerciements écrite de la propre main d'Hitler adressée à Frau Eichhorn pour son soutien financier et il existe des photos d'eux deux. Il y a également là-bas des documents du FBI émanant de dossiers dans lesquels il est précisé que les USA pensaient qu'Hitler vivait dans cette région après la guerre. Un de ces documents se trouve reproduit au début de ce livre.

Il a été dit que le seul émetteur récepteur de radio présent dans toute l'Amérique du Sud était celui de l'Eden Hotel. Cela a pu être vrai ou pas, mais c'est un fait que les discours enregistrés d'Hitler et les nouvelles de la guerre étaient diffusés ici régulièrement. L'hôtel arborait une grande antenne et un aigle allemand à côté.

Hitler se cacha-t-il vraiment ici ? Le FBI le pensait ; une serveuse (Catalina Gamero) que notre agent S.E.I.G. **Second Son** a interrogé a déclaré avoir servi Hitler et Eva plusieurs fois dans la maison privée des Eichhorn en 1949. Le court entretien fut enregistré et une copie est disponible plus loin dans cet ouvrage.

Nos recherches indiquent que le couple fut forcé de quitter Bariloche en 1955, parce que la zone était devenue trop touristique, avec son vaste lac attirant les pêcheurs en été et les skieurs affluant dans le coin en hiver. Il existe même quelques photos d'Otto Skorzeny, le directeur des opérations spéciales d'Hitler, en train de skier dans les Andes à Bariloche. Une fois de plus, on est en droit de se demander pourquoi un homme comme Skorzeny irait skier dans les Andes à Bariloche, alors que les Alpes sont bien plus proches de chez lui en Europe.

Après la guerre, les membres de la famille Eichhorn furent déclarés *Sympathisants Nazis*. Ils perdirent la propriété de l'hôtel et il tomba en ruines. Le gouvernement local est en train d'essayer de ressusciter l'hôtel mais il apparaitrait que le temps et les éléments sont en train de remporter la bataille. Le coût de la reconstruction de ce qui fut autrefois un magnifique palace, pour lui restituer son ancienne grandeur, est impressionnant. Sans possibilité de voir un retour sur

investissement, l'hôtel est condamné à se dégrader encore plus. De nombreuses autres photos de ces deux hôtels sont en ligne sur notre site.

Alors que l'Eden Hotel fut construit approximativement cinq décennies avant le début de la guerre, l'Hotel Viena fut érigé à la fin de la guerre et apparemment dans un but secret.

Dans le village reclus de Miramare, nous trouvons les ruines de l'Hotel Viena. C'était en ce temps-là un des hôtels les plus majestueux de toute l'Amérique du Sud, et il ne fut construit qu'à la toute fin de la guerre lorsque la défaite était déjà quasiment acquise à l'Allemagne.

Cet hôtel ne disposait pas seulement d'ascenseurs, mais aussi de l'air conditionné – en 1944 ! Naturellement, il y avait également une clinique de chirurgie esthétique en son sein. Le complexe hôtelier fut bâti sur les rives d'un grand lac salé intérieur, qui débordait au cours de l'année, inondant le premier étage à une hauteur de plusieurs pieds. Le complexe hôtelier fut abandonné ; il n'en reste aujourd'hui que des ruines même si les eaux ont reculé et que le bâtiment est au sec.

Nous voyons sur ces photos prises en 2010, qu'il n'y a plus aucun espoir pour cet hôtel.

La Belle et la Bête ?

La beauté sur cette photo était l'autrichienne Hedwig Eva Maria Kiesler. Les spectateurs américains des années 1940 la connaissaient mieux sous le surnom d'Hedy Lamarr. L'homme à droite est son premier mari, l'autrichien Fritz Mandl. Il était un marchand d'armes très prospère et il céda une fois Hedy à Hitler pour une nuit, supposément pour s'assurer que ce dernier lui accorde un gros contrat avec le Reich. Elle émigra rapidement aux USA avant la guerre et contribua à l'effort de guerre américain par d'importantes inventions.

Lorsque la guerre se termina et que le grand Reich se fut effondré, Mandl émigra en Argentine et, comme les autres Allemands hauts-placés, rencontra Perón et décrocha le contrat pour fournir des armes à l'armée argentine. Il accumula une telle fortune qu'il posséda plusieurs palais dans toute l'Amérique du Sud mais probablement aucun d'aussi majestueux que *El Castillo* à la Falda. Il est toujours ouvert de nos jours et il s'agit d'un endroit très huppé.

Une autre de ses propriétés, à présent un hôtel (ci-dessus), plus petit et moins cher… bien que pas tant que ça.

C'était une époque de grande opulence.

Dossiers, Lettres & Histoires

Le Troisième Reich jouissait d'une présence énorme en Amérique Latine, principalement en Argentine, depuis le milieu des années 1930 et après. Bien que nous soyons au courant des grandes manifestations de Madison Square Garden de New York City et d'autres grandes agglomérations des USA, ils s'en sont produites d'aussi importantes en Amérique du Sud.

Sur cette page et la suivante – rassemblements à Luna Park à Buenos Aires dans les années 1930.

Beaucoup de membres du Reich se retrouvèrent en Argentine, y compris :

Werner Baumbach (à gauche), éminent pilote de bombardier et commandant de l'escadron ultra secret KG 200. Il fut tué lors d'un crash à Buenos Aires en entraînant deux pilotes argentins à bord du bombardier lorsqu'il s'abîma dans le Rio de la Plata. Baumbach ne parvint pas à s'extraire de l'appareil et périt noyé.

Adolf Galland (2854-1993) (au centre), un as de l'aviation avec plus de 100 victoires aériennes à son actif et commandant de l'escadron JV 44.

Hans-Ulrich Rudel, (à droite) le plus décoré de tous les combattants allemands toutes sections confondues et probablement le meilleur pilote de tous les temps.

Ces trois grands membres de la Luftwaffe ont contribué à la réorganisation des forces aérienne argentines. Nous voyons ici Rudel avec sa jolie femme au domicile de Juan Perón ; au milieu de cette photo. Beaucoup d'Allemands étaient amis de Juan et d'Evita Perón. Les Perón avaient également de nombreuses relations avec les membres du Troisième Reich.

Le Docteur Ronald Richter

Peu après la fin de la guerre, le Dr. Richter s'installa en Argentine où il emménagea d'abord dans la province de Cordoba, là, grâce à sa connaissance de Kurt Tank, il fut embauché au quartier général des forces armées aériennes de l'Argentine. Tank fut intrigué par les idées de Richter sur la propulsion nucléaire des avions. Il travailla à Cordoba jusqu'à ce que Juan Perón l'envoie en Patagonie, dans la petite ville de San Carlos de Bariloche au laboratoire de recherche de l'Ile Huemul où il officia sous le nom du Dr. Pedro Matthies. Le projet coûta environ 300,000,000$.

En 1951 Richter signala qu'il était parvenu à accomplir une fusion à froid contrôlée mais les scientifiques argentins, jaloux de ses liens avec Perón, insistèrent pour qu'une enquête soit ouverte. Après toute une batterie de tests, il fut confirmé que la réaction ne s'était jamais produite. Cependant, deux écoles de pensée s'opposent sur la validité de cette expérience.

Les scientifiques argentins prétendirent que Richter était un imposteur et qu'il n'était jamais parvenu à obtenir cette fusion à froid. D'un autre côté, le Dr. **Joseph Farrel** (7353-2008) explique dans son ouvrage *'Nazi International'* que Richter avait bien accompli cette réaction, mais que contrevenant aux instructions de Bormann de rester discret à ce sujet, Perón proclama au grand jour que l'Argentine était la première puissance nucléaire d'Amérique du Sud. Dans son livre, il révèle que Richter a délibérément débranché certains de ses équipements pour s'assurer que les tests échoueraient, redonnant ainsi à Bormann et à son mouvement, la confidentialité requise.

Quoi qu'il en soit, les scientifiques argentins convainquirent Perón que Richter gaspillait tous ses financements et en 1952, Perón fit fermer le laboratoire de recherche nucléaire de l'Ile Huemul. Richter rentra en Europe où ses activités furent entourées de mystère. Il semble qu'il ait passé quelques temps en Lybie mais il finit par rentrer en Argentine où il mourut en 1991. Sa fille vit toujours à Bariloche.

Le Laboratoire de Recherche du Docteur Richter sur l'Ile Huemul

Sharkhunters a visité cette ile et toutes ces ruines à deux reprises. Nous y retournerons et si vous souhaitez vous tenir au courant de nos *'patrouilles'*, rendez-vous sur notre site internet présent au bas de chaque page et consultez les informations sur nos déplacements.

Hauptsturmführer Erich Priebke (7598-2011)

Le Hauptsturmführer (Commandant SS) Priebke vécu à Bariloche depuis la fin de la guerre jusqu'à son arrestation au milieu des années 1990 pour des crimes de guerre supposés.

Il était le directeur de l'école allemande et se trouvait aussi à la tête de l'institution de l'Héritage Allemand de Bariloche. Il fut traduit devant un tribunal militaire à Rome au milieu des années 1990 et déclaré non coupable. À peine de retour à Bariloche qu'une certaine communauté organisée formula des protestations et il fut ramené à Rome pour y être jugé cette fois par un tribunal civil.

La cour le déclara coupable et il fut condamné à perpétuité, mais plutôt que la prison, il parvint à négocier la résidence surveillée pour le restant de ses jours.

Des promenades quotidiennes dans le parc à proximité de son appartement lui étaient autorisées et il pouvait faire ses courses dans les marchés environnants. Il mourut le 11 octobre 2013 en venant de fêter son 100ème anniversaire. Priebke était juste un autre membre du Troisième Reich qui passa la majeure partie de son existence en Argentine.

Le Docteur Friedrich Bergius

Au début du 20ème siècle, le Dr. Bergius obtint son doctorat en chimie à l'Université de Leipzig. Sa thèse portait sur l'acide sulfurique en tant que solvant. Il travailla plus tard quelques temps à l'Université de Karlsruhe au développement du processus Haber-Bosch, puis à l'Université de Hambourg où il coopéra avec le professeur Max Bodenstein sur des travaux sur la cinétique chimique.

Pendant la guerre, il travailla pour la compagnie I.G. Farben, ce qui contribua à faire peser des soupçons sur lui et il fut interrogé sur sa citoyenneté. Il dut s'enfuir rapidement et après avoir passé du temps en Turquie, en Suisse et Espagne, il gagna l'Argentine où il travailla comme conseiller sur les processus de transformation du carburant à partir du charbon, ainsi que sur la fabrication de sucre à partir du bois.

Les Criminels de Guerre

Nous ne perdrons pas de temps à tenter ici de décrire ce qu'est un criminel de guerre. Cette définition peut changer en fonction des guerres et des époques où elles se déroulent. Malgré les déclarations des Alliés après la Seconde Guerre mondiale, que tous les Allemands étaient des gens affreux, aucune nation ne peut se prévaloir d'avoir les mains propres. Cependant, rappelons-nous que tous les héros de la guerre étaient du côté des vainqueurs et tous les criminels de guerre étaient chez les vaincus. Incroyable, n'est-ce pas ?

Le camp des vainqueurs est ainsi parvenu à définir la notion de criminel de guerre, et cette notion créée de toute pièce par les vainqueurs a été utilisée en fonction des individus et dans des cas spécifiques. Les gagnants ont le temps, l'argent et les ressources nécessaires pour poursuivre sans relâche ceux qu'ils ont désignés indéfiniment comme criminels de guerre, tandis que ces derniers ne disposent généralement pas de moyens pour s'assurer le concours des talents nécessaires à leur défense.

Adolf Eichmann

Un de ces rescapés sans fortune, ni grand talent lorsqu'il arriva en Argentine, était le SS Standartenführer (Colonel) Adolf Eichmann, le commandant du camp de concentration d'Auschwitz.

Lorsqu'il s'est échappé du Reich pour se rendre en Argentine, il ne disposait pas de la richesse dont était pourvue la plupart des autres, et il n'avait aucun talent, contrairement à d'autres, à mettre à disposition du gouvernement Perón. Il devint un simple ouvrier pauvre qui vivait dans une petite maison au 6067 de la rue Garibaldi.

Lui et ses fils construisirent cette petite maison de 40 mètres carrés dans un quartier pauvre, à présent très dangereux. Il travailla d'abord dans une usine de FV Manufacturing, une compagnie qui fabriquait des fixations pour les toilettes. Plus tard il travailla dans une autre usine d'Orbis fabriquant des chauffe-eaux et des filtres à eau. Le dernier endroit où il travailla fut l'usine de Mercedes Benz, ce qui lui demandait un trajet de trois heures de bus chaque jour. Une nuit, en rentrant du travail, à environ 9 heures du soir, une demi-douzaine d'agents du Mossad l'attendirent à la descente du bus près de la voie de chemin de fer, et le kidnappèrent. Voici la petite maison avec le drapeau du Reich accroché par son fils aîné pour protester contre l'enlèvement de son père. Comme nous le voyons sur cette photo de son fils aîné, le jeune homme appuya sa protestation en arborant un brassard à la croix gammée.

Les premiers temps, pour protéger

l'identité de leur père, les deux fils le firent passer pour leur oncle, déclarant que leur père avait été tué à la guerre. Lorsqu'Adolf Eichmann atteignit l'Argentine, il fut accueilli par beaucoup de membres de l'élite nazie y compris la famille Eichhorn qui possédait l'hôtel Eden à la Falda dans la province de Cordoba.

Cette rare photo, une exclusivité de Sharkhunters, fut prise à la fin des années 1940 sur un site à pique-nique appelé El Chorito, à proximité de l'Eden Hotel. Au cours de l'Asado, la cuisson de la viande directement sur le feu, il fit usage de son couteau des Jeunesses Hitlériennes pour couper la viande – on le voit à sa ceinture sur la photo. Il est sur la gauche avec son chapeau incliné comme il avait l'habitude de le porter.

Nous avons longuement parlé avec Francisco, le tailleur qui faisait les costumes d'Eichmann lorsqu'il vivait dans la rue Garibaldi. Francisco nous a avoué que ses enfants et les deux fils d'Eichmann étaient amis, et jouaient ensemble lorsqu'ils étaient jeunes. Il nous confia que le jeune fils d'Eichmann avait raconté à ses enfants qu'ils avaient vécu un certain temps au Vatican avant de se rendre en Argentine, et qu'ils avaient rencontré le Pape à plusieurs reprises.

Pour joindre les deux bouts, Eichmann vendait aussi des jus de fruits à la plage les week-ends. Ses deux fils vivent toujours à Buenos Aires, mais ils ont depuis changé leur nom pour des raisons évidentes.

Le Docteur Carl Värnet

Värnet, un Danois, avait décroché son doctorat à l'Université de Copenhague et exerçait la médecine dans cette ville. Il étudia aussi en Allemagne, en France et aux Pays-Bas et il s'intéressa aux traitements hormonaux servant à modifier certains types de comportements.

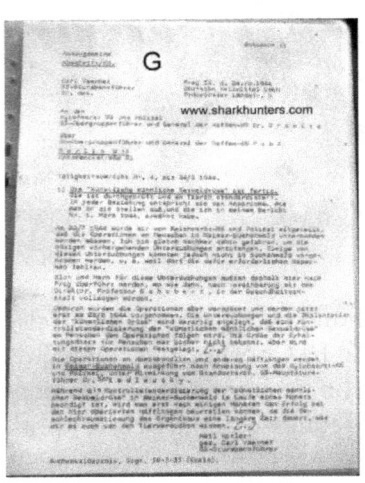

Au cours de la guerre, il occupait le grade de SS Sturmbannführer (Major) et était le docteur du camp de concentration de Buchenwald. Il fut présenté à plusieurs SS importants et sûrement à Heinrich Himmler lui-même. À Buchenwald, il conduisit des expérimentations glandulaires sur dix-sept homosexuels, dans un effort de démontrer que leur homosexualité pouvait être modifiée, mais après n'avoir obtenu aucun résultat concluant, il vit ses crédits supprimés.

Après la guerre, il fut arrêté à Copenhague et lorsque les autorités danoises voulurent le traduire en justice, il prétendit avoir des problèmes cardiaques. Lorsque sa chance se présenta, il s'échappa au Brésil puis en Argentine. Il mourut là-bas en 1965.

Voici un mémo de Värnet décrivant son traitement pour modifier le comportement homosexuel. Au cours de mon expédition en Argentine en janvier 2014, j'ai visité ce qui fut autrefois sa clinique. C'est aujourd'hui une résidence hôtelière.

Ludwig Freude

Ludwig Freude (son nom signifie la joie en allemand), était un homme d'affaires important et dans les années 1940, il fut le directeur de la Banco Aleman Transatlantico, une filiale du mastodonte Deutsche Bank. En ce temps-là, il était un des dix hommes d'affaires les plus riches d'Amérique Latine. Il était également membre des Clubs Allemands de Buenos Aires et un des hommes les plus influents du Troisième Reich. Et aussi un ami de Juan Perón, comme nous pouvons le voir sur la photo ci-dessous. La flèche montre Freude et nous voyons Perón au premier plan en train de réarranger sa pochette.

Déjà avant que la guerre ne se termine, Freude travailla pour aider à préserver les vastes fortunes des individus anciens membres du Reich, ainsi que les trésors du Reich lui-même. Lorsque l'étau se resserra sur lui, Freude s'échappa en Argentine.

À cause de son amitié avec Perón et de son pouvoir financier, il fut indispensable à l'organisation des réseaux *'die Spinne'*, mieux connu sous le nom *'Odessa'*! Et lorsque les Alliés réclamèrent l'extradition de Freude, Perón répondit à peu de chose près que Freude était son ami personnel et qu'il ne l'autoriserait pas à quitter l'Argentine. Sa tombe est située dans le magnifique cimetière allemand de Buenos Aires, non loin de celle du Kapitän zur See Langsdorff.

Le Restaurant ABC

Ce restaurant, au centre de Buenos Aires, situé à quelques rues de l'artère prestigieuse Calle Florida, est l'endroit où beaucoup de membres du Troisième Reich se rencontraient pour déjeuner après la chute de l'Allemagne. Parmi eux se trouvaient le docteur Josef Mengele et Adolf Eichmann.

Comme ce restaurant est proche du quartier où je séjourne toujours au Navy Hotel, mon guide et moi-même nous y rendîmes pour diner.

La nourriture était excellente tandis que le service était au mieux médiocre, le décor et l'ambiance nous ont renvoyés directement aux années d'après-guerre. On pouvait presque sentir la présence d'anciens soldats dans toute la salle.

C'est un peu hors de propos, mais deux belles fêtardes irlandaises ayant fini leur déjeuner ont apporté leur bouteille de vin à moitié vide à notre table, en disant qu'elle était pour nous. Voilà pour le bon souvenir. Puis nous avons vu le garçon aller à une table qui venait d'être libérée pour prendre le verre d'eau du client précédent, verser un peu d'eau sur l'assiette de pain utilisée et l'essuyer avec la serviette avant de remettre l'assiette sur une autre table. Souvenirs…

Le Docteur Josef Mengele

Nous connaissons tous son nom, alors il n'y a pas besoin de se plonger dans son histoire, mais nous avons retracé son parcours en Argentine. Un homme important, Gerhard Malbranc, avait récupéré Mengele à son hôtel quelques jours après son arrivée à Buenos Aires et l'avait amené à la résidence de Malbranc où il vécut pendant un certain temps. Sur la photo à gauche, nous voyons Mengele sur le porche du 2460 Aeronales avec son chat.

Malbranc était un ami proche de Juan et Evita Perón.

La résidence Malbranc au 2460 Aeronales

Peu après, Mengele acheta une jolie maison au 968 Juan Jose Vertez, juste au coin du 1065 Gaspar Campo, le Palais Présidentiel de Juan Perón. Mengele finira par posséder trois maisons à Buenos Aires.

Fridolin Guth

Fridolin Guth est né dans le Tyrol et fut impliqué dans la tentative de 1934 pour implanter le NSDAP à Innsbruck. Il s'enfuit en Bavière, avant de rentrer à Innsbruck en 1938. Il occupait le rang de SS Hauptsturmführer (Commandant) dans le régiment de police SS 19 et fut envoyé en Slovénie en mars 1944. La 2ème compagnie était dirigée par Guth depuis Annemasse.

Après avoir réussi son passage en Argentine, il s'installa dans la province de Cordoba dans la ville d'Agua de Oro. Cela signifie *« Eau dorée »* parce qu'il y avait une brasserie dans les environs.

Guth était en outre un excellent pâtissier et on disait que sa forêt noire était excellente. Il ouvrit un restaurant appelé le Nueve Tyrol. Guth est mort il y a quelques années mais son restaurant est toujours ouvert et nous y avons mangé en janvier 2014. Aucune forêt noire ne figurait au menu…

Cette photo fut prise par l'auteur en janvier 2014. Il n'y a pas grand-chose dans cet endroit reculé. Fridolin Guth était apparemment effrayé d'être appréhendé et extradé d'Argentine, car il ne quittait jamais sa maison/restaurant, excepté lorsque l'ambassadeur allemand lui rendait visite. Ils partaient alors tous deux en promenade. À part pour cela, Guth ne s'aventurait jamais dehors.

Kurt Christmann

Il était membre des Jeunesses Hitlériennes et avait participé au *'Putsch de la Brasserie'* le 9 novembre 1923. Il finit alors par rejoindre les SS et fut reçu à son doctorat de droit. Athlétique, Christmann remporta un championnat de canoë et il travailla comme instructeur sportif pour les SS.

Il fut muté à la police SS au quartier général de la Gestapo à Vienne en 1938, puis à Innsbruck en 1939. Il resta là jusqu'en juillet 1942 et oeuvra comme responsable d'équipe d'un Einsatzgruppe à Krasnodar. Plus tard, il fut nommé chef de la Gestapo à Klagenfurt, en Autriche lorsqu'il fut promu au grade SS d'Obersturmbannführer (Lieutenant-Colonel).

Il travailla pour l'Armée Britannique d'occupation sous le nom de Docteur Ronda jusqu'en 1948 lorsqu'il s'enfuit en Argentine depuis Rome. Il fut aidé par le réseau *'di Spinne' (Odessa)* puis participa aux efforts de cette organisation pour aider d'autres fugitifs à quitter l'Europe.

En 1956, Christmann essaya de retourner en République Fédérale d'Allemagne en tant qu'avocat, mais son entrée fut refusée. Rentrant en Argentine, il perça rapidement dans l'immobilier et ne tarda pas à posséder sa propre entreprise.

Le 19 décembre 1980, la cour régionale de Munich le jugea pour crimes de guerre impliquant ses activités à Krasnador et le condamna à dix ans de prison. Il fit appel, mais le 11 novembre 1982, la Cour de Justice Fédérale de l'Allemagne confirma la sentence.

Kurt Christmann (alias Docteur Ronda) mourut le 4 avril 1987.

Martin Bormann et le Plaza Hotel

Martin Bormann était le deuxième homme le plus puissant du Troisième Reich et apparemment, à un certain stade, il prit le contrôle du Parti, Adolf Hitler n'étant plus grand-chose d'autre qu'une figure de proue. Comme vous l'avez compris, Bormann s'est emparé de l'appareil du Parti et de tout ce qui relevait du Troisième Reich. Nous savons qu'il a rejoint l'Argentine à bord d'un sous-marin grâce à **Don Angel Alcazar de Velasco (158-1985)** et qu'il s'installa rapidement au Plaza Hotel, l'établissement le plus élégant de Buenos Aires. Comme cet hôtel est situé proche du mien, je m'y suis rendu à pied et suis rentré dans le hall. La señora Rodriguez à la réception s'est montrée cordiale, je me suis présenté et l'ai informé que je faisais des recherches pour ce livre. Je lui ai également indiqué que nous avions de bonnes raisons de soupçonner que Martin Bormann ait vécu ici un certain temps après la guerre. Sans l'once d'une émotion, elle m'a répondu : « Ah oui, la chambre 470 ; la Suite Présidentielle. »

Naturellement j'étais un peu interloqué et lui demandai donc comment elle savait cela. Elle m'expliqua que tout le monde ici savait que Bormann avait séjourné au Plaza pendant quelques temps, et ajouta-t-elle, ce fut à peu près à la même époque qu'Adolf Hitler vint en Argentine. J'attrapai un livre épais sur l'histoire du Plaza Hotel, le feuilletai et demandai à la señora Rodriguez pourquoi rien ne figurait dans le livre au sujet de Bormann. Elle répondit que ce n'était pas le genre de publicité que le Plaza souhaitait. Je suppose qu'elle avait raison.

Le Professeur Kurt Tank

Kurt Tank était un des concepteurs d'avions les plus brillants de l'époque et son avion le plus célèbre fut le Focke-Wulf FW 190, appelé le Würger (Pie-grièche) par la Luftwaffe mais plus précisément désigné sous le terme 'd'*Oiseau Boucher*' par Hermann Göring. Les différentes versions de ce chasseur monoplace furent conçues par Tank tout au long de la guerre.

Lorsque les hostilités eurent cessé, naturellement les USA essayèrent de le ramener en Amérique à travers l'Opération Paperclip et les autres pays le voulaient aussi pour son talent. Les États-Unis ne le piégèrent pas, ni les Soviétiques. Tank était rentré en négociations avec les Britanniques ainsi qu'avec le Gouvernement Nationaliste de Chine, mais sans succès.

Il ne parvint pas à un accord avec la Chine, et les Britanniques sentirent qu'il était trop important, qu'il ne pourrait pas bien s'intégrer dans un groupe de travail déjà soudé. Les États-Unis et l'Union Soviétique ne le tentaient pas alors il s'en fut vers le nord, puis vers le sud.

Il rejoignit le nord au Danemark puis passant le détroit du Danemark, se rendit en Norvège, où il obtint un passeport pour l'Argentine. Il amena avec lui environ cinquante membres de son équipe d'ingénieurs, et travailla en Argentine jusqu'à ce que Perón soit chassé du pouvoir. Beaucoup de son personnel émigra aux USA, mais Tank s'en fut en Inde et se remit à inventer des avions là-bas pendant un moment.

Le Dr. Ronald Richter faisait partie de son équipe et comme nous l'avons vu, il s'était installé sur l'Ile Huemul près de San Carlos de Bariloche, en Patagonie, qui en passant, s'avère être l'endroit où Adolf Hitler et sa femme Eva ont vécu jusqu'en 1955, lorsqu'ils durent déménager dans la province de Cordoba.

Les deux enfants de Kurt Tank vivent toujours en Argentine.

Ante Pavelic

Ses activités précédant la guerre sont bien connues, y compris son implication dans le renversement planifié et l'assassinat du Roi Alexandre, ainsi que son engagement auprès du Mouvement Nationaliste Croate et ses lien avec Adolf Hitler et l'Allemagne. Nous nous penchons ici sur son existence d'après-guerre.

Il se déplaça à travers l'Europe avec un passeport péruvien se faisant passer pour un prêtre catholique nommé Don Pedro Gonner. Il se rendit à Venise et Florence puis à Rome où il se vit accorder l'asile par le Vatican et il vécut là-bas pendant quelques temps. Lorsqu'il vécut au Vatican, il organisa le Comité d'État Croate mais le dictateur communiste Tito confronta le Vatican au sujet de Pavelic, qui vivait alors au sein de la résidence papale à Castel Gandolfo, prétendant que Pavelic, avec l'aide du Vatican, tentait de raviver le Nazisme.

Il se cacha dans une confrérie de Jésuites près de Naples et à l'automne 1948, il rencontra le Père Krunoslav Draganovic qui l'aida à obtenir un passeport de la Croix Rouge le désignant comme Pale Aranios, un hongrois. Draganovic voyait les choses autrement et il avait l'intention de livrer Pavelic à la police italienne, mais ce dernier devina le complot et s'échappa. Il prit le paquebot italien Sestriere et débarqua à Buenos Aires le 6 novembre 1948. Il vécut avec l'écrivain Vinko Nikolic à Buenos Aires où il travailla comme maçon. Sa femme et sa fille ainée Visnja ne tardèrent pas à le rejoindre.

Grâce à un ami proche de Juan et Evita Perón, Pavelic fut recruté comme conseiller à la sécurité de Perón. En 1950, il bénéficia d'une amnistie et fut autorisé à rester de manière permanente à Buenos Aires, suite à quoi quelques 34,000 autres Croates émigrèrent à Buenos Aires, y compris un grand nombre de ceux qui étaient recherchés par les Alliés, mais qui se trouvaient à présent en sécurité.

Branko Benzon, qui avait été l'Ambassadeur Croate en Allemagne pendant la guerre et qui connaissait personnellement Hitler, était proche des Perón. Grâce à lui, Pavelic se rapprocha aussi de Perón. Avec de telles relations, il ne tarda pas à posséder une entreprise de travaux à Buenos Aires et construisit certains des énormes bâtiments que l'on y voit aujourd'hui. Nous avons visité certains d'entre eux.

À la fin des années 1940, il y eut une rupture au sein du mouvement croate en Argentine et beaucoup s'éloignèrent de Pavelic. La plupart cherchaient à recréer l'État Indépendant de Croatie et un des dirigeants était Vjekoslav Luburic, l'ancien directeur du réseau de camps de concentration de son pays. Luburic vivait en Espagne, mais en Argentine Pavelic utilisait les immigrants de la *'Garde Croate'* pour asseoir son pouvoir. Il fonda le Parti de l'État Croate qui fut dissous aussi vite qu'il était apparu.

Puis le 10 avril 1951, lors du 10ème anniversaire de l'État Indépendant de Croatie, Pavelic annonça que le nouveau Gouvernement de l'État Croate était en exil. Beaucoup d'autres émigrés croates rejoignirent l'Argentine et la plupart se rapprochèrent de Pavelic qui était activement impliqué dans l'attaque du gouvernement communiste de sa patrie.

À gauche, Pavelic en maçon – À droite, avec sa famille.

Le 10 avril 1957, lors du 16ème anniversaire de la création de l'État Indépendant de Croatie, Ante Pavelic fut victime d'une embuscade au cours de laquelle Blagoje Jovovic, un agent de la Police Fédérale Secrète de la Yougoslavie, lui tira dans le dos. Pavelic venait juste de descendre du bus au coin de sa rue dans le quartier de Palomar à Buenos Aires.

Pendant qu'il se trouvait à l'hôpital, Perón fut chassé du pouvoir et la demande yougoslave d'extradition fut accordée, mais Pavelic s'enfuit au Chili puis en Espagne, arrivant à Madrid le 29 novembre 1957, toujours avec la balle dans son dos, qu'il avait refusé de se faire retirer.

Bien qu'il tentât de rester politiquement actif, le gouvernement espagnol refusa de lui permettre d'apparaître en public. Pavelic mourut à l'Hôpital Allemand de Madrid, le 28 décembre 1959.

J'ai parlé à la femme qui, avec son mari avocat, possède à présent la maison de Pavelic et je lui ai expliqué que je rassemblais des preuves attestant qu'Adolf Hitler avait fini sa vie en Argentine. Elle parut surprise. **Elle déclara qu'elle pensait que tout le monde le savait car en Argentine c'est une histoire connue de tous et très répandue.** Elle m'a montré le petit monument dans le coin où Pavelic a été abattu, le voici sur une photo prise par l'auteur en janvier 2014.

La bonne savait tout !

Catalina Gamaro travaillait pour Walter et Ida Eichhorn à l'Eden Hotel. C'était une jeune fille et considérée comme la fille de la famille. Elle a travaillé pour eux pendant des années. Elle savait qu'Hitler séjournait là-bas.

En 2004, Abel Basti l'a contactée et s'est déplacé à La Falda pour l'interroger et regarder les photos dont elle disposait. Il nous a confiés que Catalina était prête à parler ouvertement et à lui montrer ce qu'elle avait. Cet entretien devait figurer dans le livre qu'Abel était en train de rédiger sur le séjour des Nazis en Argentine.

Elle mit brutalement fin à sa coopération et informa Abel qu'elle ne pouvait pas le rencontrer car… *ils* lui avaient dit qu'elle ne pouvait pas parler à quiconque ou montrer des photos 'tant que madame était vivante'.

'***Ils*** ?' '***Madame*** ?'. Nous sommes absolument certains que '***Ils***' fait référence à '***die Spinne***' plus connu comme le réseau '***Odessa***'. Ils existent encore aujourd'hui. Non pas les hommes originels de la SS car ils sont soit très vieux ou disparus. Cependant, leurs petits-enfants sont, eux, très actifs. L'auteur a rencontré un jeune homme de trente ans, blond aux yeux bleus et aux dents blanches. Son grand-père était un Generalleutnant au côté de Kurt '*panzer*' Mayer.

Nous pensons également que '***Madame***' fait référence à Eva Braun-Hitler. Elle est née en 1912 et aurait eu 90 ans en 2002, ce qui n'est pas du tout impossible.

Quelques années plus tôt, Catalina avait accordé un entretien qui avait été recueilli par notre ami Martin Gomez. Le voici, traduit de l'espagnol.

CG : Je n'ai jamais travaillé dans l'Eden Hotel. J'étais employé dans l'annexe.

Q : Hitler a-t-il pris des vacances dans l'annexe ?

CG : Non. Il n'est resté que quelques jours.

Q : Comment savez-vous qu'il s'agissait d'Hitler ?

CG : Nous, les employés formions une équipe très soudée, et nous en parlions entre nous.

Q : S'est-il lui-même présenté en tant qu'Hitler ?

CG : Non, non, non. Nous ne le voyions pas. Il résidait dans une partie privée. Personne ne pouvait le voir.

Q : Alors pourquoi pensez-vous que c'était Hitler ?

CG : À cause de l'attitude des Eichhorn. Il avait séjourné ici en 1936, puis après la guerre.

Q : Existe-t-il une photo d'Hitler à La Falda ?

CG : Oui. Les Eichhorns en avaient une, mais ils l'ont brûlée.

Q : Y-a-t-il quelqu'un d'autre ici qui ait vu Hitler ?

CG : Non. Ils sont tous morts.

Q : Qu'est-il arrivé à Hitler ?

CG : Il est resté ici en 1949, puis il est mort à San Juan, Mendoza.

Q : Lorsque vous travailliez dans l'annexe, avez-vous reçu des appels d'Hitler s'enquérant de la santé d'Ida Eichhorn ?

CG : Non. Il y avait parfois des appels en provenance de Mendoza mais quelqu'un d'autre parlait.

CG : Il n'est pas mort en Allemagne ! Non ! Non ! Non !

Q : Nous vous remercions.

CG : En ce temps-là, c'était un endroit très calme, pas comme aujourd'hui. La Falda était un lieu très petit, très privé.

Q : Avez-vous reçu des pressions de la part de qui que ce soit pour vous taire ?

CG : Non. Non. Je parle de ce que je veux.

La Cachette Secrète

Vous ne pouvez pas la voir… Vous ne savez même pas qu'elle existe. À moins que vous sachiez où chercher et quoi chercher. En conduisant sur une nouvelle route à quatre voies, faut-il encore savoir précisément où regarder  pour apercevoir l'écart entre les arbres. Il s'agit de l'entrée d'un chemin étroit à voie unique, une route poussiéreuse qui traverse les arbres. En pénétrant au sein de ce passage caché, nous avons laissé un bâtiment abandonné qui servait autrefois de point de contrôle.

Nous avons continué pendant près d'un demi-kilomètre avant de parvenir à un tunnel. Si vous étiez venus là dans les années 1930 et étiez parvenus à passer le contrôle, vous auriez été arrêtés à la hauteur vue sur la photo.

Il n'y avait pas de garde lorsque nous sommes arrivés et nous avons continué en voiture. C'est si étroit qu'un seul véhicule peut emprunter le chemin. Mais uniquement une voiture, c'est bien trop petit pour les camions ou autre chose de plus volumineux qu'une voiture. Après une courte distance, peut-être deux cent mètres, le tunnel s'élargit et nous parcourons encore au moins un kilomètre, à travers la jungle. Nous croisons plusieurs panneaux indiquant *'**bienvenue aux Sharkhunters**'*… en fait ils disent plutôt *'**No Pasar**'* mais nous savons que c'est l'équivalent de l'allemand *'**Eingang Verboten**'*, ce qui signifie qu'il y a quelque chose à cet endroit qu'il nous faut découvrir – et nous progressons sur la route accidentée et poussiéreuse, vers les restes de la cachette.

Finalement, nous y parvenons – et nous effectuons alors un bond dans le temps de plusieurs décennies. Les lieux sont toujours dans l'état dans lequel le personnel militaire allemand les a abandonnés, nous pensons dans les années 1950. Excepté que le temps et la nature ont repris leur droit. Sur la gauche nous apercevons un bâtiment abandonné à travers les arbres, et sur la droite un de ces panneaux qui indiquent '***No Pasar***'. Nous sortons de notre *limousine* (une Renault à trois portes et au moteur d'un litre), pour explorer les environs à pied.

Nous apprenons ainsi la plupart des choses qui se passaient dans cette installation secrète. Nous ne pouvons pas déterminer avec certitude sa fonction avant la guerre, mais à la fin du conflit beaucoup d'hommes du Troisième Reich passèrent par là pour recevoir leur nouvelle identité, leur nouvelle assignation, etc. Il nous a même été dit que pendant quelques années après la guerre, des troupes allemandes étaient stationnées et entraînées ici.

Le bâtiment blanc visible sur la photo, paraît avoir rempli une fonction cléricale ou opérationnelle tandis que le bâtiment jaune derrière notre *limousine* a sans doute fait office de cuisine. Les repas étaient pris sur cette aire de déjeuner où il y avait approximativement quarante tables en pierre qui permettaient d'installer six hommes chacune. La *'meuleuse'* à droite sur cette photo est

l'endroit où les hommes s'entraînaient. Les exercices pratiques armés prenaient place dans les bois de derrière. Nous ne sommes pas certains de la période exacte où ce complexe militaire a été abandonné – mais certaines de ses installations sont toujours en état de marche.

Voici le *'baño Caldera'* ce qui signifie *'bains chauds'*. L'eau coule toujours dans les tuyaux comme nous le voyons sur la photo, bien que je n'ai pas testé la chaleur des douches.

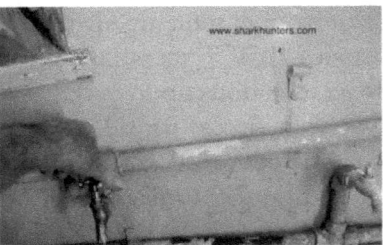

Il y avait aussi une grande piscine, ainsi qu'une grotte avec un sanctuaire. (Voir au-dessus)

Ci-dessous le quartier général et une baraque où il restait encore des lits superposés dans chaque chambre. Les salles de bain étaient stratégiquement placées le long du couloir pour une utilisation facile par le personnel.

Beaucoup d'autres photos sont visibles sur notre site internet.

Nous avons reproduit dans les pages suivantes certains des dossiers et lettres que nous conservons au sein de nos archives, montrant, en plus des éléments découverts lors de notre visite sur place, qu'il n'y absolument pas le moindre doute sur le fait qu'Adolf Hitler, sa femme Eva Braun-Hitler, Martin Bormann et d'innombrables autres membres du Troisième Reich ont en fait rejoint en toute sécurité l'Amérique du Sud, principalement l'Argentine, et à quelques exceptions près ont vécu des vies plutôt confortables.

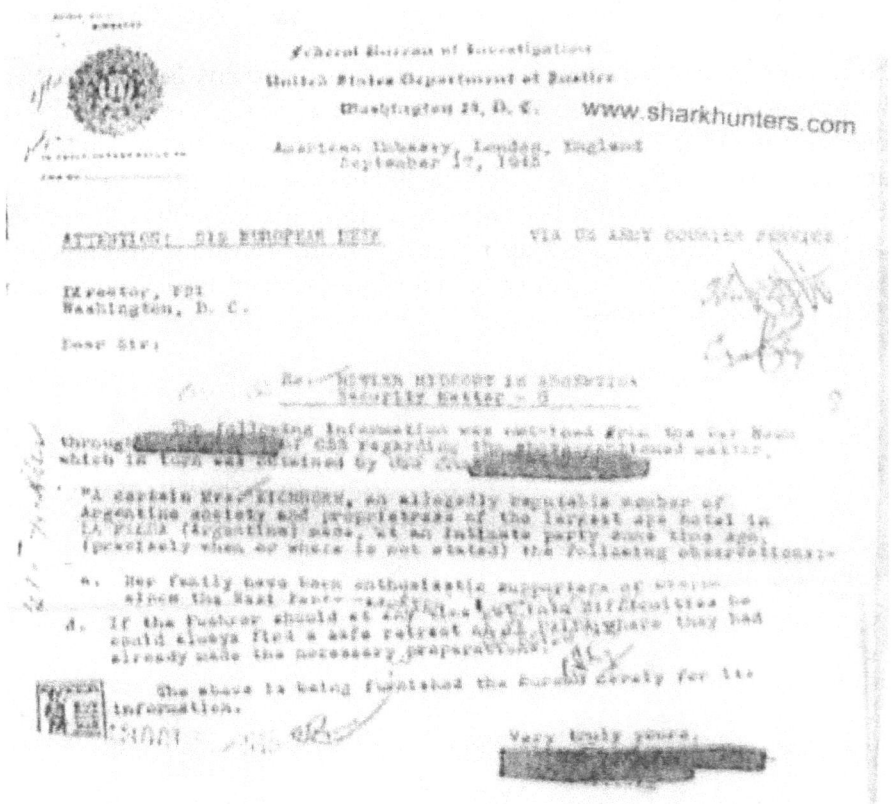

Ce dossier du FBI daté du 17 septembre 1945, est conservé à l'Eden Hotel de La Falda, Argentine.

Ce document de quatre pages nous a été transmis par l'agent S.E.I.G **Taucher**.

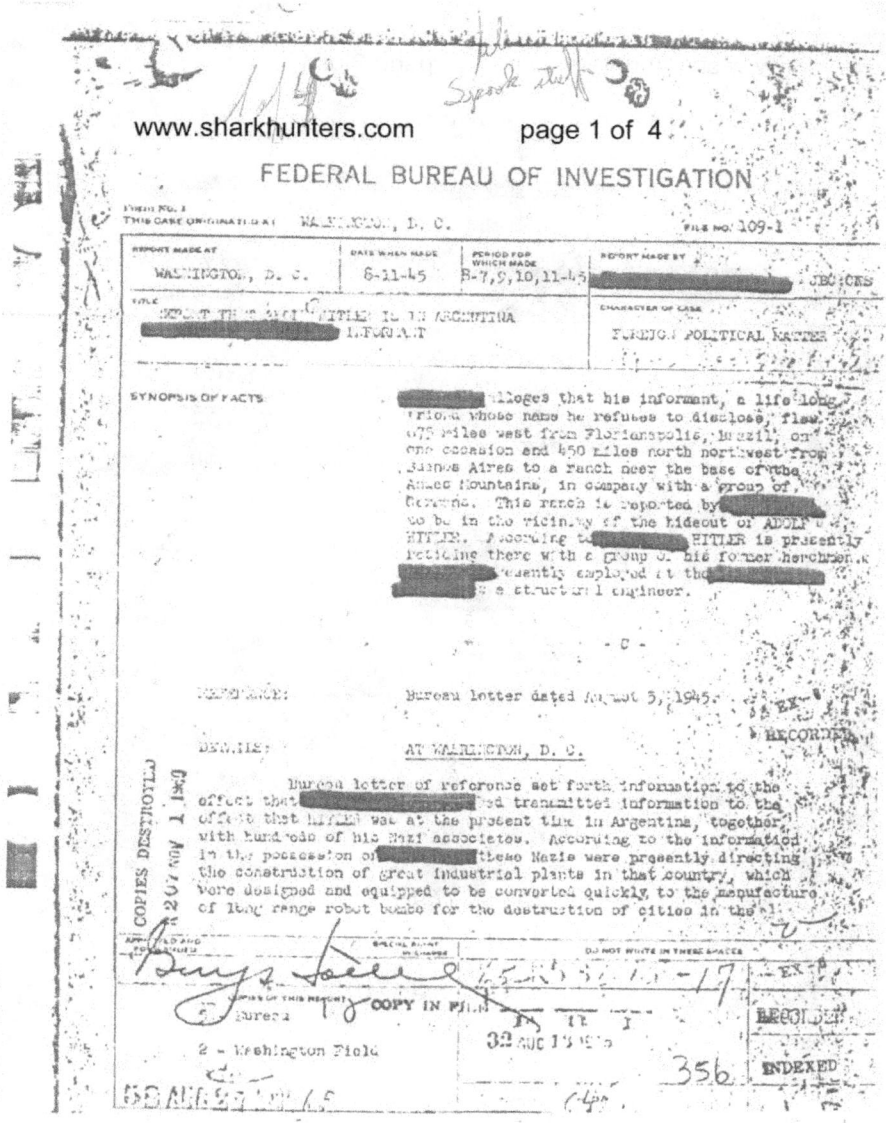

... Deuxième page de ce dossier

WFO 109-1
United States and Brazil.

This hideout was purported to be beneath a German owned hacienda located about 675 miles west from the Brazilian port of Florianopolis and 450 miles northwest of Buenos Aires.

█████████████ presently resides at █████████████ N. W., and was interviewed at the Washington Field Office by the writer. █████ stated that he had transmitted the information in his possession concerning the whereabouts of HITLER to reporter ██████ and also to █████████. ████████ stated that he obtained address from █████████ first name unknown, the Washington representative of the "Chicago Times".

When █████████ is interrogated concerning the source of his information, he stated that a life long friend of his had told him in the strictest confidence that HITLER was presently residing in Argentina, near the base of the Andes Mountains, and instructed him explicitly never to reveal his name as the source of this information. According to ██████████ his life long friend speaks many languages fluently, including German, Spanish, Portuguese and French. █████████ stated that he did not know his occupation, but did know that for the last twenty years he has traveled all over the world, particularly in South America. He stated that he apparently represents various countries and various corporations in many different localities. On one particular occasion █████████ informant was selling manufacturing equipment in South America.

According to ██████████ his informant had told him that on one occasion he posed as a German national and flew 675 miles west from the Brazilian port of Florianopolis with a group of German nationals. █████████ stated that they landed at a ranch near the base of the Andes Mountains and during the course of their trip he had ascertained that this ranch was nearby the hideout of ADOLF HITLER and a group of his cohorts.

On another occasion, according to █████████ his informant again posed as a German citizen and flew from the port of Buenos Aires, Argentina, 450 miles north northwest from Buenos Aires to this same ranch. █████████ stated that his informant could not recall any town near this ranch and, therefore, could not identify the particular spot in which the purported hideout of HITLER is located. He stated that he had informed Senator BILBO that the ranch was located 450 miles northwest of Buenos Aires, whereas, it was more nearly 450 miles north northwest of Buenos Aires.

- 2 -

Hitler en Argentine

... Page trois de ce document transmis par l'agent S.E.I.G **Taucher**.

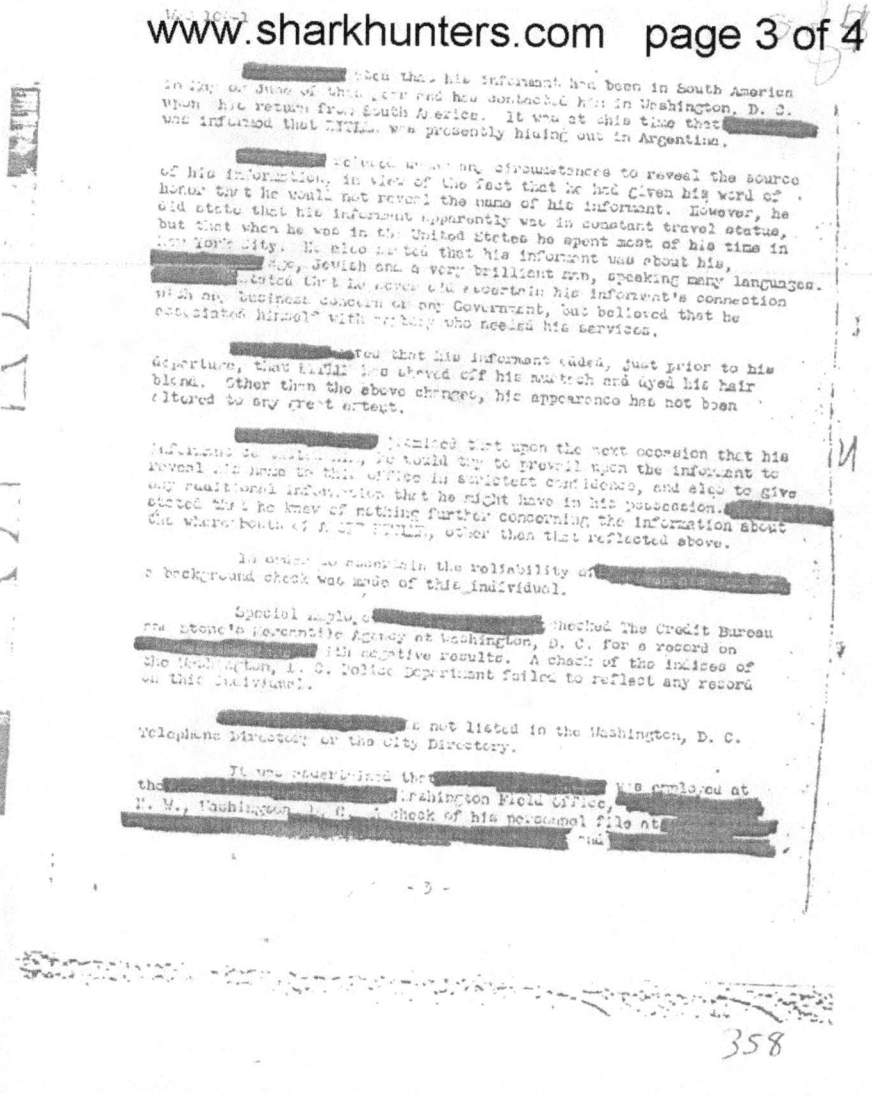

... Page quatre de ce dossier déniché par l'agent S.E.I.G **Taucher**.

www.sharkhunters.com   page 4 of 4

reflected that [REDACTED] is born [REDACTED] and has been employed as a structural engineer at the [REDACTED] at a salary of $3500.00 a year since February 1, 1945. Prior to this time he was employed at the [REDACTED] and the [REDACTED] an engineer at a salary of $3500.00, from [REDACTED].

[REDACTED] file at the [REDACTED] reflected that he was employed for five and one half years at a bridge designer for the [REDACTED]. He was also employed for a period of ten years as a structural engineer consultant for the [REDACTED] and for thirteen and one half years by the [REDACTED] as editor of the magazine [REDACTED]. His personnel file reflects that his permanent residence is [REDACTED] and that his sole dependent is [REDACTED].

At the [REDACTED] prior to his transfer he received an efficiency rating of "Very good", dated February 17, 1944.

No further investigation is being conducted by the Washington Field Division unless advised to the contrary by the Bureau, and this case is being considered closed.

- CLOSED -

```
SECRET                                    Madrid, July 3, 1945.

MEMORANDUM

            Subject: HITLER

        HITLER is hiding at the finca of the Conde de
MAYALDE in the aldea of Mazarambroz, Province of
Toledo, near Sonseca and near Pulgar, in the juris-
diction of the town of Orgaz. MAYALDE was former
Spanish Ambassador in Berlin up to about 1943, and
is said to have been friendly with HITLER. The
bearer of these good tidings is one Augustine
MARTINEZ, native of the town of Sonseca and between
1928 and 1937 chief of the Spanish telephone service
in that town. He now is in Madrid, proprietor of the
Pension Roldan, Calle Cruz 33, segundo derecho,
telephone 26219. MARTINEZ seems to have pronounced
democratic ideas and has been in jail on political
grounds. I have an idea that the Pension Roldan
is a very interesting place. Some of MARTINEZ's
relations live in Sonseca, and he believes he
could obtain confirmation of this bulo by going
back to Sonseca and talking to his friends in the
service of the MAYALDES. He wants no money but his
expenses, and offers to do odd jobs without pay ex-
cept expenses.

        MARTINEZ is unknown to me but he looks like a
shrewd old rascal who hates the present regime and
is sincerely attached to the Allied cause.




        EGT/jra
```

Ce document fut découvert et envoyé par l'agent S.E.I.G **Pizzarro**.

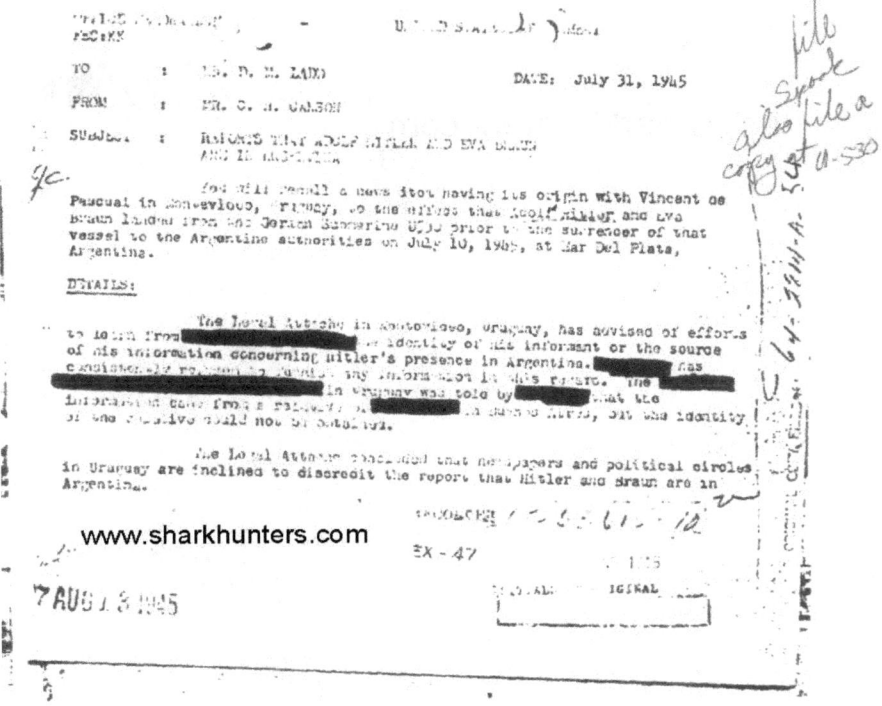

Ce document fut découvert et envoyé par l'agent S.E.I.G **Pizzarro**.

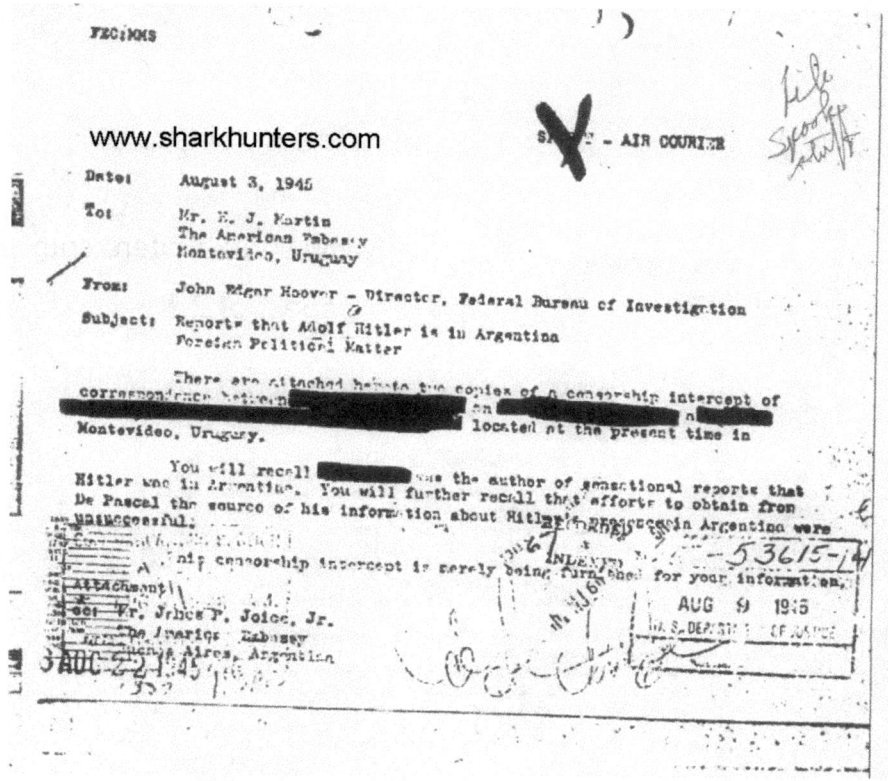

Ce document fut découvert et envoyé par l'agent S.E.I.G **Taucher**.

Office Memorandum • UNITED STATES GOVERNMENT

TO : Director, FBI
FROM : SAC, Los Angeles
DATE: August 14, 1945

SUBJECT: ▓▓▓▓▓▓ AND REPORT ON
▓▓▓▓▓ HITLER HIDEOUT
INTERNAL SECURITY - G

    The following information was brought to the attention of the Los Angeles Field Office by ▓▓▓▓▓▓▓▓▓▓▓▓▓▓▓▓▓▓▓▓▓▓▓▓▓▓▓▓▓▓▓ who advised that the information was originally received by an individual on the ▓▓▓ Hollywood, who it has been ascertained is a radio actor and "bit" parts movie player, reported that certain sources placed Adolf Hitler in hiding in Argentina. According to ▓▓▓▓▓▓ he met a man named ▓▓▓▓▓▓ who is of Spanish-Argentinian descent, at a club in Hollywood, and after several hours of general conversation ▓▓▓▓ told ▓▓▓▓▓ about a tremendous problem that was bothering him and wanted to know if ▓▓▓▓▓ could help him. It followed that ▓▓▓▓▓▓ who speaks fluent Spanish, was one of four men who met Hitler and his party when they landed from submarines in Argentina two and a half weeks after the fall of Berlin.

    "The first submarine reportedly docked at approximately 11:00 at night, and the second submarine about two hours later. Hitler was reported to have been aboard the second submarine and with two women, a doctor, and several other men numbering in or about fifty persons came ashore. Pack horses were waiting for the group, and at daylight an all-day trip inland toward the foothills of the Southern Andes was started, and at dusk the party arrived at the ranch where Hitler and his party are now in hiding. According to ▓▓▓▓▓▓ this affair was arranged by six top Argentine officials as far back as 1944, and ▓▓▓▓▓▓ further reports that if Hitler is apprehended the names of these six top officials will be revealed. ▓▓▓▓▓ is ready also to reveal the names of the three other men who, with ▓▓▓▓▓ helped HITLER inland to his hiding place.

    ▓▓▓▓▓ advised that he was given $15,000 for helping in the deal, and wishes to state at this time that he does not want to become any further involved, and realizing that it is only a matter of time before Hitler is apprehended, he is desirous of clearing himself at this time.

    ▓▓▓▓▓ informed that two interesting things were mentioned on the inland trip. One was that the reason the French channel ports held out against the Allies after the fall of Berlin was to allow Hitler to leave from one of

Director, FBI

August 14, 1945

them by submarine, and secondly that shortly after leaving France the submarines were fired on by the British gunboat. According to ▓▓▓▓ Hitler is suffering from asthma and ulcers. He has shaved off his mustache and has a long butt on his upper lip. ▓▓▓▓ insists that if arrangements can be made he will have a man available to conduct a party to Hitler's hiding place. This man, following ▓▓▓▓ instructions, will meet the interested party at a hotel in San Antonio, Argentina."

"Efforts are being made by the Los Angeles Field Office through ▓▓▓▓ to recontact ▓▓▓▓ whose whereabouts are unknown at present, for the purpose of conducting a full detailed interview regarding this matter. The Bureau will be advised of the results of this interview at the earliest possible date.

EAF:rg
105-410

Ce document fut découvert et envoyé par l'agent S.E.I.G **Taucher**.

F.B.I. RADIOGRAM

DECODED COPY

FROM BUENOS AIRES   NR 152

RE HITLER IN ARGENTINA. [redacted] ADVISED THAT ARGENTINE POLICE DE-
PARTMENT NAVY INVESTIGATING POSSIBLE CLANDESTINE LANDINGS FROM U 530
AND SIMILAR CRAFT WITH NEGATIVE RESULT TO DATE, THAT VARIOUS HITLER
RUMORS INVESTIGATED BY ARGENTINE AUTHORITIES BUT OTHERWISE UNPRO-
DUCTIVE. INFORMANT APPRISED OF OUR INTEREST IN RUMORS AND PROMISED
COOPERATION. IT IS CONSENSUS OF USA MILITARY, NAVAL ATTACHES, BRITISH
AND ARGENTINE AUTHORITIES THAT REPORTS THAT HITLER AND EVA BRAUN IN
ARGENTINA ARE UNFOUNDED.

RECEIVED [redacted]
UNDERLINED PORTION OBTAINED FROM GARBLE. AWAITING CONFIRMATION.

If the intelligence contained in the above message is to be disseminated
outside the Bureau, it is suggested that it be suitably paraphrased in
order to protect the Bureau's cryptographic systems.

Ce document fut découvert et envoyé par l'agent S.E.I.G **Taucher**.

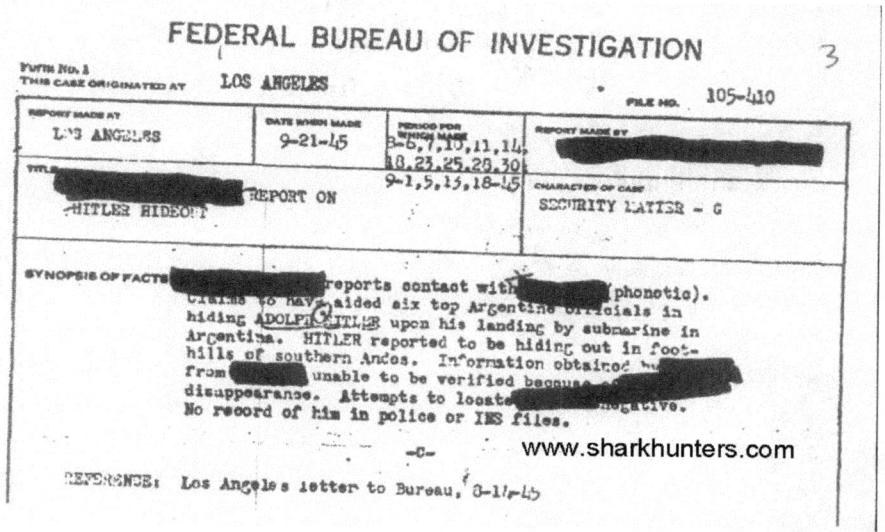

Notez que ce télégramme soupçonne qu'Adolf Hitler se cache dans les contreforts des Andes du sud – précisément là où se situe San Carlos de Bariloche. Les différentes agences de renseignements savaient où il était caché.

Ce document fut découvert et envoyé par l'agent S.E.I.G **Taucher**.

DECLASSIFIED AND RELEASED BY
CENTRAL INTELLIGENCE AGENCY
SOURCES METHODS EXEMPTION 3B2B
NAZI WAR CRIMES DISCLOSURE ACT
DATE 2001 2007

NO. [ ]

INFORMATION REPORT
[ ]

COUNTRY: Spain/Germany/Argentina   DATE:
SUBJECT: Nazi Aid Organization in Argentina   INFO:
                                          DIST: 20 February 1948
ORIGIN: [ ]   PAGES: 2
Evaluation of source: see below   Evaluation of Content:

SOURCE: [ ] & [ ]

1. Reference: DB-6882.

2. [ ] comments as follows on information reported under reference:

   "We regret we have no traces of any of the people mentioned in your letter."

   "We have, however, information on two escape organizations in Spain, one of which might be the organisation referred to in your letter, even though the first one is reported to handle collaborators:

   1. A Franco-Spanish religious order, the CONGREGATION DU CHRIST-ROI, is reported to be at the bottom of a powerful escape organization for collaborators, militiamen and prisoners of war. The congregation takes escapees into its various monasteries in France and disguises them, often as priests. They are taken by various lines into Spain. Two of those concerned with the running of these lines are two doctors named MOUNIC and VIDAL. It is said that, when escapees are arrested on the frontier by customs officials, they are set free on use of a password.

   In Spain Pere VALETTE of the 'CONGREGATION' is in charge of getting the escapees set free more or less rapidly and helping them if possible to get to the Argentine. He is assisted by the following persons from the French Embassy in Madrid:

   FRANCOIS PIETRI (ex-ambassador to Vichy, now private individual).
   Monsignor BOYER-MAS, and
   Monsignor PETIT

   Christian

SECRET

- 2 -

NO.

2. An entirely German escape organisation involving the following names and addresses in Barcelona:

    a. SEITHER, a German bookshop at 72, Rambla de Catalunya.
    b. A German photographer at Calle Balmes 90.
    c. Another German bookshop, LIBRERIA HERDER, Calle Balmes 22.
    d. Padre BOOS, Calle Mallorca 211 2ª 1º.

"Apart from the fact that the LIBRERIA HERDER provides clothing chits for Germans which are accepted at the department store 'EL AGUILA'. Plaza Universidad, Barcelona, we know nothing of the workings of this organisation.

"We are making enquiries in Spain and Argentina about this organisation and the personalities concerned in it, and we will let you know the results."

comments as follows on the general subject of Nazi escape routes:

"We have at the moment a great many undigested reports coming in from Belgium, Holland, France and Spain of rumoured escape organisations for Nazis, but it seems early days to comment on their strength and ramifications. We will, however, remember your interest in this subject and will pass to you such information as comes to us that bears on this matter."

Ce document de deux pages fut découvert et envoyé par l'agent S.E.I.G **Taucher**.

Since the Allies let him go I don't think there is much to be done. Is it worth while advising B.A.? S.W.W. G.C.H.

SECRET

MEMORANDUM

TO: PCO
J. Millar - Miss Howell
M. Cabriel
Chancery

FROM: Hudson Smith

SECRET

I have had in my Department today a visit from a German ex-POW who escaped from France to Spain last year. This man was most indignant over the fact that he was in the same prison as the famous SS leader (in San Sebastian) Otto SKORZENY.

The POW was indignant because he declares that whereas he was in the prison several months, SKORZENY was liberated before he had been there two months and issued with all the necessary documentation to proceed to the Argentine where he now is.

You will know doubt recall that SKORZENY achieved notoriety by rescuing Mussolini from his mountain prison in Italy on Hitlers direct order, and is a person who after the war was taken prisoner by the Allies and considered as of some considerable importance. Several war books have it that this man was detailed to assassinate General Eisenhower when the laters Headquarters were in Paris.

The POW who reported this matter was questioned closely as to whether he was certain that the man who was in jail with him was indeed SKORZENY, but could not be shaken in his asseveration, saying that he had known SKORZENY personally from war time days and could not be mistaken.

HS.

January 4th, 1949.

HS/mh

Ce document fut découvert et envoyé par l'agent S.E.I.G **Taucher**.

Si vous vous demandez pourquoi ces scientifiques se sont rendus là-bas, voici un rapport de six pages très explicite.

~~TOP SECRET~~

13 April 1949

MEMORANDUM FOR: Director,
                Joint Intelligence Objectives Agency
                Joint Chiefs of Staff

SUBJECT   : Nominations of Austrian Scientists to Critical List

REFERENCE : JIOA 1034

1. In response to the request of the Director, JIOA, there is attached hereto a list of Austrian scientists.

2. Since the requirement is flexible as to number, the list has been divided into four groups:

    A. Scientists whose prominence makes their denial to the Soviets highly desirable.

    B. Scientists of second-rate importance who may be considered for List A if denial capabilities on the part of the U.S. increase.

    C. Scientists of Austrian derivation not now in Austria but whose return should be forestalled at all costs.

    D. Scientists under Soviet control whom it would be advantageous to have under Western control.

3. The information given as to location and present occupation is the best now available. It is, however, subject to change and it is therefore suggested that immediately prior to action the addresses be checked again for accuracy.

                                              Assistant Director, OSI

Attachment:
List of Austrian Scientists

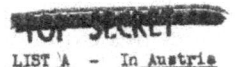

LIST A - In Austria

(Scientists whose prominence makes their denial to the Soviets highly desirable)

BRODA, Engelbert E., (Dr), Birthdate unknown. Address: Vienna, IX Porzellangasse 40, (a/o Jan 1948; Akademie fuer Wissenschaft und Kunst, Vienna, Austria. (a/o Feb. 1949). Employment: Chief, Research (planning) Section, Ministry of Energy; also conducts theoretical nuclear research in chemistry faculty, Univ. of Vienna; teaches at Soviet sponsored Akademie fuer Wissenschaft und Kunst and at Communist Party School at Villa Recht, Vienna. (a/o Feb. 49).

HECHT, Friedrich, (Prof), Birthdate: 3 Aug 1903. Address: Mosern 52, Grundelsee, Upper Austria (a/o Dec. 47); Geological Inst., "Palais Guttmann" Vienna II, Rustenschacherallee, Austria. (a/o Feb 1949). Employment: Geochemist, Geological Inst. Vienna (a/o Feb. 49). Has investigated micromethods of analysis of uranium, thorium, radioactive minerals and determination of atomic weights; microanalysis and separation of single elements of silicate minerals.

ORTNER, Gustav, (Dr), Birthdate: 31 July 1900. Address: Vienna XIII (Br. Zone) Maxingstrasse 42 (a/o Jan. 49); Geological Inst., Palais Guttmann, Vienna II, Rustenschacherallee, Vienna, Austria. (a/o June 48). Employment: Head, X-ray Laboratory (research on cathode rays), Geological Inst. Vienna (a/o June 48). Completed a new book recently on atomic physics sponsored by the Soviets.

PRIZBRAM, Karl, (Prof. Dr.), Birthdate: 1878. Address: Vienna IX, Strudelhofgasse 4, Austria (a/o Feb 49). Employment: Professor of physics and radiology and Director of the Second Physical Inst. of Univ. of Vienna. Took trip to Moscow in 1947 and on his return began research in infra-red field. Alleged to be working for Soviets and to be visited frequently by Russians, but lacks Eastern inclinations. Told visiting American physicists he is now engaged in studies of luminescence. (a/o Feb 49)

STETTER, George, (Prof.Dr), Birthdate: 23 Dec. 1895. Address: Thumersbach, Zell-am-See, Austria (a/o Dec. 47). Employment: Has gathered data for meteorological experiments and is developing device to extract coal dust from air in mines. (a/o Feb. 49).

THIRRING, Hans, (Dr.), Birthdate: c.1898. Address: Inst. for Theoretical Physics, Univ. of Vienna. Has negotiated with Austrian Ministry of Electrification and Power Conservation for a subsidised research program aimed at derivation of plutonium from natural sources. Although considered an outstanding physicist, devotes all present efforts to pacifism and general philosophical questions. (a/o Feb 49).

LIST B - In Austria

(Scientists of second-rate importance who may be considered for
List A if denial capabilities on the part of the U.S. increase)

EBERT, Ludwig, (Prof.Dr.), Birthdate: 19 June 1894. Address: Vienna IX,
Waehringerstrasse 42. Austria (a/o Feb 49). Employment: Director, 1st Chemical
Inst. Univ. of Vienna. Unconfirmed reports indicate that he is working on Soviet
orders on analytical problems of fluorine. (a/o Feb 49.)

HERNEGGER, Friedrich, Birthdate: 23 May 1908. Address: Vienna IX, Boltzmanngasse 3,
Austria (a/o Dec. 47). Employment: Professor, Radium Inst., Univ. of Vienna, (a/o
Dec. 47).

HERZOG, Richard, (Dr.), Birthdate: 11 Mar. 1911. Address: First Physical Inst. of
Univ. of Vienna, Strudelhofgasse 4, Vienna IX, Austria. (a/o Feb. 49).
Employment: Assistant to Dr. Ehrenhaft at First Physical Inst. of the Univ. of Vienna.
Physicist, specializing in mass spectography. (a/o Feb 49).

KAINDL, Karl, (Dr.), Birthdate: 1890. Address: Spittelwiese, Linz/Donau Austria
(a/o 28 Jan. 49). Employment: Nuclear Physicist, formerly assistant to Prof. Stetter.
Wrote recently from address listed to Willibald Jentschke, Austrian scientist in the
US stating, "You inquire why none of the Austrian physicists contributes articles to
the magazine "Nucleonics". Who should do it? Lintner works on other problems.
Apart from the fact that you and Schintlmeister were the best men in this field, and
both of you have left Austria. Incidentally, I heard in a roundabout way that
Schintlmeister can be seen in Vienna once in a while. You will also be interested
to learn that Kober (Gemma) is in Vienna. He is working with Wieninger, who with
his cathode evaporation device develops quartz protection layers over mirrors."

KARL-KROUPS, Edith, (Dr.), Birthdate: 11 Sep. 1910. Address: Vienna, Austria
(a/o May 47). Employment: Now employed in a chemical factory in Vienna engaged in
the preparation of simple medicines, kitchen scouring materials etc. for Austrian
industry. Until the end of the war was Prof. Hecht's assistant at the Chemical Inst.
(a/o May 47).

KARLIK, Berta, (Prof.Dr.), Birthdate: Unknown. Address: Institut fuer Radiumforschung Boltzmanngasse 3, Vienna IX, Austria, (a/o Feb. 49). Employment: Nuclear
physicist, Director of Radium Inst., Vienna, Austria. Had orders from Soviets for
construction of radioactive measuring instrument. Current experiments at Radium
Inst. include study of nuclear reactions using new Ilford plates. Collaborates with
scientists of all occupying powers in Vienna. (a/o Feb. 49).

LINTNER, Karl, Birthdate: 28 April 1917. Address: Vienna, Austria (a/o Feb 49).
Employment: Dr. Karl Kaindl wrote recently in a letter to Willibald Jentschke,
Austrian scientist in US stating, "You inquire why none of the Austrian physicists
contributes articles to the magazine "Nucleonics". Who should do it? Lintner works
on other problems. Apart from the fact that you and Schintlmeister were the best men in
this field, and both of you have left Austria. Incidentally, I heard in a roundabout
way that Schintlmeister can be seen in Vienna once in a while. You will also be
interested to learn that Kober (Gemma) is in Vienna. He is working with Wieninger,
who with his cathode evaporation device develops quartz protection layers over mirrors."
(Feb. 49).

NOWOTNY, Hans, Birthdate: Unknown, Address: Vienna, Austria (a/o Jan 48). Employment: Professor Extraordinary for Systemology Univ. of Vienna. His specialty is structural analysis, corrosion and particularly supersonic cavitation. He is politically unbiased. Also Director of the Institut de Recherches Scientifiques at Schloss Tettnang (Fr.Zone), Germany where he is located during Univ. vacations. (a/o Jan. 48).

SEXL, Thoedor, Birthdate: Unknown. Address: Institut fuer Radiumforschung, Boltzmanngasse 3, Vienna IX, Austria. (a/o Feb 49). Employment: Experimental physicist and lecturer at the Radium Inst. of the Univ. of Vienna (a/o Feb. 49).

UNDESSER, Karl, Birthdate: c.1919. Address: Nuclear Physicist and former assistant to Professor Stetter reportedly engaged in private research. (a/o Sept. 47).

Continuons la lecture, curieusement les pages 4 et 6, ne font qu'une demi-page.

LIST C — Outside Austria

(Scientists of Austrian derivation not now in Austria but whose return should be forestalled at all costs)

EWALD, Heinz, Birthdate: 16 June 1914. Address: Tailfingen/Wuertemburg, Germany (a/o Oct. 47). Employment: Last reported in Oct. 1947 at address noted working for the French.

FLAMMERSFELD, Arnold. Birthdate: 10 Feb. 1913. Address: Tailfingen, Kreis Balinger, Germany (a/o Oct. 48). Employment: Nuclear physicist at the Kaiser Wilhelm Inst. for Chemistry at Tailfingen (Fr.Zone), which was to be moved to Mains. (a/o Oct 48).

GHOFFER, Stephan E., Birthdate: Unknown. Address: Argentina (a/o May 47). Employment: Physico-Chemist, Austrian-Jewish refugee formerly with the Curie Inst., Paris, France and reported in May 1947 to be in Argentina.

GUNDLACH, Franz, (Dr.), Birthdate: 16 June 1905. Address: Spangenburg, near Kassel Germany. (a/o 46). Employment: Physicist. Research on radio tubes, Member of the Inst. II for Physics of the Vienna Univ. Formerly assistant to Professor Stetter, Thumersbach. (a/o 46).

JENTSCHKE, Willibad, (At Wright Field).

MATTAUCH, Joseph, Birthdate: 21 Nov 1895. Address: Mains, Germany (a/o Oct 48) Employment: Kaiser Wilhelm Inst. fur Chemie, Tailfingen, Kreis Balinger until recently when he transferred to Mains. Reportedly the world's best authority on mass spectrometers he travels twice a week to Berne, Switzerland to lecture at the Univ. there. It is further reported he is seriously considering emigrating to Berne to set up a new nuclear physics Inst. at the Univ. to continue his work on mass spectroscopy. (a/o Oct 48).

MEITNER, Lise, (in Stockholm)

PANETH, Frederich Adolph, Birthdate: 31 Aug 1887, Address: SouthRoad, Durham, England. (a/o 1948). Employment: Professor and Head of Dept. of Chemistry, Univ. of Durham since 1939. (a/o 1948).

PAULI, Wolfgang, Birthdate: 25 April 1900. Address: Inst. of Experimental Physics, Univ. of Zurich, Switzerland. (a/o Feb. 48). Employment: Theoretical physicist and Nobel Prize winner working at address listed as of Feb 1948.

SCHROEDINGER, Erwin, Birthdate: 12 Aug 1887. Address: 67 Merrion Square, Dublin, Ireland. (a/o 1948). Employment: Professor of Theoretical Physics, Royal Irish Academy since 1940. Also Senior Professor, Dublin Inst. for Advanced Studies. (a/o 1948).

LIST D - In USSR

(Scientists under Soviet control whom it would be
advantageous to have under Western control)

RIEHL, N., Birthdate: Unknown. Address: Electrostal, Moscow Oblast.
Employment: Formerly Chief Chemist, Auergesellschaft, Berlin.

SCHINTLMEISTER, Joseph, Birthdate: 16 June 1908. Address: Vienna, Austria
(a/o Feb. 49). Employment: Was removed to the USSR in 1946 where he reportedly
was located at a Nuclear Physics Inst. near Moscow. A more recent report (Jan 48)
states it is rumored he has been transferred to Prague and in a recent letter from
Dr. Karl Kaindl in Austria to Willibald Jentschke, Austrian scientist in the US,
Kaindl states, "You inquire why none of the Austrian physicists contributes
articles to the magazine "Nucleonics". Who should do it? Lintner works on other
problems. Apart from the fact that you and Schintlmeister were the best men in
this field, and both of you have left Austria. Incidentally, I heard in a roundabout way that Schintlmeister can be seen in Vienna once in a while. You will
also be interested to learn that Kober (Gemma) is in Vienna. He is working with
Wieninger, who with his cathode evaporation device develops quartz protection
layers over mirrors. (a/o Feb 49).

Continuons la lecture d'autres documents venant attester qu'Adolf Hitler et d'autres n'ont pas péri dans le Führerbunker ni ailleurs en Allemagne. Ils se sont tous réfugiés en Amérique du Sud.

MEMORANDUM FOR RECORD   2 January 1952

SUBJECT: Project 63 Personnel Now in the U. S.

REFERENCE: Conversation between [   ] and Col. B. W. Heckemeyer, Chief, JIOA on 29 December 1951

1. Purpose of reference conversation was primarily with regard to the interest of Professor [   ] of Purdue University in Professor [   ] (see attached copy of teletype from Chicago Field Office of W/C.) Col. Heckemeyer cleared the visit of Professor Ruska to Purdue University. He stated furthermore that the Services did not have a spot at present for the employment of Professor Ruska and he would be grateful if we could make arrangements through Professor [   ] for [   ] employment at Purdue.

2. Col. William H. Speidel, Hotel Alamac, Broadway at 76th Street, New York City is the Director of Project 63, and Project 63 personnel come under his jurisdiction. There are, at present, 12 German scientists in the U. S. under this project and 30 more in Germany who are under contract. These scientists come into the U. S. under military jurisdiction and under the general jurisdiction of JIOA. They do not have diplomatic passports. They are brought here primarily for employment by the military Services. If, however, these Services have no spot for them, JIOA attempts to place them in private institutions, universities, or industry. Col. Heckemeyer stated that Project 63 personnel are supposed to be top-flight German scientists. The reasons for bringing them to the U. S. are: 1) To prevent the Russians from inducing them to go to the East Zone of Germany, or to Russia. Theoretically these scientists are not usefully occupied in Germany, have no funds to subsist on, and might be subject to such inducement. 2) Their previous work has qualified them for useful occupation by the Services. They are only placed privately if they can not be so utilized.

3. They remain under military jurisdiction after they are hired and until it is clearly shown that they are working out satisfactorily, after which JIOA takes the necessary steps to legalize their stay in the U. S. either through the required passport procedure or through naturalization. When they travel around the U. S., they must travel with military escort. If they are placed outside of New York, the military jurisdiction will be transferred to the local area such as a ROTC setup at a university. This military jurisdiction does not limit their movement and is not generally evident. It amounts to the military keeping an eye on them and their activities to see that they do not enter into anything subversive or detrimental to the U. S. and to see how they are adjusting to life in America.

EXEMPTIONS Section 3(b)
(2)(A) Privacy ☐
(2)(B) Methods/Sources ☒
(2)(G) Foreign Relations ☐

Declassified and Approved for Release by the Central Intelligence Agency
Date: 2001

NAZI WAR CRIMES DISCLOSURE ACT

SECURITY INFORMATION

4. The procedure to be followed with regard to [ ] and which will apply generally to other similar cases is as follows: Col. Heckemeyer telephoned, 29 December 1951, to a Lt. Cooper in G-2 to authorize Col. Speidel to arrange the trip of [ ] to Purdue, for which trip JIOA will pay. Col. Speidel will furnish the military escort. [ ] of OO/C will request the Chicago Office to contact Professor [ ] as to the date which is convenient to him. When this information is received, [ ] will have the New York Office contact Col. Speidel to make the necessary arrangements and will inform the Chicago Office of these arrangements so that Professor [ ] may be notified. He will also tell the Chicago Office of JIOA's desire to have Ruska employed by Purdue University, if possible.

5. Biographic Register, OCD [ ] has the background data on all Project 63 personnel in this country. Col. Heckemeyer said that there is no reason why we can not interrogate these people if we wish but he suggests that we make arrangements through him because of the military jurisdiction aspect and also because most of these people are employed by the Services who might impose some objection to CIA interrogation if such application were made direct. This has been our experience with some of the Paperclip people. Col. Heckemeyer is very cooperative and I feel sure will work with us in every possible way, particularly on a quid pro quo basis if we place some of his strays.

OSI:AHA/fd
Orig.: ~~Repatriate Program File~~
cc: Chrono
       Daily Reading File
       OO/C - [ ]
       Vital Documents File

EMPLOYMENT STATUS - - - - "PROJECT 63" SPECIALISTS   20 Feb 1952

Aust. BRUEDA, Botho
　　Negotiating with CIBA Co., Summit, New Jersey. Fields of drugs,
　　　pharmaceuticals, anti-biotics, hormones, etc.
　　Salary - To be determined.

Aust. DUSSIK, Karl
　　Negotiating with Boston State Hospital, Boston, Mass. (Mental Institution)
　　Salary - To be determined.
　　NOTE: Now on duty with this hospital which is deeply interested in
　　　subject's abilities.

Aust. GANTSCHNIGG, Gottfried
　　Employed at Glenn L. Martin Co., Baltimore, Md. (Aircraft Industry)
　　Salary $505. per mo.

Aust. GREIL, Karl
　　Employed at Glenn L. Martin Co., Baltimore, Md.   "   "
　　Salary $505. per mo.

Aust. GUDRTH, Fritz
　　Employed at Naval Air Missile Test Center, Point Mugu, Calif.
　　Salary $23.08 per day.

Ger. GUNDLACH, Franz
　　Employed at Wright Air Development Center, Wright-Patterson AF Base
　　Salary $450. per mo.

Ger. HARRIES, Wolfgang
　　Negotiating with Bell Aircraft Industries; (also commitment from
　　　Distillation Products, Rochester, New York)
　　Salary $7500. per annum (approx)
　　NOTE: Position assured at either company.

Ger. HELMBOLD, Heinrich
　　Employed at University of Wichita, Kansas (Navy contract)
　　Salary $8,000. per annum.

Aust. HINTEREGGER, Hans
　　Employed at Cambridge AF Research Center, Cambridge, Mass.
　　Salary $600. per mo. (approx)

Ger. MUELLER, Erwin
　　Negotiating with University of California (Berkeley) (Aircraft). Very
　　　good offer in which he is interested.
　　Salary - To be determined.
　　NOTE: Air Force now requesting sub-allotment of funds for the university
　　　for this contract.

Ger. RUSKA, Helmut
　　Negotiating contract with N.Y. State Public Health Service
　　Salary $6,000. per annum (approx)
　　NOTE: Civil Defense program-directors of State Health Services are
　　　anxious to obtain personnel with this type of experience.

Ger.   TUEBBECKE, Julian
       Contract awaiting approval by Under Secretary of Army for
       Ordnance employment.
       Salary $7200. (approx)

Aust. UNDESSER, Karl
       Employed at Glenn L. Martin Co., Baltimore, Md. (Aircraft Industry)
       Salary $550. per mo. (approx)

Aust. WENNDL, Ernst
       Has offer from Chicago Land/Air as Asst. to Director (Technical Advisor
       Salary $7200. per annum

Le document précédent de quatre pages fut découvert et envoyé par l'agent S.E.I.G **Taucher**, il s'agit d'une liste de scientifiques allemands/autrichiens qui se rendirent (ou furent emmenés) aux États-Unis après la guerre.

Security Information

OFFICIAL - INFORMAL

18 March 1952

MEMORANDUM TO: Mr. [   ]
2430 E Street, N. W.
Washington 25, D. C.

FROM : [   ]

SUBJECT : Project 63

REFERENCE : [...   ] dated 6 March 1952

1. The flurry of cables preceding the arrival of the twenty-man mission from JIOA apparently achieved the desired result; namely, a little coordination before the conquest of German science was begun. Although Colonel Crabbe had indicated in a cable that he would get in touch with me on 24 February, he did not do so until 6 March when we held a meeting jointly with [   ] and others. In the meantime the JIOA group was well on its way to the repetition of previous blunders in the form of several invitations to top German scientists to come to Heidelberg for discussion of contracts.

2. Principal members of the twenty-man group are Lt. Col. G. W. Crabbe (JIOA), Col. Arthur S. Randak (USAF), and Col. E. S. Berry (G-2). With them are an assortment of lesser military personnel, four U. S. service civilians, and six German Paperclip specialists. The group is armed with a list of Germans to be contacted. The group, or members thereof, will be present in the theater until some time in April.

3. On 6 March the military members of the mission met with [   ], other members of local organizations and myself for a frank discussion of Project 63, its good points and bad points and how to implement it. [   ] concern was for the preservation of good relations with the German scientific community as a practical matter for those of us who must work here as well as the U.S. foreign relations involved in recruitment. My concern was for the prejudicial effect of inept recruitment on relations between Germans and Americans which would affect adversely our intelligence operations. All of us however agreed that an exchange program of some sort is desirable and in this respect we are all in sympathy with the aims of the project.

4. After an initial period of shooting barbs at each other, perhaps containing too sharply pointed criticisms, the meeting

Security Information

Declassified and Approved for Release
by the Central Intelligence Agency
Date: 2001

NAZI WAR CRIMES DISCLOSURE ACT

straightened out and became a useful exchange of ideas which I feel was entirely satisfactory. The local people brought out the need for careful consideration on a case-by-case basis of each individual before making an approach. We pointed out for example that the recruitment list contains names of people too old, too rich, too busy and too thoroughly disgruntled with past experience with Americans to justify a renewed approach. We also pointed out the impropriety of making an open-ended contract with a man who in this community occupies a position comparable to that of the leaders of science in the U. S. Negotiations for a specific job at a specific place with adequate description of conditions and salary are the only proper approach when dealing with scientists of high caliber. This point appeared to be accepted by the mission.

5. I raised the question of propriety in connection with the use of ex-Germans as recruiters having in mind resurgent German nationalism and the possible attitude among present-day Germans that the Paperclippers are in effect traitors. The mission did not seem to be impressed with this consideration which is understandable since they are primarily salesmen who are not sensitive to more subtle dangers. The mission apparently feels that the good done by ex-Germans in explaining to prospective candidates on the basis of first-hand experience outweighs the harm which may result from the traitor concept. I did not press the point at length.

6. The important point which evolved from the discussion is that in the future the recruiters promise to consult [   ] and myself on all cases so that foreign relations and intelligence interest can be provided for adequately. [   ] is furthermore making [   ] services available to the group in furnishing background on individuals, making interviews and introductions, and laying out the schedule of contacts. Local advice and consultation were something we were most anxious to have incorporated into the implementation of the project. [   ] agreed to write letters to the leaders of German science as well as to his British and French counterparts which will in effect take them in a limited way into confidence on the scope of the project.

7. If performance lives up to promises, I feel that much has been done to remove the friction built up between military and civilian groups responsible for, or at least concerned with, this project. The storm we kicked up by our cables seems to have had the desired result of forcing the military into consulting with us before proceeding on a project the effects of which were so poorly understood by them. Time will tell how well we succeeded but there is at least some cause for hope.

8. Incidentally after the meeting Berry who seems rather alert and Crabbe who is largely salesman told [   ] and me that we had been regarded as saboteurs and obstructionists prior to the meeting. Afterward they said they felt we had been helpful and well-intentioned, even though our motives had been misunderstood for a long time. The

Security Information

sad part is that such a meeting could have been held a year ago when we also set up a clamor. The slow awakening seems to be characteristic of the breed.

Le document précédent de trois pages fut découvert et envoyé par l'agent S.E.I.G **Taucher**.

Examinons maintenant les découvertes de notre « Delta Team », un groupe d'excellents chercheurs qui ont compulsé énormément d'archives.

A

CONFIDENTIAL INFORMATION
HUSH MOST SECRET

Strictly Confidential Document

"Routes to South America"

Secret Reich Matter!
Minister's Matter

Secret Reich Matter!

Secret Command Matter!

---for the Boss---

Secret Command Matter!

By
The Delta Team
1995

Serial number 2509951

www.sharkhunters.com
page 1 of 12

Page 1 to 35 (white sheets).....................Report

Appendix page 1 to 17 (green sheets).........U-boat locations in Tierra del Fuego

Appendix page 1 to 10 (orange sheets).........High Jump

Appendix page 1 to 5 (yellow sheets).........Brief Compilation of German Agent Itineraries

Appendix..Maps, Photos, etc.

Ce dossier de douze pages a été transmis par l'agent S.E.I.G **Pizzarro**.

Il s'agit d'un membre très compétent et il a dirigé ce groupe de recherche, nous ayant permis de récupérer des documents d'une importance cruciale.

Ce texte soulève pas mal de questions. Nous allons nous efforcer d'y répondre.

Prologue:

If Knight's Cross recipient Navy Lieutenant (S) **Heinrich GARBERS**---who ran agents for the German Abwehr in 1943 in Operation "Mercator 2" to Brazil/Cape Frio, and in 1944 with "Passim 1" [a 16-meter long sailing yacht in] Operation "WOLIN" to Punta Mogades, south [to] La Plata/Argentina for return transfer by freighter of agents---had not left the mystery of a secret German Abwehr rendezvous point behind,

And

if it had not been for the report of

Don Angel Alcasar de Velasco (Report: Conceil de securite Paris)

Case in Point: Don Angel de Velasco allegedly published a lengthy escape report in the U.S. (1995)

And

Had the Hotel "Maison Rouge" in Strassbourg secret meeting on 10 August 1944 not happened, then this secret report would never have been written.

TO REPEAT:

This secret and confidential report has 35 pages and 40 pages [of] appendix.

The content of this report is the result of years of laborious and conscientious research by the DELTA TEAM (tel. # **************). It is hereby expressly prohibited to commercially publish this report, its contents, or parts of its contents. This report offers many surprises and will promote further inquiries. We have deliberately addressed many hitherto unknown details of German history. This report will clear up hitherto surmised facts only by virtue of the reader's [subject] knowledge.

Now according to the clues and evidence:

--The existence of a German Abwehr ocean-surface base in 1944
--The existence of a German Abwehr ocean-surface base until at least 1952

So we're talking about a base of the former Third Reich after 1945!!! Which apparently was supposed to have existed from 1944 (first mentioning) until 1952 (last mentioning). This report follows the trail. (Rep[ort] OSS/CIC/DA/PH/DC and South American sources.)

FROM WHAT WE KNOW TODAY, THE GERMAN ABWEHR BASE COULD HAVE EXISTED IN TIERRA DEL FUEGO--ON CHILEAN TERRITORY-- SOUTH OF THE ADMIRALTY FJORD, SOUTH-EASTERLY OF THE PARRY FJORD, AND NEAR A NARROW, SMALL BUT LONG SECONDARY FJORD, WHICH IS STILL TODAY AN EXTREMELY ISOLATED AND HARD-TO-ACCESS NATURE PRESERVE.

From what we know today, the base could have been activated on orders of Abwehr boss CANARIS as early as 1935 or 1936. Vm (BE) PARLOW officially began working for Ausland Abwehr IV of the OKW (Armed Forces High Command) in September 1939. A German Navy {Vm (BE)} was designated by Abwehr IV in the secret files of operations orders/commando missions for May 1940 in relation to the V-Ship for Tierra del Fuego for the **U-boat locations** in the environs of **Tierra del Fuego**.

The inference was that one could depart from a secret base, in which a pilot from the V-Ship (a Vm) waits, in order to bring the V-Ship to a safe holding point, noted on all extant maps as land. The U-boat locations in Tierra del Fuego, especially CLAERENCE, only makes sense if they had logistics, supplies, pilotage, etc.

The following 5 pages pick up the mystery that HEINRICH GARBERS left behind and analyse the text:

Sources:

Les Voliers Fantomes d'Hitler. Presses de la Cite 1973, Paris, France. Autor Saint-Loup. German Version, translator Ulrich MOHR!
Titel: Die Geisterschiffe Hitlers, (Saint Loup), Publisher: Verlag Delius Klasing & Co. Bielefeld 1975.
{Title: Hitler's Ghost Ships............}

Notes

Historic personages mentioned in this report are referenced only to make history clearer. These people had NOTHING to do with German warships after the end of the war.

Capitulation had brought an end to every activity. The referenced personnel and agents in the OSS/CIA reports are only noted for the indicated wartime period.

All names which are in relation to the escape vessels must be looked up as a rule in the known archives.

In this report are the names until the surrender provided, or rather those missing in the occupation of 1945.

Our Note:

For the translator, Ulrich MOHR may be Dr. Ulrich Mohr, which could be cleared up by certain other information in the German version.
Dr. Ulrich Mohr was stationed on the Tender Ship "Atlantis" as Oberleutnant zur See (d.R), and was promoted in April 1943 to Kapitain Leutnant (d.R) and was since 1942 with the OKM/Skl., Berlin. His mission for "Atlantis" was from November 1939 till January 1942. The fate of "Atlantis" and later also on "Python" and the return of the entire crew by U-boat rescue from the South Atlantic to France is well-known. "Atlantis" also had put into port at the "Kerguelen Islands" U-boat base. The southernmost gravesite of German soldiers still lies to this day near Foundry Bay, [which contains the grave of] the Atlantis-sailor Bernhard Herrmann, who broke his lower leg there and died of an embolism. Dr. Ulrich Mohr published a pictorial documentation in 1944 by John Jahr Verlag, Berlin, which represents a further source after the war in relation to the "Atlantis books."

In the "Atlantis" report to OKM/Berlin, which describes the stay in Kerguelen from December 1940 to January 1941, [it] is referenced here (appendix 1 to 1/Skl. 10284/41 to OKM-AH = Nautical unit under AH-registered under Secret Command Matter 429/1941). Here is also referenced [from] the source: 1. Skl./Berlin, AH-Nautik, from 04 December 1939, secret U-boat base maps.

Before we begin, here's another piece of information on the German agent boats, motor boats:
Sources:

a.) Primary Sources:

--Top Secret Document (Cominch File) F.21...... 75/April 1945/USA
-- OSS Report (CIA) 1945/1946 about the German Abwehr Yolle Operation
-- KTB Abwehr Ausland IV of the OKW 1940-1943
-- KTB of the B.d.U/Doenitz special restricted order/attack ban on sail- and motor-fishing vessels.

b.) Secondary Sources:

--The book of Saint Luop about ghost ships with information on different sail boats and special missions of Garbers.

c.) Seondary Information:

--From Age Nissen in a newspaper article, where he reports about his mission on the motor-boat "Klyoe", after the TWINS cliff near Nolloth/South Africa. (Report of Age Nissen, the painter in the Flensburger Tagblatt. Article: "Ghost Ships, Sugarloaf and Singing Praises of the Fatherland).

Information:

All Abwehr skipper Commanders had orders during ongoing operations not to keep any war diaries. KTB's are therefore not available. Nevertheless, commanders, as a rule Leutnant zur See (S) or Oberleutnant zur See (S) or rather Lt. Z.S.d.R. (S) or OLT z.S.d.R (S) (S=Sonderfuehrer) drew up secret reports about each operation.

This secret report was drafted for the Abwehr Ausland or rather Amt Mil- (Mil-VI.), which in 1944 went directly to the Fuehrer over Chief Kaltenbrunner. The same happened with Garber's report, which reported on his Operation WOLIN to Punta Magates in summer 1944. Garbers received the Knight's Cross for this operation, and in 1943 he received the German Gold Cross for Operation MERCATOR 2 to Cape Frio/Brazil.

Mustering German Motor Boat/Sail Boat Agents:

Operations to:

---South America, Brazil, Argentina, Venezuela, Italy, also OSS-Report for an operation in Chile.
---South Africa, West Africa (Mossamedes/Namibia)
---Ireland
---Planned Canada operation, eventually carried out in 1943
---Planned Panama operation (Reisernte 1945)
---Operations along the Brazilian coast (Operation Reisernte 1 1943/44, postponed to 1944/45, Operation Reisernte 1 = West Coast of Africa).

This had to do with transport trips (freighters), agent transfers back and forth, battle operations i.e. sabotage operations.

The names of hitherto uncovered motor boats/agent ships:

1. Galiana
2. Soizic
3. Maria Magdalena
4. Anni Braz Bihem
5. Carmelita
6. Klyoe
7. Galisan
8. Passim 1
9. KFK-203 verm. Mary
10. KFK-204
11. Ginette 1 (not to be confused with Ginette 2)
12. Santa Barbara -- {rented} Portugese motor boat with ca. 256 BRT (see report in OSS/CIA Report 1945/46)
13. Passim 2 (no longer in service, known as the schooner Prince Adalbert)
14. Vulcano (requisitioned as {Spanish} motor boat in 1945 German fortresses in the Gironde Mouth.
15. Unknown German Abwehr Cutter. September 1943 before Antofagasta/Chile. See the so-called OSS/Antofagasta note with decoded German Abwehr FT to the German Abwehr net LUNA of 30 March 1944 (CG4-4014/913-14) FT.

Thus 15 Abwehr ships are identified up until today (1995), their remainder are still partly unclear to this day.

Because of: German secret base of the Ausland Abwehr
Later: Amt. Mil./Ref. Mil. VI/Ausland Abwehr Berlin 1944/45

Information:
Source: Heinrich Garbers (Lt. (S) z.S) Knight's Cross Holder 1944, received from the hand of the Chief of the SS/SD Abwehr, Dr. Ernst Kaltenbrunner, Obergruppenfuehrer and General of the Waffen SS/Chief of the Rsi Hauptamt Berlin.
While handing over the Knight's Cross to Garbers, Kaltenbrunner spoke of a secret German base. The following is from Garber's book:

"Autumn 1944, probably November. Place: Berlin Fuerstenwalde, Villa in which Kaltenbrunner lived.
Present: Chief of Amt Mil. VI Obergruppenfuehrer Schellenberg, in addition to more officers of the Navy and Kaltenbrunner.
Kaltenbrunner to Garber: "The Fuehrer read your report personally. He admires you. He told me: "These are my kind of men, who are formed in battles on land and in storms on the ocean. They will secure the future of Europe."

---After Garbers offered a short summary of his battle voyages (at the request of Kaltenbrunner), Kaltenbrunner asked Garbers a question---which is of particular interest today:

---Kaltenbrunner asked (according to Garbers notes and {those} laid out in the Saint Loup book) how a small sail boat, as well camouflaged as yours, could have delivered, unnoticed by the enemy, a high-ranking personnel to any given point on the earth?

Garbers answer: "Yes...with a little luck, yes."

Kaltenbrunner: "...and this little sail boat could, for example, even get into a secret area, which is only reachable through a narrow channel?"

Garbers' answer: "Yes, if it had an auxiliary motor."

Kaltenbrunner: "Thank you, Lieutenant, that's all."

Garber left us this enigma of Kaltenbrunner in his Saint Loup book.

Since all the data in the book---after the fact according to the secret OSS/CIC Report of 1944/45, which gives exact information about Passim 1 and Garbers--- **will be confirmed**, Garbers' testimony ought to be correct.

WHY is this secret base being sought only now, 51 years later, i.e. in 1995?

Presently, a report has appeared in the US, which alludes to a statement of a former German counter-espionage officer. This report refers to a secret German base which served as a refugee point after the war and which was allegedly in existence until 1952. Because of the peculiar agreements found in this report, it could have been alluding to the base described here.

Textual Analysis: Kaltenbrunner/Garbers Discussion November 1944:

1) --**Ferrying high-ranking personnel to any point on the globe**---
Analysis: The wording indicates escape...

Since the Kaltenbrunner/Garbers meeting in November 1944 in Berlin-Fuerstenwalde took place, that is after the meeting in the Hotel "Maison Rouge" in Strassburg on 10 August 1944, where the heads of the German armaments and supply industries met **to secure the existence of a new Fourth Reich after the end of the war.** Everyone knew that it was no longer possible to win the war. It is highly probable that the leaders of the Abwehr, perhaps Kaltenbrunner himself, took part in this meeting.

The transfer of assets, licenses, and investments to safe countries was agreed and was, according to the OSS/CIA, set immediately into motion. The countries of refuge for the revival of a Fourth Reich were:

---**Switzerland, Portugal, Spain, Turkey**
---**and South American countries with an emphasis on Argentina**

Sources:
--H.G. Richardi, Sueddeutsche Zeitung 22/23.04.95, page 2, Special page (the entire newspaper page) Title: About the Overseas Rat Lines.

--Schwaebische Zeitung. Article about South American correspondent Carl D. Goerdeler of 06 June 1995, page 3. Title: Only Little Fish Get into the Nazi Hunters' Nets.

This article reports on the transfer of money to South America and the discovery of files, which were found in the archives of the Argentinian Foreign Ministry, which attest to the fact that the former military governments and PERON protected top Nazi refugees. Around 1,000 new names of Nazis who after 1945 were transferred to Argentina could be found in these files. Even German Television briefly reported about the discovery of the files, but said no more. The refugees were German, Flemish collaborators and Croatian personalities, who were working for the Third Reich. PERON was supposed to have received 60 million dollars in currency. A further 40 million was to be distributed to the refugees to facilitate their new lives in South America. The capital, so it was noted (Journalist Gaby Weber), originated from Swiss-Lichtenstein Nazi bank accounts. A great deal has already been written about this. Suffice to say that it was widely known that this was a refugee movement--**and a well-organized one at that**. However, the coordination points were never clearly described, and their headquarters is unknown. There are exceptions for Spain or Portugal and for South American residences. The coordinator for the refugee organization was to have been as of April 1945---when the first refugee movement began---a General/Obergruppenfuehrer WAGNER. He wasn't a General of the Waffen SS, there were Obergruppenfuehrer(s) without this rank.

For the Middle East (Egypt/Syria), the coordinator was Obersturmbannfuehrer (Oberstleutnant) **Franz ROESTEL**. Cover name: **Haddad Said**.
Source: Page 28/114/KTB/1995/Shark.

The refugee organization, known as "ODESSA," was well-known after the war, at the end of the 1940s. Coordination point, Name: **SPINNE** (Spider).
The refugee shelters were in:
---Ostermiething/Salzach (Austria), near the Bavarian village of Tittmoning,
---Zell am See-region and
---Igels (north of Innsbruck).

It is well-known that the refugee organizations ran from Germany through Austria into Italy (with the referenced shelters in Austria) and with further shelters of places, where there were convents. (There are many fabrications and truths in regard to this). Our report only skims the surface.

A total of over 750 ventures were established after the "Maison Rouge" meeting, even through front men in South America. The protocol of secret meetings since 10.08.1944 is, according to information (1995), still in existence.

2) ---without being noticed by the enemy...
Analysis: Points to the fact that the ship must have been underway in enemy-controlled seas and air force zones.

[page 11]

3. ---to any given point on the earth...
Analysis: Shows clearly that the point must have been far from Germany and Europe. Other, better means of refuge are more readily available for all possibilities in Europe or the Middle East. As, for example, even {as far back as the beginning of} May {1945} FW-200 Condor aircraft in the RECHLIN airport north of Berlin could reach the Middle East and Turkey.
The last Condor transports landed, for example, in Barcelona Spain {as late as} **25 April 1945.** (Night flight routes over Salzburg, Alps, Rhonetal, Mittelmeer, Spain).
Adolf H{itler's} pilot and General **BAUR** [correct sp = Bauer] had reserved Condor aircraft in Berlin Gatow for flight operations. These were used for overflights to Plattling, south of Passau, and to Salzburg in the middle of April 1945.
Source: Book of pilot Hans Baur [sp]: Mit Maechtigen Zwischen Himmel und Erde {Between Heaven and Earth with the Most Powerful People} Schuetz Verlag, Coburg. Baur [sp] also reports that the leader of Hitler's Private Chancellery, the younger brother of Bormann, Obergruppenfuehrer **Albert Bormann** left Berlin on 15 April 1945 for Munich. According to testimony from the DOCUMENT CENTER from 1995, Albert Bormann was in the Munich Partei-Zentrale [building] until 30 April 1945 and then disappeared. He has been sought after until today (1995).

The location in question was certainly not in Europe, since the Abwehr would not have needed yawls or sail boats. Even the Mediterranean is ruled out. **Fitting out a sailboat thus indicates a considerable traveling distance, since one can reach a given destination even without fuel, for instance the Pacific, Chile, etc.**

Therefore, one can conclude (analysis) that: Kaltenbrunner thought in the first half of the following sentence:

With an auxiliary-motor-equipped sail boat such as the Abwehr sail boat (like Passim 1, Galiana, Carmelitta, Galisan or the earlier Klyoe), he himself could have, or some other person, go, for instance, from Spain into the ocean, with a skipper like Garbers.
By November 1944, there were such experienced skippers available as:

Garbers
Oberleutnant zur See z.S.d.R. Christian Nissen
Lt. (S) z.S. Brusgatis or
Oberleutnant zur See z.S. d.R. Horn.

Possibly even **Age Nissen**, who however was no longer at this time sailing for the Abwehr and was only on the Klyoe in Twins/Southafrica in 1941.

---to go into the ocean and, disguised as a neutral fishing boat i.e. Spanish, Portuguese, etc., to sail the world's oceans to a final Abwehr base!!!

And now on to the second half of Kaltenbrunner's question to Garbers:

4.)--and this little sail boat could, for example, get into a secret base, which is only reachable through a narrow channel.
Analysis: The most convincing part of the Kaltenbrunner question: The time was November 1944, when a secret base existed somewhere overseas. Only Chile had kept itself neutral or rather silent for the most part. Brasil-Mexico, 1945 even Argentina declared a state of war with Germany. As early as 1941 Peru interned German freighters; and other states like Uruguay refused to help as early as 1939 (the fate of the battleship Graf Spee). Only Chile played fair, and from the many KTB notes of the Abwehr, there are references to the this fair, helpful or neutral, silent behavior.
Therein lies the supposition that the secret base in question is located on Chilean territory.
The development of U-boat places = hideouts, shelters, secret berths, well before the start of the war in Tierra del Fuego, intensifies this supposition.
The altogether established six secret u-boat places in Tierra del Fuego, in addition to four further emergency shelters, isolated anchoring spots in this tangle of islands with thousands of canals and hundreds of large fjords, intensifies this hypothesis.

The reconnaissance and establishment of the U-boat places will be dealt with in the appendixes of this report.

The rumors that surfaced right after the war about a secret German base in the Antarctic, which, based on the German South Pole expedition of January/February 1939, was carried out off Neu-Schwabenland/Antarctica with the "Schwabenland" catapult ship and two Wal-Do J/10 ts seaplanes, arose or rather were spread as part of a worldwide press rumor mill, could have been a well-aimed act of deception.
Someone in South America deliberately spread the Antarctica rumor about a supposed German base in Antarctica, Neu Schwabenland area. (Neu Schwabenland is 70 degrees to 74 degrees South/5 degrees to 16 degrees 30 minutes East. This rumor even made the Americans uneasy, who started the 1946 BYRD expedition "Operation High Jump." The claim was investigated that the "Schwabenland" crew through reconnaissance had left behind. (Thousands of jettisoned arrows/spears, 1.30 meters every 20 kilometers and 1.50 meters to the turning points, all with swastikas, were shot off/thrown out in 1939)
Source: Scientific and aeronautical achievements of the German Antarctic Expedition of 1938/39, published by expedition leader Alfred RITSCHER, captain of the merchant marine and senior civil servant with the Supreme Command of the Berlin Kriegsmarine. Text with maps and sketches appeared in 1943, Koehler & Amelang, Leipzig, Volume 1 with over 300 pages.

The Americans were then in 1946/1947 and 1948 in Neu Schwabenland. The outcome of the additional search is to this day (1995) **off-limits to the public**. Jettisoned arrows were found, with intensive searches from 0 degrees meridian to 20 degrees west, while in reality the German reconnaissance went over 5 degrees west to 16 degrees 30 minutes east. An odd mystery? Why did they search west? Did the whaling boat Suedmeer, which only arrived in Neu Schwabenland in May 1939, perhaps{have} a pair of wooden huts for a West land station there?

And yet, there was certainly no German station; more likely {it was} a diversionary tactic invented by war's end. A diversion from what????????????????????????

Chile:
Tierra del Fuego: There could be something here---about which it will now be reported ---to wit two maps, the Marine Grid Chart with three divisions and the copy of a transparent map (published map) with U-boat base accommodations.

Then on to sentence fragment 4.)--- a secret base = the base is not some kind of empty hiding place, by base we mean equipment, personnel on location, supplies, fuel, provisions for a long time, logistics. Bases in comparison were always with crews and with an FT [sic]-station.
---putting in also means to be somewhere, at the end of a distance of travel, the end of a sea canal. Putting in must mean here to be able to put into a bay, canal [channel], shed, small safe anchorage, etc.
---**which is only reachable through a narrow channel---This is the clearest indication.** The word ONLY, that is, no other possibility, a channel that is narrow, a channel can also be the Tierra del Feugo channel.
The sentence is clear: to put into a secret base, presumably of the German Abwehr... Only through a narrow channel. ---That is, only through a channel [canal], a narrow channel [canal], can the base be reached, and the base is a great distance overseas. It can't be clearer, to be sure it's South America.

Le précédent dossier de douze pages a été découvert et envoyé par l'agent S.E.I.G **Taucher**. Les prochaines pages répondront à certaines interrogations, mais ne manqueront sans aucun doute pas de soulever d'autres questions.

Nous avons déjà fait mention d'Heinrich Garbers. Il était le Capitaine d'un voilier, aux chaloupes clandestines, lors de diverses opérations, y compris l'Opération « *Jolle* », qui signifie « yole » ou chaloupe. Il fut décoré de la Croix des Chevaliers.

Nous avons également fait mention de l'agent espagnol pour le compte des Allemands et le membre de Sharkhunters, **Don Angel Alcazar de**

Velasco (158-1985) qui fut un espion tout au long de la guerre et bien des années plus tard.

Garbers　　　　　**Don Angel**　　　　　**Canaris**

Canaris est aussi mentionné. En 1915, il était un jeune Oberleutnant zur See à bord du Croiseur léger le *Dresden*, le seul bâtiment de l'escadron de l'Amiral Graf Von Spee à survivre à la bataille des Îles Malouines. Au cours de la fuite de ce navire par le Détroit de Magellan vers le Chili, il avait pris soin de noter précisément les ports cachés, puis s'était soustrait à la captivité et avait parcouru les Andes à cheval jusqu'à San Carlos de Bariloche ; avant de rentrer an Allemagne où il intégra les Services de Renseignements allemands. Il devint le Chef de l'Abwehr, mais à cause du fait qu'il était au courant du complot pour tuer Hitler à la Wolfsschanze, et qu'il n'avait pas pris la peine d'avertir le Führer, il fut condamné. Il fut interné dans le camp de prisonniers de Flossenberg et détenu là-bas jusqu'à ce que les Américains se trouvent à deux jours des lieux. Il fut alors déshabillé dans le froid glacial, une corde de piano fut passée autour de son cou et il fut suspendu à un crochet jusqu'à ce qu'il s'étrangle doucement. Son corps nu fut alors jeté dans une fosse enneigée utilisée par les soldats comme urinoir de fortune.

Nous avons fait référence aux nombreux navires secrets qui allaient et venaient pour rejoindre les cachettes secrètes des côtes argentines. Un des sites les plus utilisés, était le petit village de San Antonio Oeste, situé à l'intérieur de la petite baie appelée Calete de los Loros, ou la Baie des Perroquets. Il y avait dans ce village un grand bâtiment pour la

Lahausen Wool Company, une couverture pour le réseau d'espionnage allemand à travers toute l'Amérique du Sud. Pendant des années, les navires et les « Bateaux Noirs » y naviguèrent sans être inquiétés.

Nous avons également évoqué la volonté de *« sécuriser l'existence du Quatrième Reich après la guerre »*. N'était-ce pas l'objectif principal de tous les protagonistes cités ?

Les *« flèches larguées »* furent les marqueurs de frontières placés à partir de l'un des deux hydravions Dornier, appelés les *« Dowal »* ou Dornier Whale (les baleiniers). Ils faisaient partie de l'expédition du Reich en 1939 pour cartographier et revendiquer la Neu Schwabenland du continent Antarctique. Cette flottille expéditionnaire fit escale sur l'île brésilienne de Trindade en rentrant vers le sud, afin d'installer deux tours radio. Les pages suivantes contiennent davantage de photos et d'information à propos de cette expédition. Chaque kilomètre, une *« flèche »*, constituée d'une lance de six pieds de long, avec une Swastika à son sommet et chaque dix kilomètres, une autre *« flèche »* de deux mètres munie d'un drapeau représentant une Swastika étaient lâchées ; tout cela afin de marquer les frontières de la Neu Schwabenland.

Ci-dessus – Schwabenland, le vaisseau catapulte de l'expédition

Ci-dessous – Un des hydravions Dornier en pleine phase de décollage.

Ce groupe expéditionnaire s'arrêta à Trindade pendant quelques temps en 1939 et 1940. Comparons les photos sur la page suivante. À gauche se trouve le plateau où la deuxième tour radio fut construite en 1939 ; il s'agit d'une photo officielle du 3ème Reich. Sur la droite, le même endroit photographié par l'auteur en 2009. L'endroit n'a que peu changé.

Hitler en Argentine

Photo prise en 1939

Photo Prise en 2009

Ci-dessus – la base de Neu Schwabenland

Ci-dessous à gauche – sur le sol   *Ci-dessous à droite – une « flèche »*

Suicide d'Hitler ?

« Encore à ce jour, il est supposé qu'Hitler est mort dans son bunker à Berlin. À ceci je répondrai, probablement pas. Nous savons qu'au cours des derniers jours d'avril, Hanna Reitsch a transporté le Général Ritter Von Greim, le dernier Commandant en Chef de la Luftwaffe, à Berlin. Avec un Fiesler Storch, elle a atterri sur l'Avus (un circuit de courses automobiles) et ils ont rejoint Adolf Hitler. Après la réunion, ils se sont envolés à nouveau.

Le 1er mai 1945, la presse a déclaré : *'Hitler est mort au combat à Berlin, à la tête de ses troupes contre l'Armée russe !'*

Le 2 mai, un Fw-200 atterrissait sur l'aérodrome de Königgratz en Tchécoslovaquie. Il était entouré de gardes spéciaux. Personne ne put approcher l'avion tandis qu'il était ravitaillé en carburant. Me trouvant à une distance de 25 mètres, j'ai tout vu par hasard, car je me trouvais dans leur direction. J'ai aperçu certains des passagers en uniformes bruns circulant autour de l'avion. Puis le Condor a décollé. Plus tard nous avons entendu : *'Des officiers de haut rang de Berlin sont en route pour l'Espagne !'* Je pense qu'Hitler était dans cet avion. »

Note de l'éditeur : C'est exactement ce que nous a écrit notre membre **Baron Georg Von Zirk** (3290-1993), il y a quelques années, dans une lettre. Georg était pilote de bombardier tout au long de la guerre. Il manœuvrait les Heinkel HE 111. Il a survécu à la guerre et a émigré aux États-Unis.

Colonia Dignidad

```
THE NAZI SS AND THE NUMBERS
     Bizarre!  That was my first and only thought since hearing
of a sinister Nazi enclave and transmitter complex hidden deep
in the foothills of the Chilean Andes just south of Santiago!
     Equally bizarre was the statement from a colleague of the
possibility of some German numbers transmissions originating
from this site!  The slight possibility of such a sinister
happening was somewhat reinforced by another source that once
told me that our very own FCC had once stated that some numbers
transmissions (language not identified) originated from this
part of South America!
     This site does exist!  Glen B. Infield describes this site
in Secrets of the SS (Stein and Day).  According to Infield,
Colonia Dignidad (Noble Colony) has an airstrip and a private
communications system to keep in radio contact with a site in
Sieburg, Germany.
     My own phone calls to sources that would be knowledgeable
of such matters provided vague promises of information to come.
These sources readily admitted to knowledge of this secret
complex but would provide no information on the phone.
     And information did arrive some weeks after my original
phone call.  The information, however, was that I should contact
the National Security Agency for information on this noble (?)
colony!  And that's the very thing I intend not to do.  My
intentions, as soon as time allows, are to pursue this bizarre
tale through other sources.
     Is there any truth, any small amount of truth, in the above
numbers statements?
     Well, maybe so and maybe not.  I do know that one source
suddenly became stricken with a severe memory lapse as I pursued
this subject!
     You'll have to agree that this transmitter complex with its
"antenna farm" does not exactly exist to further enhance the
natural beauty of the Chilean foothills.
     I paid scant attention to the words of the man at the FCC
when he suggested I file a Freedom of Information Act Petition
with -- you guessed it -- the NSA to see if they had information
on radio transmissions from this site.  The NSA?  They're the
"existence or nonexistence" of such information is a duly
classified matter people!

                              "Ende"

                              20535
```

Nous avons été informés de l'existence de la Colonie Dignidad il y a quelques années par notre ami et membre de Sharkhunters, **Ingrid Scharfenberg** (3308-à vie-1993). Elle nous expliqua qu'il s'agissait d'un village au Chili ultra sécurisé, fondé par 300 anciens SS. Le village était lourdement armé et gardé – personne n'était autorisé à y pénétrer. L'honneur, l'éthique et l'éducation de l'ancienne Allemagne étaient strictement maintenus en son sein.

Colonia Dignidad (suite)

Nous voyons que les lieux sont bien entretenus – à la manière typiquement allemande, comme nous avons pu le constater lors de nos voyages en Allemagne et en Autriche. Tout est ordonné et bien net.

Cependant, il y a quelques années, au cours du coup d'état chilien où Salvador Allende fut renversé par l'armée sous le commandement d'Augusto Pinochet, de sombres rumeurs se répandirent sur le compte de la Colonia Dignidad.

Il se disait qu'un grand nombre de sympathisants d'Allende étaient emmenés dans la Colonia Dignidad par les partisans de Pinochet – mais qu'ils n'en ressortaient jamais… du moins pas vivants.

À la fin du 20ème siècle, le dirigeant de la Colonia Dignidad, Paul Schäfer, fut accusé d'abus sexuels sur mineurs, environ une vingtaine d'enfants du complexe. Certains pensent que les accusations étaient fondées, d'autres qu'elles ne furent en fait qu'un moyen efficace de le faire disparaître et de briser cette communauté très soudée. Il fut emprisonné et mourut en détention à l'âge de 89 ans.

La Colonia Dignidad fut peu après renommée la Villa Baviera.

Examinons à présent les documents envoyés à Sharkhunters par l'agent S.E.I.G **Rembrandt**.

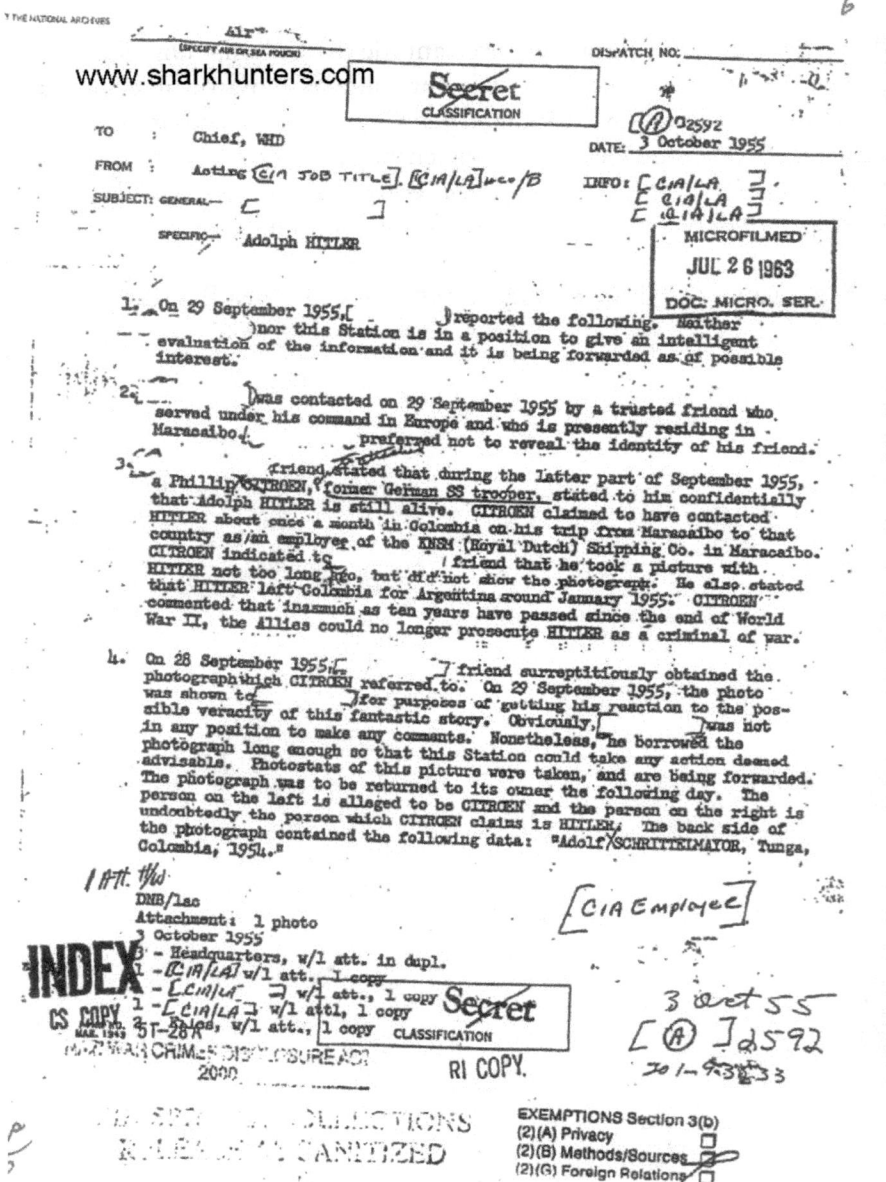

```
                    VIA    AIR
                          (Specify Air or Sea Pouch)         DISPATCH NO. [ (A) ] -1534

                                              SECRET
                                         CLASSIFICATION

         TO     Chief, WHD
                                                DATE      11 October 1955
         FROM   [ CIA JOB TITLE ][ CIA/LA ] WM
                                                Info:  [ CIA/LA ]
                SUBJECT { GENERAL    Operational      [ CIA/LA ]
                        { SPECIFIC   Adolph HITLER

         REF: [ (A) ] 1-2592, 3 October 1955
              [ (A) ] J-472, November 1955

                    If Headquarters desires, through [    ] [CIA/LA] Station can make
              inquiry concerning "Adolph SCHRITTELMAYOR, Tunga, Colombia, 1954."
                                          SCHUTTELMAYER

                                                  - [ CIA Employee ]

              11 October 1955
              Distribution:
                 3 - Washington
                 1 - [ CIA/LA ]
                 1 - [ CIA/LA ]
```

MICROFILMED
JUL 26 1963
DOC. MICRO. SER.

INDEX CS COPY

SECRET
CLASSIFICATION
RI COPY

11 Oct 55
[Admin
Notarius] 1534
30 1-93533

Frame 3

VIA AIR POUCH
(Specify Air or Sea Pouch)
DISPATCH NO. [@]-472

SECRET
CLASSIFICATION

TO: Chief, WH
DATE: 17 October 1955
FROM: [CIA JOB TITLE] [CIA/LA]
INFO: [CIA JOB TITLE]; [CIA/LA]
       [CIA JOB TITLE]; [CIA/LA]
       [CIA JOB TITLE]; [CIA/LA]

SUBJECT: GENERAL— Operational
         SPECIFIC— Adolf Hitler

MICROFILMED
JUL 26 1963
DOC. MICRO. SER.

REF: [@]-2592, 3 October 1955

1. With reference to the information submitted by Station [CIA/LA] concerning the alleged report that Adolf HITLER is still alive, the files of the [CIA/LA] contain similar information received from the same source, who resides in

2. An undated memorandum, believed to have been written in about mid February 1954, reflects that Phillip CITROEN, who was co-owner of the former Maracaibo Times, told a former member of this [CIA/LA] that while he was working for a railroad company in Colombia, he had met an individual who strongly resembled and claimed to be Adolf HITLER. CITROEN claimed to have met this individual at a place called "Residencias Coloniales" in Tunja (Boyaca), Colombia, which is, according to the source, overly populated with former German Nazis. According to CITROEN, the Germans residing in Tunja follow this alleged Adolf HITLER with an "idolatry of the Nazi past, addressing him as 'der Fuhrer' and affording him the Nazi salute and storm-trooper adulation".

3. CITROEN also showed the member of this office a photograph which was taken in Colombia of himself standing next to the alleged HITLER. This photograph was borrowed for a few hours to be reproduced, but unfortunately the negatives were too poor to make copies from. The original was returned to its owner and could not be easily obtained again. Because of this and the apparent fantasy of the report, the information was not submitted at the time it was received.

4. Phillip CITROEN resides in Maracaibo with his brother, Francois, and is reported to be employed with a Dutch steamship company. Francois formerly worked for the Maracaibo Herald, and about two years ago he went into partnership with his brother Phillip and Alexander van DOBBEN, the Dutch Consul in Maracaibo as publishers of an English language newspaper, the Maracaibo Times, which is still in circulation. There is no biographical information presently available on Phillip or Francois CITROEN.

[@]-472 17 Oct COPY SECRET [CIA Employee]
                    CLASSIFICATION 201-93533

NAZI WAR CRIMES DISCLOSURE ACT
2000

SPECIAL COLLECTION
RELEASE AS SANITIZED

Frame 4

OFFICIAL DISPATCH

VIA: AIR (Specify Air or Sea Pouch)

DISPATCH NO.: [@]-1105

CLASSIFICATION: ~~SECRET~~

DATE: NOV. 4 1955

TO: [CIA JOB TITLE], [CIA/LA]
FROM: Chief, WHD
SUBJECT: GENERAL — Operational
SPECIFIC — Adolph Hitler 201-9...

Reference: [@]-1534, 11 October 1955
[@]-2592, 3 October 1955
[@] 7-472, 17 October 1955

1. Headquarters has no objections to Station's passing this information to [ ] but it is felt that enormous efforts could be expended on this matter with remote possibilities of establishing anything concrete. Therefore, we suggest that this matter be dropped.

2. Should the Station pass the information to [ ], correction should be made to Subject's name to SCHUTTELMAYOR and the city to Tunja, Colombia.

28 October 1955

[signed] J. C. KING, C/WH
by [CIA Employee]

Distribution:
3 - [CIA/LA]
1 - [CIA/LA]
1 - [CIA/LA]
1 - WH/I/Chrono
1 - WH/I/Subject
1 - WH/Mailroom

WH/I/[CIA Employee]

[CIA Employee]
[CIA Employee] ACHW

[CIA Employee]
[CIA Employee], C/WH/I

FORM NO. 51-29
JUN 1949

SPECIAL COLLECTIONS
RELEASE AS SANITIZED

Nous avons déjà parlé de **Don Angel Alcazar de Velasco** (158-1985), il est temps d'en savoir davantage sur ce personnage hors du commun. Il fut un agent de renseignements mais selon l'avis général, pas des plus efficaces. Il officia à ses débuts pour le réseau « *TO* » japonais. « *TO* » signifie « *Orient* », mais il se mit bientôt au service des groupes de renseignement allemands.

Don Angel

Edouard VIII

Une de ses premières missions fut de lancer l'Opération « *Willi* » par laquelle il devait gagner l'amitié de l'ancien Roi Edouard VIII (qui était alors le Duc de Windsor) et qui vivait la grande vie à Lisbonne, au Portugal. Le Duc, d'ascendance allemande, déclarait constamment dans la presse que l'Allemagne pouvait gagner la guerre et que l'Angleterre pourrait être forcée de se rendre par l'utilisation intensive des bombardements. Il était devenu une source d'embarras pour le Gouvernement Churchill mais l'ami involontaire de l'Allemagne.

Don Angel avait été chargé de gagner l'amitié de l'ancien roi et de l'inviter, en tant que sportif, à une partie de chasse en Espagne. Une fois là-bas, un commando de la SS//SD le kidnapperait et forcerait le Gouvernement Churchill à faire la paix avec l'Allemagne. Dès les premiers jours de la guerre, Hitler fit plusieurs propositions de paix à l'Angleterre mais toutes furent bloquées par Churchill, pour des raisons mystérieuses. Don Angel échoua dans ses plans – Edouard n'accepta pas son invitation de chasse et l'entière opération capota. Les documents reproduits ci-après contiennent les lettres de Don Angel au Président Fondateur de Sharkhunters, **Harry Cooper** (1-à vie-1983).

Hitler en Argentine

Les quatre pages suivantes sont constituées d'une des premières lettres envoyées par Don Angel.

MEMORIAS DE MIS NAVEGACIONES SUBMARINAS

www.sharkhunters.com   page 1 of 4

No he sido submarinista, aunque por razones de misiones secretas tuve, en la guerra, que valerme de este medio para el camino de la travesía del Canal de la Mancha. No puedo precisar el número de la nave porque en cada viaje le cambiaban el número.

Confieso haber sentido miedo horas antes de cuantas veces me ~~deje~~ embarqué lo que en sí, el acto de embarque constituía el primero de los misterios en todos los viajes. ~~Viajes entre las costas francesas y las inglesas.~~ Lo primero era esperar en sitio, también secreto. Al lanchón en el que salvaba la distancia acuática entre la costa y el lugar en el que el sumergible esperase. . Ya en él, el miedo se convertía en placer. Me sentía liberado de la búsqueda a la que estaba sometido en todas partes.

¿Qué recuerdo me queda (49 años después) del submarino en los años cuarenta, cuando la guerra comenzaba el auge? Mi mejor recuerdo es el de la admiración sentida por el submarinista, sea de la bandera que sea. Al submarino de entonces lo ví como una teoría de circunstancias náutico-sumersivas en las que se conjugan los factores científicos más esenciales en cuanto al secreto maravilloso de operar jugando a la zorrería del ocultismo. Aunque yo en los "U" he navegado únicamente coque ver con la navegación, llegué a ser parte de todo sin saber de ello nada.

Memorizar sobre mis viajes submarinos, por lógica tiene porte diferente al de los nautas responsables de su suerte. Mi recuerdo se reduce a los azares de lo imprevisto. Los efectos de sumersión eran anímicos. No temía lo que me pudiese acontecer, sentía el acontecimiento. ¡Qué experiencia! Mi condición de agente secreto debía de imponerles a los oficiales cierto respeto admirativo en nada menor al que yo sentía hacia ellos. En tres ocasiones, cedido el periscopio por el comandante, vi caer cargueros enemigos en los que los torpedos alemanes hacín blanco. No hay un espectáculo tan bello como ese de partir (por la mitad) la nave enemiga y ver caer las dos partes lentamente burbujeando perlas de aire.

En mi último viaje a bordo de un "U" -el de más rememoranza histórico- lo tomé con Martín Borman (Coig) frente a la ría de Arosa (Pontevedra, España) y acabó en Patagonia (Argentina). Fue una travesía de la que no esperaba llegar. Hablé de esto varias veces con Borman cuando la nave, cansada, daba señales de no poder seguir. Me aguanté el miedo con apariencia de no sentirlo. Experimenté diferentes tipos de zozobra, la de la sumersión inm-ediata violenta ante el vuelo de aviones que rutinariamente salían a husmear avistamientos de cualquier barco sospechoso. Zozobra ante las malas noticias originadas por la "salud" de las pilas del submarino carente de reconocimiento técnico y reparación desde hacía meses. Y frente a las frías costas del sur argentino en el que el tráfico de distintos barcos de guerra buscaban en la Antártida su última andadura. Fue allí, en la Antártida A donde los cerebros de la sociedad Tule se fueron a reunir para, con sosiego, estudiar las otras causas de la derrota, las desconocideas por casi todas las criaturas de la tierra menos por el almirante Byrd, quien en el año 46, a bordo de la nave capitana Mount Olympus se encaminó (el 2 de diciembre de 1946) con una copiosa flota de la armada americana al continente helado y, según las declaraciones del ALMIRANTE EN Santiago de Chile al diario "El Mercurio" (7 de julio del 47) "El Polo se encuentra entre nosotros y nuestros enemigos". Todo viene a decirnos que la declaración del almirante Dönith "El mando está en el paraiso inexpugnable en algún lugar de la tierra" no cayó en saco roto. Byrd sabía en donde estaba ese lugar y quienes habían llegado a él. Años más tarde me forcé por descubrir el informe que Byrd entregó al sobre aquel misterio. Presidente de EE.UU.. Y No lo logré. Tampoco supe quienes conocieron el documento más importante de la guerra.

Es posible que en COOPER ENTERPRISSE, algún día, en un libro copioso, demos cuenta detallada de lo que hoy es pequeñísimo "comprimido".

Ya en el desembarcadero nos recibió mi amigo "Bover", ALEMAN Y DE "TO" UNO DE LOS SERVICIOS JAPONESES agente del Abwehr en el cono sur y dos señores alemanes a los que ni Martín ni yo habíamos visto antes. Dieron la consigna CONSIGNA QUE EL PROPIO BOVER NO CONOCIA identificadora. Nos abrazamos. En ellos se reflejaba el temor VIVIDO EN LAS ULTIMAS HORAS CUANDO a lo peor. El contacto radiofónico con nosotros se interrumpía frecuentemente debido al mal estado de la nave. Se subsanaba con chapuzas.

Tras una emocionante despedida de la tripulación (un ofi-

EL Grupo BORMAN-BOVER y...

```
cial de segundo rango lloró). ▬▬ (partieron hacia no sé dón-
de y yo continué ▬▬ ▬▬ Buenos Aires por mis propios medios.
                  A    A
Unos días después la prensa bonaerense dió cumplida cuenta de
que un submarino alemán, desvencijado y sin poderse valer, fren-
te al Plata, lo abandonó la tripulación entregándose a las au-
toridades argentinas.
```

En voici à présent la traduction effectuée par **Norberto Feradez** (3796-1994) :

« Je n'ai jamais été un sous-marinier, bien qu'en raison de certaines missions secrètes effectuées pendant la guerre je me sois servi de ce moyen pour traverser la Manche. Je ne saurais préciser les numéros de bâtiments qui furent utilisés parce qu'à chacun de mes voyages l'immatriculation changeait.

J'admets avoir eu peur dans les heures précédant chacune de mes traversées, ce qui en soi était le premier mystère de tous mes voyages. Essentiellement des trajets entre les côtes anglaises et françaises. D'abord, je devais attendre dans des endroits secrets le navire qui me permettrait de parcourir en sécurité la distance entre la rive et le lieu où le sous-marin stationnait. Une fois à bord, la peur se muait en plaisir. Je me sentais libéré de la surveillance à laquelle j'étais astreint partout ailleurs.

Quel souvenir ais-je après 49 ans (il nous fit parvenir ce courrier dans les années 1980) des U-Boote au début des années 1940, lorsque la guerre commença à se répandre ? Mon meilleur souvenir est l'admiration que j'éprouvais pour l'équipage des sous-marins, quel que soit le drapeau sous lequel ils opéraient. Je considérais les sous-marins de cette époque comme une technologie de circonstance dont les facteurs scientifiques étaient indispensables au merveilleux secret de la guerre occulte à laquelle nous nous livrions. Malgré le fait que j'avais déjà navigué dans des « U » comme « envoyé » ou « transféré » pour récupérer un bagage, je faisais partie de leur monde, bien que ne connaissant pas grand-chose de leur mode de fonctionnement.

Mes souvenirs des traversées en sous-marins, sont intégralement différents de ceux qui tenaient mon destin entre leurs mains. Mes souvenirs se limitent aux évènements imprévisibles. Les effets de la plongée me mettaient plutôt de bonne humeur. Je n'éprouvais pas la moindre peur de ce qui pouvait m'arriver. Je vivais le moment. Quelle expérience ! Ma fonction d'agent secret impressionnait sûrement les officiers du sous-marin, qui avait pour moi la même admiration que celle que j'éprouvais à leur égard. Trois fois le Commandant me laissa prendre le contrôle du périscope, et j'assistai au naufrage d'un cargo ennemi sous les torpilles allemandes. Il n'y a pas de plus beau spectacle que celui-ci, de voir un vaisseau ennemi coupé en deux, ces deux parties s'enfonçant lentement au milieu de bulles en forme de perles !

Lors de mon dernier voyage à bord d'un « U », le plus historiquement remarquable, j'embarquai avec Martin Bormann depuis l'Estuaire d'Arosa (dans la province de Pontevedra, Espagne). Je m'attendais à ce que ce voyage soit sans retour. Je m'en ouvris à Bormann plusieurs fois lorsque le vaisseau montrant des signes de faiblesse, semblait incapable de continuer. Je contins ma peur. Je ressentis différents type d'inquiétudes :

- La crainte d'un soudain crash en profondeur en présence d'un avion effectuant un vol de routine à la recherche d'un vaisseau suspect ;
- La détresse à l'annonce d'une mauvaise nouvelle concernant les batteries du sous-marin.
- La peur que le navire ait manqué de maintenance et de réparations depuis des mois.
- Et l'appréhension des rives Sud d'Argentine où beaucoup de navires trouvèrent en Antarctique leur dernier voyage.

Ce fut là, en Antarctique, que les dirigeants de la Société de Thulé se réunirent pour étudier attentivement les causes de la défaite, à l'insu de tous, excepté de l'Amiral Byrd, qui le 2 décembre 1946 à bord du vaisseau amiral *USS Mount Olympus* avait pris la mer accompagné d'un commando spécial de l'US Navy, vers le continent gelé et, justifiant son intervention dans un article du journal « *El Mercurio* » de Santiago du Chili (7 juillet 1947) s'intitulant *'Le Pôle se tient entre nous et nos ennemis'*.

Tout ceci signifie que la déclaration de l'Amiral Dönitz : *'Le commandement est situé au sein d'un paradis imprenable quelque part sur la Terre'* n'était aucunement une parole en l'air. Byrd savait où se trouvait cet endroit et qui y était réfugié. Des années plus tard, j'ai tenté de trouver le dossier que Byrd avait transmis au Président ▮▮▮▮ au sujet de ce mystère, mais je ne parvins pas à l'obtenir. J'ai échoué aussi à déterminer qui étaient ceux qui connaissaient le contenu de ce document, le plus important de toute la guerre.

Il est possible que nous puissions un jour, grâce aux efforts de votre organisation (Sharkhunters de Cooper), révéler dans un grand livre ce qui nous est ici strictement interdit.

À notre débarquement, nous fûmes reçus par mon ami *'Bover'*, un agent de l'Abwehr allemande et du réseau 'TO', un des services de renseignement japonais, et par deux Allemands que ni moi ni Martin ne connaissions. Ils nous communiquèrent le mot clef (que même *Bover* ne connaissait pas) et nous nous sommes tous conformés à leurs exigences. Ils témoignaient de la peur du pire qu'ils venaient d'éprouver ces dernières heures. Le contact radio avec nous était fréquemment perdu, à cause du mauvais état du bateau. Il avait été réparé de manière hâtive.

Après un adieu émouvant de la part de l'équipage (un sous-officier a même sangloté), le groupe Bormann-Bover s'est mis en route pour un endroit inconnu, et je fis le reste du trajet vers Buenos Aires tout seul. Quelques jours plus tard, la presse de Buenos Aires publia des détails sur un sous-marin allemand, endommagé et hors d'usage, qui avait été abandonné par son équipage à La Plata, en se rendant aux autorités argentines. »

Note de l'éditeur : Lorsque Don Angel cite le Großadmiral Karl Dönitz, en faisant usage du terme *« le commandement »*, il se réfère au Gouvernement du Troisième Reich en exil. Dönitz avait une fois déclaré (en 1944), que la Kriegsmarine avait trouvé une *'forteresse imprenable pour le paradis du Führer'*. Nous pensons qu'il parlait du petit village de San Carlos de Bariloche, car avec l'aide de Juan Perón, rien ni personne ne pouvait approcher ces gens.

Dönitz

Perón

Encore une lettre de Don Angel.

ANGEL ALCAZAR DE VELASCO

Madrid - 12 - 11 - 87

Cooper Enterprises
P.O.Box 537
Fox Lake, Il 60020
USA

Querido amigo Cooper:

Gracias por la mención que de mí hace usted en el K T B 44.

Creo de primordial importancia aclarar que por error de traducción o mal entendido, ha dicho usted que yo llevé a Argentina a Eichmann. No fue así. No he dicho eso nunca. Al único nazi que llevé a la Argentina, fue a Martin Borman (judio circunciso aunque fuera nazi). Eichmann (igualmente judío) me vino a visitar a Madrid mandado por un cura. Me mostró Eichmann un pasaporte o salvoconducto expedido por el Vaticano. La atendí durante cuatro días. Después desapareció sin dejar rastro. Un mes más tarde vino Martin Borman y ya le ha dicho cómo se desarrolló el viaje.

Los datos que tengo respecto a MENGELE (también judío) coinciden con lo publicado en la prensa. En Asunción (Paraguay) un conocido en el año 63 me dijo que sabía dónde estaba, que si quería verle él me llevaría al lugar en el que se escondíA. Me negué porque estaba seguro de que se me seguiaN. Nunca he visto a Mengele. Aquel año, el servicio de Inteligencia israelí, a través de uno de sus agentes, el señor Casasola, en Madrid -todavia vive- , me propuso que yo le fuese a buscar. No lo acepté.

En cuanto a KLAUS BARBIE lo conocí en París a finales del 42. Fue con motivo de la condecoración que Petain concedió al hoy presidente de la República Francesa, señor Miterrand. La condecoración se llama "Federica" concedida a la "Lealtad acrisolada". Miterrand publicó muchos artículos en un semanario mostrándose gran amigo del Gobierno de Vichi.

A BARBIE le vi en La Paz, en el año 73. Era entonces Agente del CIA y se movía sin ningún obstáculo.

De otros nazis no recuerdo nada. En el año 65 fui a Gabón porque en la Leprosería de Lambarené había dos alemanes

```
custodiados por el doctor Albert Schweitzer, Premio Nobel, y com-
probé que cuando murió Schweitzer los dos alemanes partieron
para la Patagonia chilena, según me informaron.

        Repito: yo no llevé a Eichmann a la Patagonia Argentina.
Tampoco sé cómo llegó allí.

        Me parece muy bien, señor Cooper, que usted venga para
julio. Le estoy esperando. Mientras, reciba un fuerte abrazo

                                    Angel Alcázar de Velasco
```

En voici la traduction, grâce aux efforts de **Norberto Feradez** (3796-1994) :

« Mon cher ami Cooper,
Merci de m'avoir mentionné dans votre bulletin KTB #44. Je pense qu'il est important de clarifier que suite à une erreur de traduction, ou une incompréhension, vous avez déclaré que j'avais amené Eichmann en Argentine. Ce n'est pas du tout le cas. Le seul Nazi que j'ai amené en Argentine était Martin Bormann (un Juif circoncis bien que Nazi). Eichmann (également Juif) m'a rendu visite à Madrid, envoyé par un prêtre. Il m'a montré un passeport ou un sauf-conduit délivré par le Vatican. Je suis resté à ses côtés pendant quatre jours. Puis il a disparu sans laisser de trace. Un mois plus tard, je recevais la visite de Martin Bormann et je vous ai déjà conté la manière dont le voyage s'est déroulé.

Bormann **Eichmann** **Barbie**

Les informations dont je dispose au sujet de Mengele (également Juif) ne correspondent pas à celles publiées par les journaux. À Asunción (au Paraguay), un de mes amis m'a raconté en 1963, qu'il savait où il se trouvait et que si je souhaitais le voir, il me conduirait là où il se cachait. J'ai refusé son offre parce que j'étais certain à ce moment-là d'être suivi. Je n'ai jamais rencontré Mengele. La même année, le Mossad (les services secrets israéliens), à travers l'un de ses agents à Madrid, M. Casasola (qui est toujours en vie) m'a proposé de partir à sa recherche. Je lui ai dit non.

Concernant Klaus Barbie, je l'ai connu à Paris à la fin de 1942. C'était lorsque Pétain a décoré l'actuel Président de la République Française – M. Mitterrand. La médaille de la *Francisque* est décernée en récompense de *'loyauté sans faille'* au régime de Vichy. Mitterrand publiait à l'époque beaucoup d'articles dans un hebdomadaire, lui-même se montrant un grand ami du Gouvernement de Vichy. J'ai rencontré Barbie à La Paz en 1973. Il était alors un agent de la CIA et se déplaçait sans problème.

Je ne me souviens pas des autres Nazis. En 1965, je me suis rendu au Gabon parce que deux Allemands étaient abrités par le Dr. Albert Schweitzer, le prix Nobel, dans la léproserie de Lambaréné. Je fus informé à la mort de Schweitzer que les deux Allemands étaient partis pour le Chili, en Patagonie.

Je répète : Je n'ai pas transporté Eichmann en Argentine. Je ne sais pas comment il est arrivé là-bas.

Je suis très heureux que vous veniez me rendre visite en juillet, Mr. Cooper. Je vous attends. En attendant, acceptez mes plus chaleureuses salutations.

Note de l'éditeur : bien que cela ne soit pas très bien vu de « *dévoiler* » ceux qui occupent de hautes fonctions, François Mitterrand fut en fait un collaborateur de l'Allemagne.

Il est de notoriété publique que le contact de Klaus Barbie au sein de la CIA était Pierre Salinger qui devint plus tard l'attaché de presse du Président John F. Kennedy.

ANGEL ALCAZAR DE VELASCO

Madrid, 12 - 2 -88

Sr. D. Harry Cooper
SHARKHUNTERS
TAMPA, Florida
USA 33622-1776

Querido amigo:
              Recibí su carta del 13 - 1 - 88 y me place darle
la enhorabuena por la última interpretación de mis notas en cartas
anteriores respecto a Eigman. Sí, amigo Cooper, la interpretación
que ahora ha hecho es más justa. El viaje de Adolfo Eichman a Argentina nada tuvo que ver con el de Borman ni supe cómo lo hizo.
Tampoco fue mi huésped. Nunca supe en dónde se hospedó en Madrid
ni quise averiguarlo. No obstante, por el análisis que hice de
nuestras conversaciones deduje que estaba hospedado secretamente
en uno de los colegios de una Órden religiosa, sita en el barrio
Salamanca de Madrid (no se lo pregunté por parecerme inelegante
y porque lógicamente desconfiaba de todos). Me llamaba todas las
mañanas sobre las doce de la mañana y nos citábamos en distintos
lugares. Dos veces vino a mi casa y almorzábamos a la hora acos-
tumbrada en España: dos de la tarde en distintos restaurantes.
Una anécdota muy importante: le invité a ver una corrida de toros
y me dijo que no le gustaba ver la muerte de un animal. No quiso
ir.

              Todo esto sucedió antes de que hiciésemos Borman
y yo la travesía a la Patagonia, a Coig. Durante el viaje no
hablamos una palabra sobre Adolfo que, como le tengo dicho, señor Harry, llevaba documentación vaticana.

              El tercero y cuarto puntos de su carta 13 - 1-88-
son totalmente correctos.

              No obstante, el que yo conociera a Klaus Barbie en París, en
el año 42, no quiere decir que todas sus actividades. Me lo pre-
sentó un capitán de SS y me dijo que Barbie se dedicaba a per-
seguir terroristas. La entrevista de mi amigo con Barbie obede-
ció a la voladura de tres partes de conducción eléctrica. Nada más
supe.

              Barbie ha trabajado en Bolivia y otros paises suda-
mericanos con CIA durante treinta años y fue él quien mayor papel
desempeñó en reducir y acabar con "Che" Guevara. Su trato con di-
versos judíos era normal.

              Borman murió en el año 78 y Menguele en 81. Con el
último nunca tuve contacto. Usted sabe que Menguele era judío de
raza (como Borman) circunciso y que esto le obligó a precauciones
máximas. Yo supe en Paraguay que le protegieron durante un tiempo
judíos de espíritu nacionalsocialista, enemigos del sionismo, co-

C/. IBIZA, 1 - BAJO D
TELF 273 97 42 - MADRID-9

mo sucede con la palabra "nazi" que es judeo-askernazi y no alemana. Los judíos se la han aplicado al nacionalsocialismo y es una más de sus históricas tergiversaciones, con lo que muchos judíos no están conformes. Borman, que era de origen sefardita, explicaba así lo de llamarles nazis. Rabiaba escuchando la palabra nazi aplicada al nacionalsocialismo.

No sé si podré unirme a usted y la Comisión de la próxima Convención. Sin embargo, seguro que en Madrid nos daremos un buen abrazo y hablaremos. Le presentaré a un joven amigo con idéntico pensamiento al nuestro, que habla muy bien alemán, inglés, francés y por analogía italiano y portugués.

No, el nombre del submarino que desde la desembocadura de la ría de Arosa (España) fuimos a la Patagonia (Argentina) nunca supe cual fue realmente. Cuando embarcamos, me parece recordar -nada cierto porque me bailan los números en la memoria- que el número era el U-313 pero el comandante me dijo que era número "clave. Sé sí, que al pasar por la latitud de Dakar, muy al Este mar adentro se cambió la cifra y se volvió a cambiar nuevamente en aguas de la costa suramericana. Nunca pregunté por los nuevos números. El número con el que se inutilizó frente al Plata, el último que tuvo, lo publicó toda la prensa, especialmente la argentina y uruguaya. Es fácil buscarlo en las hemerotecas de aquellas fechas. Pero, repito: ninguno de los números se asemejaba al suyo. Recuerdo ahora que el comandante me dijo que los dos últimos años de la guerra él estuvo con el submarino por aquellos mares. Conocía muy bien las aguas suratlánticas.

Celebro que ahora viva en Tampa. Pero tenga cuidado a quien le da a traducir. En Tampa son muchos los cubanos que "hablan español" pero poquísimos los que entienden mi prosodia y sintáxis, son personas de lenguaje casero.

Un abrazo

Angel Alcázar de Velasco

La traduction de **Norberto Feradez (3796-1994)** :

« Cher ami,
J'ai reçu votre lettre du 13 janvier 1988, et je suis heureux de pouvoir vous annoncer la bonne nouvelle. La dernière interprétation de mes notes était correcte concernant les lettres que je vous avais envoyées à propos d'Eichmann. Oui, mon ami Cooper, l'interprétation que vous en avez faite, n'est pas exacte. Le voyage d'Adolf Eichmann en Argentine n'a rien à voir avec celui de Bormann, et j'ignore comment il s'est organisé. Il n'était pas sous ma responsabilité. Je n'ai jamais su où il vivait à Madrid, et je n'ai jamais osé le lui demander. Néanmoins, par

recoupement à l'aide de nos conversations, j'en déduis qu'il habitait dans un collège secret, au sein d'un ordre religieux situé dans les environs, à Salamanca de Madrid. (Je ne le lui ai jamais demandé parce que je pensais que c'était impoli, et logiquement il ne faisait confiance à personne.) Il m'appelait tous les matins aux environs de midi, et nous nous donnions toujours rendez-vous dans des endroits différents. À deux reprises, il s'est présenté chez moi et nous avons déjeuné dans différents restaurants aux heures en vigueur à Madrid, deux heures de l'après-midi.

Une information très importante – je l'ai invité à assister à une corrida et il a refusé m'avouant qu'il ne supportait pas de voir un animal mourir. Tout ceci s'est passé avant que Bormann et moi embarquions pour la Patagonie. Au cours de notre voyage (Don Angel et Bormann), nous n'avons pas du tout parlé d'Eichmann. Comme je vous l'ai dit dans un autre courrier, Harry, il portait des papiers délivrés par le Vatican.

Les troisième et quatrième points de votre lettre du 13 sont totalement corrects.

Toutefois, le fait que j'ai connu Klaus Barbie à Paris en 1942, ne signifie pas que j'étais au courant de toutes ses activités. Il m'avait présenté à un Commandant SS qui m'avait expliqué que Barbie était chargé de persécuter les terroristes. L'entretien accordé à l'un de mes amis par Barbie s'était soldé par l'explosion (à la dynamite) de toute une installation électrique. Je n'ai jamais appris autre chose à son sujet.

Barbie a travaillé pour la CIA en Bolivie et au sein d'autres pays sud-américains, pendant 30 ans et ce fut lui qui fut l'un des principaux responsables de l'élimination du « *Che* » Guevara. Ses relations avec plusieurs Juifs étaient tout à fait normales.

Bormann est mort en 1978 et Mengele en 1981. Je n'ai jamais eu aucun contact avec Mengele. Vous savez que Mengele était Juif (tout comme Bormann). Il était circoncis et cela lui demandait de prendre des précautions maximum. Je savais qu'il fut protégé au Paraguay pendant quelques temps par des Juifs partisans du National-Socialisme, ennemis des Sionistes. Les Juifs ont participé au National-Socialisme et c'est encore un des grands mensonges de l'histoire, avec lequel beaucoup

Juifs ne sont pas d'accord. Bormann se mettait toujours en colère lorsque le terme « Nazi » était appliqué à une nationalité.

Je ne suis pas certain de pouvoir vous rencontrer à la prochaine convention ; néanmoins je suis sûr que nous nous verrons à Madrid où nous pourrons parler. On m'a présenté un jeune ami partisan de la même idéologie, qui parle un très bon allemand, mais aussi anglais, français et a des notions d'italien et de portugais.

Non, je ne saurais estimer le nombre de sous-marins qui sortaient de Ria de Arosas (une baie)… lorsque nous sommes arrivés sur la côte patagonienne de l'Argentine. Lorsque nous avons pénétré dans le sous-marin, il me semble avoir repéré le numéro U-313. (Je n'en suis pas certain, parce les numéros dansent un peu dans mes souvenirs) Mais le Commandant m'indiqua qu'il s'agissait d'un numéro de code. Lorsque nous avons traversé la latitude de Dakar, loin vers l'est, en pleine mer, ils ont changé le numéro… et il fut à nouveau changé lorsque nous nous approchâmes des eaux Sud-Américaines. Je n'ai jamais demandé le nouveau numéro, celui qui a été utilisé à La Plata, en Argentine. Ce dernier fut repris dans la presse, tout spécialement en Argentine et en Uruguay. Il est facile de le trouver dans les archives de cette année-là. Mais, je le répète, aucun de ces numéros n'est proche des tiens (Cooper lui a demandé au sujet des *U-530* et *U-977*). Je me souviens à présent que le Commandant m'avait dit que pendant les deux dernières années de la guerre, il se trouvait à bord d'un sous-marin dans les eaux Sud-Américaines. Il les connaissait bien.

Je suis heureux que vous séjourniez à Tampa. Soyez vigilant au sujet de la traduction de cette lettre. À Tampa il y a beaucoup de Cubains qui parlent espagnol mais peu qui en comprennent toutes les subtilités.

Une accolade,
(Signature)

Note de l'éditeur : Une anecdote intéressante. Il y a quelques années, je me trouvais intégré au conseil de classe de l'école fréquentée par mon fils et un autre parent membre était une mère originaire de Colombie. Lorsqu'elle apprit que je faisais des recherches concernant le Troisième Reich en Amérique du Sud, elle me confia que son père prenait son café tous les jours avec plusieurs amis, y compris un

Allemand. Un jour l'Allemand en question ne se présenta pas pour le café et ils apprirent qu'il avait été arrêté. Lorsqu'elle me donna les dates et les détails, je l'informai que le compagnon de café de son père, n'était autre que Klaus Barbie.

Buscan 2 submarinos nazis

HABRIAN ENCALLADO EN LA COSTA DE RIO NEGRO DESPUES DE LA GUERRA

La Prefectura Naval comenzó ayer el rastrillaje de dos presuntos submarinos nazis que habrían encallado en un lejano punto del Atlántico sur un mes después de finalizada la Segunda Guerra Mundial. El inicio de la búsqueda coincidió con el testimonio de una testigo, quien dijo que vio a las naves desde la ventana de su casa.

Un guardacostas se ha estacionado en las cercanías de la "Caleta de los Loros", unos 140 kilómetros al sudoeste de Viedma, capital de Río Negro. Dos buzos del Instituto de Biología Marina "Almirante Storni" comenzaron las primeras inmersiones poco después de las cuatro de la tarde.

Los buzos —Luis "Tony" Brochado y Sandro Acosta— realizarán su trabajo con dos cabos de 30 metros de largo atados a dos botes inflables con poderosos motores fuera de borda. La intención es "peinar" el fondo de la caleta. "Si las condiciones del tiempo nos ayudan, es probable que mañana (por hoy) tengamos alguna pista como para saber si en este lugar hay algo sumergido", pronosticó Brochado.

El piloto civil Mario Chironi, quien dijo que a mediados de la década del cincuenta pudo ver desde el aire los restos de una nave, también participa de la búsqueda, prestando apoyo aéreo a los buzos. "La superficie por rastrillar se puede estimar en unas diez hectáreas, con seis u ocho metros de profundidad en bajamar", apuntó Brochado.

Una mujer de 80 años, Gisella Boche de Paesani, dijo ayer que "al final de la guerra" vio a una nave desde la ventana de su casa, que se encuentra frente a las costas del Atlántico sur. "Era media mañana, entre las nueve y las diez. Yo estaba tejiendo, pero dejé un momento las agujas para acercarme a la ventana y mirar para afuera, porque tenía la vista cansada. Fue entonces cuando vi al submarino en la Caleta de los Loros", dijo la anciana.

La testigo señaló, también, que relacionó a la nave con el submarino nazi porque había "escuchado por la radio que andaban por aquí barcos alemanes".

La señora de Paesani agregó: "El submarino desapareció y después pasó un avión, así que supuse que lo estaban buscando".

La "Caleta de los Loros" está ubicada dentro del golfo San Matías. En el lugar sólo vive un guardafauna. La zona está considerada "reserva natural", y no existe ninguna comodidad para el turismo.

Ici, une fois de plus grâce à **Norberto Feradez** (3796-1994), se trouve la traduction de l'article reproduit en page précédente. Il provient du journal *« Informacion General »* du dimanche 24 novembre 1996.

À la recherche de deux sous-marins nazis.

La marine a déclaré hier rechercher deux sous-marins nazis que certains pensent s'être échoués dans un lieu reculé de l'Atlantique Sud un mois après la fin de la Seconde Guerre mondiale. Le début des recherches a coïncidé avec le témoignage d'un témoin ayant signalé qu'elle avait vu les vaisseaux depuis la fenêtre de sa maison.

Un navire des gardes côtes mouille à présent près de l'entrée connue sous le nom de 'Caleta de los Loros', située à approximativement 140 kilomètres au sud-ouest de Viedma, la capitale du Rio Negro. Deux plongeurs de l'Institut de Biologie Marine, *'l'Almitante Storni'*, ont commencé les exercices de reconnaissance après quatre heures de l'après-midi.

Les plongeur Luis 'Tony' Brochado et Sandro Acosta conduiront des recherches à l'aide de deux câbles d'environ 30 mètres chacun, sécurisés par deux bateau gonflables équipés de puissants moteurs. L'objectif de la mission est de ratisser minutieusement le fond de la passe.

« Si les conditions météo restent favorables, il est possible que d'ici demain nous ayant un aperçu de ce qui gît au fond de l'océan à cet endroit. », a commenté Brochado.

Le pilote Mario Chironi, qui prétend avoir vu, en volant au-dessus de la zone dans les années 1950, les restes d'un vaisseau, participe également aux recherches, fournissant une assistance aérienne aux plongeurs.

'Nous estimons que la surface de la zone à ratisser fait aproximativement dix hectares sur une profondeur de six à huit mètres à marée basse', a précisé Brachado.

Une femme du nom de Gisella Boche de Paesani, âgée de 80 ans, a déclaré hier qu'à la fin de la Seconde Guerre mondiale, elle avait remarqué un vaisseau depuis la fenêtre de sa maison, qui est située en face de la côte Sud-Atlantique.

'C'était le matin, entre 9 et 10 heures. J'étais en train de tricoter lorsque j'ai posé mes aiguilles pendant quelques minutes et me suis approché de la fenêtre pour regarder à l'extérieur et reposer mes yeux un moment. C'est alors que j'ai vu un sous-marin dans la zone connue sous le nom de 'La Caleta de los Loros' ; a déclaré la vieille dame.

Le témoin a également déclaré qu'elle avait fait la relation avec les sous-marins nazis parce que le matin même, elle avait entendu à la radio qu'un vaisseau allemand patrouillait dans les environs. Mme Paesani a ajouté : *'Le sous-marin a disparu et plus tard un avion a survolé l'endroit, alors j'ai pensé qu'il devait être à la recherche du bateau.'*

La zone connue sous le nom de 'La Caleta de los Loros' est située dans le golfe de San Matias. Seul un garde forestier vit là-bas. La région est considérée comme une 'réserve naturelle' et n'est pas aménagée pour les touristes. »

Note de l'éditeur : Lorsque cette histoire est sortie dans la presse, j'ai été contactée par quelqu'un qui devait par la suite devenir un membre de Sharkhunters et un ami personnel, le Capitaine de Corvette (de la marine argentine), le Dr. **Eduardo Gerding** (6895-2004). Il me transmit donc l'information. J'appelai immédiatement un amiral argentin pour l'interroger à ce sujet. L'amiral ne cessa de me répéter constamment qu'il s'agissait d'un secret. Je lui expliquai qu'il n'y avait rien de vraiment secret pour ce qui semblait n'être qu'un U-Boot allemand de type VII-C. Il ne voulut rien savoir – pendant une semaine entière, mes appels étaient reçus de la sorte : « *C'est top secret, señor Cooper !* » Mais j'insistai et après la première semaine, sa réponse se modifia quelque peu.

« *Quel sous-marin allemand, señor Cooper ?* » C'est à peu près tout ce que j'en pus tirer. Il était évident que quelque chose était en train de se passer et une tentative de dissimulation était en œuvre. Étant aux USA et l'amiral en Argentine, il ne me fut pas possible de le rencontrer face à face, ni d'investiguer davantage – du moins pas en 1996, mais plus tard…

ÁMBITO FINANCIERO — 14 ENE 1997 — **DIPRE**

SECCION
PAGINA /19

SECCION
PAGINA

SECCION
PAGINA

Documentos de la fuerza demuestran presencia de buques alemanes en 1945

ARMADA CONFIRMO QUE HUBO SUBMARINOS NAZIS EN EL SUR

Escribe
Abel Basti

San Carlos de Bariloche - Finalmente, el presidente de la Nación, Carlos Menem, cumplió su palabra empeñada hace un mes en El Bolsón y la Armada Argentina comenzó a reconocer que el segundo gobierno de Juan Domingo Perón estuvo al tanto de la presencia de submarinos nazis en aguas jurisdiccionales argentinas.

El Delfín de Adolf Hitler, Martin Bormann, otros jerarcas nazis, así como parte del oro del Tercer Reich habrían arribado a la Argentina en esas naves, según lo sostienen varios investigadores de este apasionante tema.

El sinceramiento del gobierno en realidad aún es tibio y ha consistido en dar a conocer algunos documentos que evidencian un virtual estado de alerta de la Armada ante el avistamiento de submarinos alemanes en costas de este país en 1945. Según esa documentación - que lleva el tradicional sello de "Secreto"- La Armada tenía orden de atacar a los temidos "lobos grises" aún en una época tan tardía como julio del 45, casi tres meses después de que Alemania hubiera firmado el armisticio.

Esta es la primera reacción oficial luego de que el diario patagónico "La Mañana del Sur" realizó una investigación en la que se dio a conocer que dos sumergibles alemanes aún permanecen hundidos en aguas del Golfo de San Matías, a unos escasos 1000 metros de la costa rionegrina.

Esa noticia -difundida hacia fines del año pasado- generó una gran repercusión internacional y motivó que el presidente de la Nación, Carlos Menem, anunciara que "tanto el gobierno como la Armada colaborarán para solucionar este problema. Aunque no es un problema", se autopreguntó y mandato, en un reportaje mantenido con el diario patagónico.

En realidad, el primer movimiento de la Armada fue intentar abrir un sumario al ex jefe de la Prefectura Naval Argentina, Carlos Massey, convertido en una pieza clave a la hora de hablar de los submarinos hundidos en el Golfo San Matías.

Massey, en agosto de 1978, fue convocado por la Armada, que en aquel entonces evaluaba la posibilidad de un "reflotamiento" de los dos sumergibles que se encuentran en el fondo del Atlántico a solamente unos 14 metros de profundidad.

En la década del '70 un avión Neptune -propiedad de la Armada- detectó las dos siluetas durante un patrullaje efectuado cuando se registraba una "bajamar extraordinaria" en el vasto litoral patagónico.

El episodio generó un gran revuelo oficial que nunca trascendió públicamente porque inicialmente se pensaba que eran submarinos rusos en actividad que se encontraban merodeando las costas argentinas.

• Clima de nerviosismo

Barcos de guerra y aviones argentinos fueron enviados al sitio en un clima de nerviosismo que finalmente se distendió cuando las autoridades se aseguraron de que en realidad se trataba de los cascos oxidados de dos sumergibles nazis.

A pesar de los peritajes - y de un voluminoso expediente que durante años guardó la Armada en la base General Belgrano- la verdad sobre estas naves hasta ahora nunca fue reconocida oficialmente. Al dar a conocer algunos de los documentos "Secretos" - que hablan de la presencia de las naves en aguas australes la Armada Argentina reconoció la labor de la prensa patagónica. "Desclasificarse de 'Secretos' el presente (documento) por haber transcurrido cincuenta años del acontecimiento relatado y haber pasado la noticia a manejarse públicamente por los periódicos de la zona", indica el texto oficial que deja sin efecto la reserva con que se guardaba la información de los submarinos nazis.

Según documentos de la Armada del año '45, submarinos nazis que huyeron de Alemania al término de la Segunda Guerra Mundial estarían hundidos frente a las costas patagónicas. La reciente revelación confirma las informaciones que se conocieron en los últimos meses a partir de los testimonios de personas. De esta manera surgen más datos sobre la presencia de militares alemanes en la Argentina. Uno de los casos más conocidos es el de Martin Bormann, el "heredero" de Adolf Hitler. Varios documentos, como un pasaporte y algunas fotografías, confirmarían esta teoría. También se habla de vínculo de los grupos nazis en la Argentina con integrantes del Proceso Militar.

Sugestivos vínculos con el Proceso

Neuquén (especial de "La Mañana del Sur") - Ex oficiales y marinos alemanes que combatieron en la Segunda Guerra Mundial se reunían frecuentemente con jefes de la marina Argentina, y durante el último gobierno militar, en 1978, se ofrecieron para brindarle asesoramiento de combate ante un eventual conflicto armado con Chile. Lo mismo ocurrió en 1982, durante la guerra con Inglaterra por las Islas Malvinas.

La información a la que tuvo acceso este diario fue revelada ayer por Gustavo Nagel, familiar de Otto Nagel, un submarinista alemán que sirvió a la

embargo, según los archivos alemanes, Otto Nagel habría servido como capitán del submarino U-640 hasta el 17 de mayo de 1945 -baja el nombre de Carls H. Nagel-, fecha en que el navío fue dado como desaparecido.

Según la fuente, el marino alemán retornó al país al finalizar la guerra "aunque nunca se pudo reponer de la derrota de Alemania". "Abandonó a su familia para ir a la guerra. Quedó muy mal y siempre recordaba con nostalgia y bronca por la derrota su vida en el submarino."

• Encuentros

Tercer Reich que fue hundido en el Río de la Plata por su propia tripulación.

"En esas encuentros participaban altos jefes militares alemanes que concurrían a las reuniones con sus medallas disimuladas debajo de las solapeadas."

Rubén Nagel recordó que "las reuniones entre los militares argentinos y alemanes eran las que describí un alto jefe naval de la armada alemana al que le faltaba una pierna y que murió hace algunos años, luego de vivir mucho tiempo a cuatro cuadras de mi casa". Sin embargo, aclaró que no re-

Grâce à **Norberto Feradez** (3796-1994), voici la traduction de l'article précédent. Il s'agit de l'article débutant par « Armada Confirmo… »

« La Marine confirme la présence de sous-marins nazis dans le Sud. » (Des documents de la Marine prouvent la présence de vaisseaux allemands en 1945)

San Carlos de Bariloche – Finalement, le Président de la nation Carlos Menem, (à droite sur la photo) a tenu sa promesse du mois dernier faite auprès du journal 'El Bolson' et 'The Armada Argentina'. La Navy a reconnu que le gouvernement de Juan Domingo Perón était pleinement au courant de la présence de sous-marins nazis dans les eaux territoriales de l'Argentine.

Le successeur d'Adolf Hitler, Martin Bormann, certains Nazis influents ainsi que l'or du Troisième Reich, ont trouvé refuge en Argentine au moyen de ces vaisseaux, d'après les recherches conduites sur ce sujet fascinant.

Le gouvernement d'Argentine n'a fait aucun commentaire à ce propos. Il a simplement publié certains documents prouvant que la Marine avait maintenu la zone sous surveillance parce que des sous-marins allemands ont été vus patrouillant le long des côtes de l'Argentine en 1945.

D'après ces documents qui ont été classifiés 'Top Secret', la Marine d'alors avait ordonné d'attaquer les redoutable 'loups gris', même en juillet 1945, presque trois mois après que l'Allemagne eut signé l'armistice.

Cet article est la première réaction officielle après que le journal patagonien 'La Manna del Sur' a conduit une enquête à l'issue de laquelle il est apparu comme évident que deux sous-marins allemands sont encore dans les eaux du Golfe de San Matias, à un kilomètre de la côte du Rio Negro. Cette information sensationnelle transmise à la fin de l'année dernière, a pris une dimension internationale et a forcé le

Président Argentin Carlos Menem, à annoncer que le gouvernement argentin ainsi que la marine collaborerait pour résoudre le problème, '*bien que ce ne soit nullement un problème*', a ajouté Menem dans un entretien avec le journal mentionné plus haut.

En réalité, la première initiative de la marine fut de consulter le dossier de Carlos Massey, un ancien plongeur de la Marine, qui a joué un rôle clef dans l'enquête sur le naufrage des sous-marins du Golfe de San Matias.

En aout 1978, Massey fut convoqué par l'État-Major de la Marine, qui en ce temps-là, songeait à renflouer les deux sous-marins trouvés au fond de l'Atlantique à une profondeur de 14 mètres.

Dans les années 1970, un avion Neptune, propriété de la Marine, a détecté deux silhouettes au cours d'une patrouille à marée basse organisée sur l'immense côte de Patagonie.

L'épisode généra une grande agitation et un tollé qui ne fut pas rendu public, parce qu'initialement il fut annoncé que ces vaisseaux étaient des sous-marins russes qui rôdaient autour des côtes argentines.

UN ÉTAT DE TENSION

Les bâtiments de guerre et les avions de combat argentins furent dépêchés sur les lieux avec une nervosité qui finit par se dissiper lorsque les autorités furent convaincues que tout ce dont il s'agissait en réalité, c'étaient des carcasses rouillées de deux sous-marins nazis.

En dépit du dossier volumineux contenant toutes ces informations conservées par la Marine à la base navale du General Belgrano, la vérité sur ces sous-marins n'a jamais été officiellement publiée. Ce que la Marine argentine avait reconnu était l'œuvre de la presse de Patagonie, après 50 années d'informations secrètes.

PARTIE II – LIENS SUPPOSÉS AVEC LE PROCESSUS

Neuquén (information spéciale de '*La Manna del sur*'). D'anciens officiers et marins allemands qui se sont battus au cours de la Seconde

Guerre mondiale avaient pour habitude de rencontrer fréquemment des hauts dirigeants de la Marine argentine au cours du dernier gouvernement militaire de 1978. Ces anciens militaires offrirent leurs services et leurs conseils lorsque le conflit avec le Chili éclata. La même chose se produisit en 1982 avec le conflit entre l'Angleterre et l'Argentine au sujet des Îles Malouines.

Cette information donnée ci-dessus fut obtenue par ce journal par l'intermédiaire de Gustavo Nagel, un parent d'Otto Nagel, un sous-marinier allemand qui a servi comme volontaire dans la Kriegsmarine, et qui plus tard mourut dans la ville de Quilmes en Argentine.

D'après Ruben Nagel, le cousin de son père s'engagea dans la Marine allemande comme volontaire et servit dans divers régiments ; il fut notamment traducteur dans l'un d'entre eux. Or, d'après les dossiers allemands, Otto Nagel fut le Commandant de l'U-640 jusqu'au 17 mai 1945, sous le nom de Carls II Nagel ; date à laquelle le sous-marin fut déclaré perdu au combat.

D'après la source, le Commandant allemand rentra à son pays à la fin de la guerre, bien qu'il ne se remette jamais de la défaite que son pays avait encourue. Il avait abandonné sa famille pour faire la guerre et il était à présent seul et déprimé. Il éprouvait des souvenirs nostalgiques de la vie à bord de son sous-marin.

RENCONTRE

Depuis son arrivée en Argentine jusqu'à son décès, Nagel se réunissait périodiquement avec d'autres camarades de combat à Quilmes et dans la capitale fédérale. Assistaient à ces réunions des hommes du Graf Spee, les corsaires du Troisième Reich, qui s'étaient sabordés dans le 'Rio de la Plata'.

Des officiers allemands de haut rang participaient également à ces rassemblements avec leurs médailles légèrement dissimulées sous leur manteau. Ruben Nagel se souvient :
'… ces réunions parmi les Argentins et les anciens militaires allemands me furent racontées par un officier supérieur allemand qui avait perdu sa jambe à la guerre et

qui est mort il y a quelques années, après avoir longtemps vécu à quelques rues de ma propre maison.'

Néanmoins, Ruben Nagel a clarifié le fait qu'il ne se souvenait pas des noms allemands, ni de leur rang militaire. Il a également fait remarquer :
'Chaque année ils se rencontraient pour célébrer les militaires argentins à une date spécifique symbolique et ils insistaient toujours pour dire qu'il s'agissait d'un geste de camaraderie et de fraternité auquel aucun civil ne pouvait se joindre.'

Note de l'éditeur : Il est évident que la date *« spécifique »* ou *« symbolique »* à laquelle il fait référence n'est autre que le 20 avril… La date anniversaire de la naissance d'Hitler.

Comme indiqué précédemment, c'est une photo de l'une de ces célébrations en Argentine. Regardez attentivement le portrait tenu au centre de cette photo.

Opération 'Mercator'

Note de l'éditeur : Beaucoup d'entre vous m'ont demandé comment il fut possible de s'échapper d'Europe aux derniers moments de la guerre avec une telle présence de la Royal Navy et de la Marine américaine sur l'Atlantique Nord. Pizzarro a résolu cette énigme. Voici son explication.

Comme raconté en détails dans le KTB #222 en 2009, à la fin d'avril 1945, lorsque l'Armée Rouge se trouvait sur le fleuve Oder, les Américains étaient à Hambourg et les Britanniques à Kiel et la guerre était loin d'être finie. Pourquoi le Großadmiral Karl Dönitz avait-il envoyé un nombre total de 103 U-Boote en mission dans des endroits où ils n'avaient virtuellement aucune chance de l'emporter. Nous avons montré la raison – c'était pour évacuer tous les bâtiments de guerre de l'Atlantique Nord et afin de se positionner sur la côte américaine et les côtes anglaises et européennes, laissant une large bande ouverte sur l'Atlantique sur la longitude Nord-Sud de 30° ouest. Sur 500 kilomètres de chaque côté de cette longitude, du nord au sud, il n'y avait aucun navire allié car ils étaient engagés dans des opérations de luttes anti-sous-marine sur les côtes orientaux et occidentaux de l'Atlantique. C'était une sorte de super autoroute permettant aux navires, aux U-Boote etc. de naviguer en direction de l'Amérique du Sud.

Tout ce qui pouvait flotter et plonger fut engagé dans cette opération y compris les navires de Type VII, Type IX, et même les Types XXIII furent impliqués. Il y eut dix-huit U-Boote envoyés pour opérer le long des côtes canadiennes, y compris le Type IX-C ainsi que des navires de long tonnage de Type IX-D2.

D'autres bâtiments furent envoyés pour patrouiller aux alentours de l'Angleterre et quelques un dans la mer Arctique, et ils comprenaient les sous-marins suivants :
U-218, U-242, U-244, U-245, U-246, U-249, U-255, U-260, U-275, U-278, U-285, U-286, U-287, U-293, U-295, U-296, U-299, U-307, U-312, U-313, U-315, U-318, U-320, U-321, U-325, U-326, U-396, U-398, U-399, U-427, U-481, U-483, U-485, U-486, U-636, U-637,

U-668, U-681, U-683, U-711, U-714, U-716, U-722, U-739, U-764, U-773, U-774, U-775, U-776, U-778, U-825, U-826, U-901, U-905, U-907, U-953, U-956, U-963, U-965, U-968, U-977, U-978, U-979, U-992, U-995, U-997, U-1001, U-1002, U-1003, U-1004, U-1005, U-1009, U-1010, U-1017, U-1019, U-1021, U-1022, U-1023, U-1024, U-1055, U-1058, U-1064, U-1105, U-1106, U-1107, U-1109, U-1169, U-1195, U-1202, U-1203, U-1206, U-1272, U-1274, U-1277, U-1302, U-1305, U-2321, U-2322, U-2324, U-2326, U-2329, U-2336 et *U-2511*.

Beaucoup de nos membres ont navigué sur ces bateaux :

U-315 : **Detlev Zimmermann (247-à vie-1987)** – Opérateur de plongée.

U-315 : **Herbert Zoller (366-1987)** Commandant.

U-764 : **Hans-Kurt Von Bremen**, Commandant. Il n'était pas un membre, mais il assistait toujours à nos patrouilles à Wilhelmshaven.

U-968 : **Otto Westphalen (329-1987)**, Commandant.

Westphalen   Pulst

U-978 : **Woldemar Triebel (197-à vie-1986)**, I.W.O.

U-978 : **Günther Pulst (330-1987)**, Commandant

U-995 : **Hans-Georg Hess (125-1985)**, Commandant

Hess — Thomsen

U-1202 : **Rolf Thomsen (6327-2001)**, Commandant

La photo de Thomsen fut prise le 29 avril 1945 alors qu'il était décoré de la ***Feuille de Chêne*** sur sa ***Croix de Chevalier***. La guerre était loin d'être terminée et l'expression de son visage en dit long.

Un nombre total de 103 U-Boote furent envoyés en mission dans les dernières semaines de la guerre et observez les numéros des U-Boote. Il y avait six des bâtiments les plus neufs de Type XXIII plus un de Type XXI envoyés pour cette opération. Comme nous le savons, l'***U-2511***, sous le commandement de Schnee, n'eut pas l'occasion de prendre part au combat mais le fait que lui et tous les autres navires se tenaient près des côtes des États-Unis, du Canada, de l'Angleterre et les manœuvres de la Russie furent suffisantes pour dégager tous les navires du milieu de l'Atlantique Nord, laissant ainsi un large passage vers l'Amérique du Sud.

Beaucoup se sont demandé comment cela avait pu se produire. Maintenant vous le savez et si vous consultez une carte des mers de l'Atlantique Sud, vous trouverez l'île secrète Trindade à peu près au centre de cette '*autoroute*' sur la mer, prête à ravitailler le moindre navire ou sous-marin avec des vivres et de l'eau potable. Voyez comme les pièces du puzzle s'emboîtent parfaitement les unes dans les autres… mais… Il y a mieux encore…

Hitler, Mistress Are Reported to Be Safe On Patagonia Estate

CHICAGO, July 16 (UP)—Chicago Times Correspondent Vincent De Pascal reported from Montevideo today that he is "virtually certain" Adolf Hitler and Eva Braun are on a German-owned estate in Patagonia.

His dispatch was carried in today's edition of the Times.

'Friends Are Safe'

"From information just received from Buenos Aires", De Pascal wrote, "I am virtually certain that Adolf Hitler and his 'wife', Eva Braun, the latter dressed in masculine clothes, landed in Argentina and are on an immense German owned estate in Patagonia."

De Pascal said they reportedly landed on a lonely Patagonian shore from a German submarine which "supposedly" returned to surrender to the allies.

He said that according to his information, "received from reliable channels", Hitler and Eva are living on one of a number of estates in Patagonia purchased by Germans to provide sanctuary for Nazi overlords.

"In this connection", De Pascal wrote, "the utmost significance is now attached to the words of Gen. Basilo Pertime at a banquet on June 4: 'I am glad to announce that our friends are safe at last'."

PROBE SUB SURRENDER

BUENOS AIRES, July 16 (UP)—A special investigation commission of the Argentine government proposed tonight that the German sub-

Will Use Idle Govt. Silver For Money

WASHINGTON, July 16 (AP)—Senator Murdock (D-Utah) told the senate today that the treasury and President Truman have agreed that 300,000,000 ounces of idle government silver shall be used for money.

In effect, this "monetization" means the treasury can issue $387,000,000 in silver certificates, holding the 300,000,000 ounces as backing for this currency.

Murdock told reporters the action will "help the prestige of silver money throughout the world."

Murdock also said it would save money in two ways:

1. It would save the interest which would have to be paid if the $387,000,000 were obtained by borrowing. Murdock estimated this interest at $7,740,000 a year.

Commentaires de Membres

Un email de **Gary Jackson (6396-2001)** du 3 décembre 2013 raconte :
« Avant que la guerre ne se termine en 1945, ma mère s'est installée avec ses parents en Colombie. Son père, mon grand-père, travaillait là-bas pour la Standard Oil. À cette époque, ma mère avait 18 ans et trouva du travail à Bogota comme secrétaire du président d'Avianca Colombian Airlines. En ce temps-là, juste après la guerre, beaucoup de bureaux et de hangars affichaient encore des signes en langue allemande un peu partout, car les Allemands avaient géré la compagnie aérienne.

Aux alentours de 1947, elle fut invitée à une soirée par une amie colombienne, à laquelle assistaient beaucoup d'étrangers et ma mère ne connaissait ni ne comprenait les langues qu'ils parlaient. Vers la fin de la réception, son amie avait organisé son retour dans la voiture d'une invitée accompagnée de son ami.

Ma mère n'avait aucune idée de qui était Martin Bormann à l'époque. La seule raison pour laquelle elle se rappelle cet homme si bien, est à cause de ce qui se passa ensuite, car elle trouva cela très étrange. L'homme avait été très silencieux et poli tout au long de la soirée, sans vraiment attirer l'attention sur lui. Comme ils étaient sur le point de prendre congé, il ouvrit la porte de la voiture pour ma mère et son ami et la femme dans le siège à l'avant s'adressa à lui en l'appelant Martin en espagnol.

Soudain, l'homme se mit à colère contre la femme, criant en allemand et en espagnol qu'il lui avait déjà dit de ne jamais l'appeler par ce prénom. Ma mère n'a jamais oublié ce petit incident, l'explosion de rage de cet homme, car elle ne comprenait pas alors comment un homme pouvait se mettre dans cet état pour avoir été appelé Martin. Après cette nuit-là, elle ne le revit plus jamais.

Des années après, lorsqu'elle vit plusieurs photos de Martin Bormann dans un livre, elle réalisa qui était vraiment cet homme qu'elle avait rencontré à la soirée. Plus tard, ma mère se maria et emménagea à Maracaibo, au Venezuela, où je suis né. En grandissant là-bas, au fil des années, je rencontrai beaucoup de familles allemandes, qui n'aimaient pas que leurs enfants se sociabilisent avec ceux des familles travaillant pour la Standard Oil, une chose que je ne comprenais pas à ce moment. Mais ce dont je me souviens le plus étaient les hommes ou les pères de ces enfants allemands, car beaucoup était grands et blonds, et toujours physiquement en bonne santé. Alors, lorsque vous écrivez qu'Hitler et d'autres ont pu se réfugier en Amérique Latine, je n'en doute pas.

Email récent du pilote de l'US Air Force **Jim Preston (7168-2007)** :
« J'ai douté de la mort d'Hitler bien avant que je ne rejoigne les rangs de Sharkhunters, Harry, mais après mon séjour avec vous en Argentine, je suis convaincu de sa survie. »
Jim a pris part à notre expédition de 2010 en Argentine.

Récent email de **Mike Torreson (371-à vie-1987)** :
« Très bonne explication, étant donné la manière dont les *'dirigeants'* des grandes puissances se sont comportés ; étant donné également le fait que *'notre CIA'* était de mèche avec le Général Gahlen pour transférer tout ce matériel aux Soviétiques, sans parler d'autres *'collaborations'* (Le Général Eisenhower sur la photo de droite en est un exemple)

Pourquoi ne l'ont-« ILS » pas recherché ?

Il ne fait plus aucun doute qu'Adolf Hitler et beaucoup d'autres ont vraiment fui l'Europe effondrée et ont continué leur vie dans le confort relatif de l'Amérique du Sud, principalement en Argentine – c'est indiscutable. Cependant, un auditeur de l'émission radio de Jeff Rense (7680-2013) à laquelle j'étais invité, a posé une question à laquelle nous avions déjà été confrontés par le passé, et il s'agit d'une interrogation très pertinente. Les gens se sont souvent demandé : Pourquoi n'ont- « ILS » jamais pourchassé Hitler ?

C'est comme je l'ai dit, une très bonne question – aussi je demande immédiatement : « Qui sont les ILS ? »

Il y a toujours un moment de silence, ou de surprise, lorsqu'ils reformulent mentalement leur question, puis ils disent : « Israël ».

Nous leur rappelons qu'il n'y avait pas d'État d'Israël à la fin de la guerre et qu'en fait, Israël n'existera que quelques années plus tard.

Ils bégaient et balbutient encore un peu, puis ils disent : « Le Mossad ». Nous leur rappelons le simple fait qu'il n'y avait pas d'Israël, et qu'ainsi il n'y avait pas non plus de Mossad, et que même après l'établissement de l'État d'Israël en 1948, il ne s'agissait que d'une petite nation luttant pour sa survie.

Puis leurs yeux s'illuminent et ils posent alors la question vraiment évidente : « Qu'en est-il des USA ? »

Pour comprendre vraiment pourquoi Adolf Hitler, Eva Braun/Hitler, Martin Bormann et des centaines, peut-être même des milliers d'hommes ayant occupé des postes de première importance au sein du Troisième Reich sont parvenus à se réfugier en Argentine, nous devons examiner la situation là-bas.

Ces hommes étaient sous la protection de Juan Perón et de l'armée de l'Argentine. Cette 'amitié' fut achetée avec les milliards de dollars qui furent transférés en Argentine et principalement sous le contrôle de Martin Bormann. En plus de cette manne, des hommes du Reich fondèrent un laboratoire de recherche nucléaire sur une île du village où Adolf Hitler et beaucoup d'autres ont vécu – l'île Huemul sur le lac Nahuel Huapi près de la ville de San Carlos de Bariloche. Perón a implanté son centre d'entraînement des troupes de montagne sur le continent, quelques centaines de mètres après le lac depuis cette île. D'après certains, le Dr. Richter et son équipe sont parvenus à réaliser la première fusion à froid au début des années 1950.

Les forces aériennes argentines furent complètement restructurées, dès la fin de la guerre, grâce au moins à trois des meilleurs éléments de la Luftwaffe. Ils s'agissaient de Werner Baumbach, le commandant du Kampfgeschwader 200 (KG 200, l'escadron de bombardier qui détenait toute les compétences en haute-technologie et les concepts des avions secrets) ; Hans-Ulrich Rudel, probablement le meilleure pilote de tous les temps – il a coulé à lui tout seul un cuirassé, beaucoup de petits navires de guerre, un nombre incalculable de camions et plus de 500 chars soviétiques, exploits pour lesquels il fut décoré d'une Croix des Chevaliers en or, avec Feuille de Chêne, Épées Croisées et Diamants. Et il y avait également le *« General der Jagdflieger »*, **Adolf Galland** (2854-1993). Tout cela était par ailleurs parfaitement connu, mais il y avait beaucoup d'autres membres du Troisième Reich qui furent plus ou moins utiles à Perón, pour se frayer un chemin vers le sommet en Argentine.

BAUMBACH **RUDEL** **GALLAND**

En effet, il y avait également des centaines d'anciens SS aux alentours de Bariloche. Ils avaient mis en place un lourd dispositif de sécurité à la fois sur le continent et sur le lac, pour qu'aucune force clandestine n'ait la moindre possibilité d'accès. Ajoutez à cela le large observatoire naturel constitué par les montagnes alentours. Il aurait été impossible à part pour une invasion à grande échelle, de pénétrer dans cette zone.

Pourquoi les États-Unis n'ont-ils pas *'pourchassé Hitler'* ?

Compte tenu du niveau de protection assuré par Juan Perón et de l'improbabilité que celui-ci abandonne volontairement ces hommes aux USA ou à quiconque, seule une invasion à grande échelle aurait pu permettre de l'infléchir. Mais il y a une autre raison plus convaincante.

Ce n'est qu'une théorie, mais basée sur des faits solides. À cet égard, nous devons retourner en 1958 lorsque cet auteur était une jeune recrue de l'United States Air Force, année dont il passa les premiers six

mois à subir un entraînement intensif en armes et munitions à la base Air Force de Denver, dans le Colorado. Au début de notre formation, nous regardions des films montrant les premières tentatives de construction de la bombe atomique. Le projet d'armes spéciales des États-Unis avançait très lentement et en fait, comme le mentionne **Robert Wilcox (25-1984)** dans son ouvrage « *Japan's Secret War* », publié en 1984, le Japon a testé son premier engin nucléaire une semaine avant l'Amérique.

Les U-Boote essayaient de faire le dangereux voyage vers les ports de l'Océan Indien et du Pacifique contrôlés par les Japonais, en transportant toutes sortes d'armements sophistiqués ainsi que de l'Uranium. Les Alliés étaient en possession des codes et savaient quels bateaux transportaient quoi, par conséquent les Allemands subissaient les embuscades des sous-marins britanniques lorsqu'ils traversaient les détroits du Danemark.

L'U-234 était sous le commandement de **Johann Heinrich Fehler (32-1984)** et il n'était pas un jeune marin comme les autres qui tombaient dans le piège. Il avait appartenu à la marine marchande avant la guerre et était Officier de démolition à bord du bâtiment *Atlantis*.

Sentant qu'il y avait quelque chose de louche dans ce trajet planifié, il changea de cap et le sous-marin de la Royal Navy qui l'attendait en embuscade ne disposait plus d'aucune cible, car le rusé Fehler avait emprunté une trajectoire différente. L'ordre de cessez-le-feu du Großadmiral Dönitz survint lorsque l'*U-234* était en plein Atlantique Nord, alors il disposa du choix où se rendre. Après une conférence entre les officiers, ils se rendirent aux USA – avec leur 560 kilos d'Uranium.

Me remémorant mon entraînement sur l'armement, les USA étaient assez en retard, mais juste après la défaite de l'Allemagne, le programme d'Armes Spécialisées (Spec-Weps) fit un gigantesque bond en avant. Il nous fut expliqué que c'était grâce aux travaux de nos brillants scientifiques, etc. Mais en y regardant de plus près, nous sommes en droit de nous poser des questions.

Photo – inspectant l'U-234 aux USA après sa reddition

L'Allemagne avait capitulé et soudain les USA disposaient de tous les scientifiques allemands de premier plan, des matériaux fissiles pour la construction des armes, des missiles balistiques intercontinentaux, des avions de chasse et même des avions-fusées, le premier véritable sous-marin (de Type XXI et Type XXIII) et Dieu sait quoi encore. Même aujourd'hui, nous ne savons pas tout ce qui fut pris à l'Allemagne après sa défaite.

Alors et si... et si un pacte avait été conclu pour transmettre toutes ces informations, ces matériaux, ces scientifiques, etc. aux États-Unis et en échange, personne ne partirait à la recherche d'Hitler et des autres. C'était une décision assez facile à prendre.
D'un côté, les USA bénéficieraient des dernières avancées scientifiques, en armement et dans d'autres domaines importants, et Hitler et les

autres membres du Reich seraient autorisés à passer le restant de leurs jours tranquillement en Argentine.

D'un autre côté, si l'accord n'était pas intervenu, combien de milliers de scientifiques allemands de haut niveau se seraient réfugiés en Union Soviétique ? La bombe atomique n'aurait pas été prête à temps pour Hiroshima et Nagasaki, ce qui aurait pu entraîner la mort de centaines de milliers de soldats américains et probablement l'entière disparition de la race japonaise prête à se battre jusqu'au dernier homme si nécessaire.

L'Union Soviétique aurait été dotée bien plus tôt d'une primauté dans l'armement nucléaire, aurait bénéficié des avions de combat, des fusées, des missiles balistiques intercontinentaux, etc. En d'autres termes, si l'accord n'était pas intervenu, la guerre du Pacifique aurait continué plus longtemps, faisant encore des millions de morts, et l'URSS aurait été le pays en tête de toutes les phases de l'armement et alors les USA auraient été forcés d'envahir l'Argentine par une opération militaire de grande ampleur.

Comme je l'ai dit, il ne s'agit que de ma théorie, mais je pense qu'elle repose sur des faits solides et vérifiables, confirmés par les milliers de dossiers que nous avons recueillis lors de nos diverses recherches au sein des archives, grâce aux efforts combinés des agents S.E.I.G. Taucher et Rembrandt, et ceux de notre meilleur agent S.E.I.G. : Pizzarro. Il n'y a donc, à mon sens, aucun doute que c'est ce qui s'est produit. Nous disposons de dossiers émanant des Archives Nationales des États-Unis, des services de renseignement hollandais, et d'autres archives abandonnées lorsque la Stasi fut dissoute.

Personne n'a amassé autant de données sur le sujet que notre organisation et c'est pourquoi je suis absolument certain que telles sont les conditions dans lesquelles se sont déroulées ces tractations. La direction de Sharkhunters n'est pas un loisir ni un passe-temps, je travaille 12 à 14 heures par jour à mon bureau, ou bien sur le terrain en Argentine, en Allemagne, en Autriche, ou sur les îles oubliées, au Brésil et beaucoup d'autres endroits. Il n'y a aucun doute dans mon esprit qu'Adolf Hitler, Eva Braun, Martin Bormann et des centaines d'autres se sont effectivement réfugiés en Argentine, et d'autres comme Adolf

Eichmann et Klaus Barbie, ont vécu leur vie en paix et en sécurité grâce aux facteurs mis en évidence dans cet ouvrage.

Ce que certains pensent de cette théorie

Carter Manière (6352-2001) dans un email :
« Je m'aventure à supposer que comme Adolf Hitler avait fourni des opportunités d'investissement se chiffrant par milliards au complexe militaro-industriel, ainsi qu'aux diverses banques et banquiers qui financèrent l'intégralité de la guerre, il fut récompensé en ayant la vie sauve pour le restant de ses jours. Vous avez sans doute entendu parler ou lu l'ouvrage *'Wall Street and the Rise of Hitler'* / *'Wall Street et l'Ascension d'Hitler'*. Regardez toutes ces dizaines de milliers d'avions, de navires, de tanks, etc. construits aux États-Unis et en Angleterre – combien en restent-ils, où atterrirent-ils et qui les a financés… et au profit de qui ? »

Bill Kruse (6659-2003) :
« J'aime votre théorie au sujet du fait que personne aux USA n'ait essayé de rechercher Hitler lorsqu'il s'est échappé en Argentine. Cela correspond à la situation dans laquelle nous nous trouvions à l'époque, et le bénéfice que nous avons retiré du recrutement des scientifiques allemands comme Werner Von Braun. C'était la meilleure façon de s'en tirer ! Continuez ce travail essentiel pour la transmission de l'histoire véritable. »

Keith Sanders (7035-2006), membre de l'Armée Britannique déclarant :
« Bien joué. Je suis d'accord avec vous et votre version de la fuite dans tous les sens du terme ! Pour moi, la disparition de 560 kg d'Uranium est très significative. Nous possédons une copie annotée d'un document des Archives Nationales où le nombre 560 et l'annotation 'X' a été ajouté, probablement par le renseignement britannique. En 1966, Harold Wilson donna des instructions pour éliminer toute la documentation liée à l'usine nucléaire allemande. De surcroît Harold était suspecté d'être un agent soviétique ! Vous trouverez sur mon DVD, une page de la Gazette RAOC, publiée en 1946 faisant référence à l'usine de bombe atomique de l'Allemagne. L'année dernière le musée RLC m'a demandé la référence du numéro dans lequel j'avais trouvé cette information. Très bientôt, je les visiterai à nouveau pour voir si ce magazine aussi a *'disparu'*. Le RAOC, RASC, Pioneers etc. ont tous été rassemblés dans le Royal Logistics Corps.

Jago Singh (7159-2007) en Malaisie :
« Totalement d'accord avec votre théorie. Si cet accord n'avait pas été conclu, non seulement les Soviétiques seraient devenus la première puissance nucléaire, mais ils n'auraient fait preuve d'aucune hésitation pour faire usage des bombes atomiques sur les forces US en Europe si elles n'étaient pas retournées rapidement chez elles. Ainsi le Rideau de Fer Rouge se serait étendu des côtes françaises à la Mer du Japon ! »

Barry Hackney (7659-2012) :
« Comme d'habitude, vous faites preuve de bon sens. L'Opération *'Paperclip'* a amené aux États-Unis un grand nombre de scientifiques allemands qui étaient des Nazis avérés, ce qui a propulsé l'avance des USA dans beaucoup de domaines, en les empêchant de tomber entre les mains des Soviétiques, tout en améliorant de nombreux secteurs américains : l'armement, la recherche spatiale, la médecine et l'industrie en général. Cela contribua au boom économique de l'après-guerre, et permit à la technologie militaire de réaliser de grands progrès. Le Congrès et le puissant lobby gauchiste n'en voulaient pas, mais l'OSS a réalisé les besoins urgents de les faire venir ici, plutôt que de les voir partir en Union Soviétique, alors toute l'opération fut réalisée discrètement à l'aide de faux papiers. Il n'est pas irrationnel de penser que cette partie de l'accord permit secrètement à l'Argentine d'abriter certains Nazis et Hitler, qui ne représentaient plus aucune menace pour quiconque et de surcroît n'ayant plus la santé pour tenter un retour.

Note de l'éditeur : Nous disposons d'une très longue liste de scientifiques allemands et autrichiens qui furent emmenés aux USA. Une page ou deux de ces dossiers apparaissent dans ce livre. Certains furent membre de Sharkhunters, y compris le Dr. **Heinz Schlicke (1820-1991)** qui a travaillé à Milwaukee sur des projets militaires pendant des années après la fin de la guerre.

À propos de l'auteur

Né et ayant grandi à Chicago, Harry Cooper a intégré l'US Air Force à sa sortie du lycée. Après six mois d'entraînement intensif en armement spéciaux (bombes à hydrogène) passés à la base de Lowry (Denver), il fut assigné par erreur à Chanute Air Force à seulement une centaine de kilomètres de chez lui. Pour sa bonne fortune, il fut nommé surveillant de la piscine de la base, travaillant un jour sur deux, ce qui lui permettait de rentrer chez lui régulièrement. À la fin de l'été,
il fut transféré à une base active et fut désigné pour intégrer la 98ème Bomb Wing à la base Air Force de Lincoln, dans la banlieue de Lincoln, dans le Nebraska.

Après avoir passé deux ans et demi à travailler sur les armements spéciaux et comme il avait toujours souhaité devenir un pilote de combat, il intégra l'Officer Candidate School à près de 21 ans. Il fut le seul sur les 30 aspirants à passer les deux jours de batteries de tests et il lui fut décerné la capacité OCS. Sa condition physique lui permettait de voler, mais la chance n'était pas de son côté. L'Air Force était tellement surpeuplée de pilotes après la Deuxième Guerre mondiale et la guerre de Corée, que le programme des cadets de l'air fut interrompu. Il pouvait prétendre à être officier, mais non un pilote. Ce n'était pas ce qu'il souhaitait.

Il fut alors réformé de l'Air Force. Il retourna à l'université où il obtint un diplôme en Administration des Affaires et il commença une carrière dans les environs de Chicago. Comme il ne pouvait pas intégrer les forces de combat aériennes, il choisit une autre voie aventureuse : le monde de la course automobile ! Il s'essaya à la course de dragsters et conduisant pour un ami, il fut champion 11 fois sur 22. Mais l'année suivante, il conduisit sa propre voiture et termina 26 fois vainqueur sur les 26 semaines du championnat, établissant au passage plusieurs records nationaux.

Puis il se tourna vers les pistes ovales et après trois années de succès à Chicago, où il officiait comme journaliste sportif de l'émission « Motorsports International », il se confronta avec de grands coureurs comme A. J. Foyt, les Frères Unser, Johnny Rutherford et d'autres. Il fut également rédacteur du Stock Car Racing Magazine, effectuant de nombreux reportages, et rédigeant des articles pour les colonnes mensuelles de grands magazines de courses australiens et américains, tout en étant cadre dans une firme de Chicago.

Les choses changèrent drastiquement pour lui en 1976. Son chef d'équipe démissionna, son assistant aussi afin d'ouvrir son magasin de pièces détachées, et ses meilleurs coéquipiers rejoignirent les rangs de l'Air Force. Alors qu'il était en tête dans le Texas 500 de 1976, son moteur explosa ! Lors de son retour à Chicago, le moteur du camion remorqueur explosa ! Ça n'était pas bon signe… La dernière goutte d'eau se produisit lorsqu'il se rendit au bureau le lendemain et  découvrit que son supérieur avait quitté la compagnie et que son nouveau boss était quelqu'un pour qui il n'avait aucune estime. Il était temps de changer !

Il était vraiment temps pour lui d'opérer un changement radical, alors Harry vendit tout ce qu'il avait, s'acheta un voilier de 30 pieds et s'en fut vivre une vie tranquille en Floride et aux Bahamas. Cela devait changer sa vie et en fait, l'histoire de la guerre maritime elle-même. Ce fut à ce moment qu'il commença à s'intéresser aux U-Bootwaffe.

Pendant une traversée au sud des Bahamas, Harry fit escale dans une île étrange qui avait servi de plantation au cours de la guerre. Les ruines d'un manoir se trouvaient au sommet d'une colline, les restes d'un baraquement et un émetteur radio à proximité. Le gardien lui confia que quelques sous-marins allemands s'étaient ravitaillés ici en eau potable au cours de la guerre. Cela intrigua Harry et de retour à Chicago, il débuta des recherches intensives sur la période historique des U-Boote, principalement la Deuxième Guerre mondiale, et devint un expert mondialement reconnu sur ce sujet.

Réintégrant le monde des affaires, il devint Vice-Président régional d'une grande compagnie de Chicago. D'autre part, il créa Sharkhunters en 1983. Au milieu de l'année 1987, il réalisa qu'il lui serait impossible de conserver à la fois un travail régulier et de consacrer le temps nécessaire pour contacter les vétérans, leur rendre visite pour des entretiens, éplucher les dossiers, et toutes les autres tâches nécessaires à la préservation honnête de l'histoire. Il prit une dure décision.

Un vendredi en juillet, il ferma à clef ses six bureaux dans l'Illinois et quitta son travail hautement rémunérateur, juste deux semaines après avoir obtenu une augmentation de salaire. Mariée depuis deux ans, sa femme fut très surprise de sa décision et encore plus surprise (peut-être même choquée) d'apprendre qu'ils déménageaient en Floride afin qu'il puisse effectuer ses recherches à temps plein, mais sans salaire. Elle ne fut pas du tout convaincue, car elle devait mettre au monde leur premier enfant dans moins de quatre mois et à cette époque il n'y avait pas d'assurance, ni aucune sécurité – mais c'était devenu indispensable !

Heureusement, le projet fut un succès et Sharkhunters est devenue la seule source véritable pour l'histoire des U-Bootwaffe pendant la Deuxième Guerre mondiale.

Harry est membre à vie de l'Adventurer's Club de Chicago (l'ancien éditeur de son bulletin d'information), membre du Chicago Press Club et de l'International Press Club de Chicago. Il a écrit plus d'une douzaine de livres, aidé à produire plusieurs documentaires de télévision et organisé des dizaines de tours historiques à travers le monde.

Harry est listé dans le « Who's Who in America » ainsi que dans le « Who's Who of American Business Leaders » et en 2006 fut nommé « Homme de l'année » par l'American Biographical Institute. Il a passé douze ans au sein des Gardes Côtes Américains, atteignant le grade de Commandant de Flottille d'un rang similaire à celui de Lieutenant. Grâce à ses recherches, Harry a rencontré et est devenu ami avec la plupart des marins survivants, beaucoup d'officiers et de membres d'équipage des U-Bootwaffe, ainsi qu'avec les vétérans américains du Vietnam et des dirigeants mondiaux des États-Unis, de l'ancienne Union Soviétique et de la Russie moderne.

À propos de Sharkhunters

Fondé en février 1983, Sharkhunters International est la première, la meilleure et la seule source exhaustive d'informations sur l'histoire des U-Bootwaffe. La raison en est simple : les données ne proviennent pas seulement des dossiers et des documents, mais également des souvenirs de ceux qui ont vécu cette guerre. Les grands marins, pour beaucoup des officiers et membres d'équipage des U-Bootwaffe, furent des membres participants, mais aussi des membres des Alliés, et encore les quatre détenteurs de la Médaille d'Honneur de l'American Submarine Skippers au cours de la guerre.

FLUCKEY (2169-1992) **O'KANE** (1540-1990) **RAMAGE** (948-1989) **STREET** (2448-1992)

Beaucoup d'autres grands hommes furent membres de Sharkhunters :

KRETSCHMER (122-1985) **TOPP** (118-1985) **HARDEGEN** (102-1985) **HESS** (125-1985)

Ronald Reagan (1858-1991) fut un membre Sharkhunters de 1991 à sa mort.

Nous pouvons vous envoyer un exemplaire gratuit de notre magazine KTB. Envoyez-nous un email à sharkhunters@earthlink.net, avec votre nom et par retour d'email, nous vous ferons parvenir votre magazine KTB.

Les 'Patrouilles' et 'Expéditions' de Sharkhunters

En plus de publier des informations véritables sur l'histoire des U-Bootwaffe et des hommes qui ont fait la guerre dans les deux camps, Sharkhunters organise également des sorties sur de nombreux sites historiques pour nos membres. En voici quelques exemples :

La patrouille des bunkers de Berlin Est à Varsovie

Quartier Général détruit de l'OKW (Oberkommando der Wehrmacht)

Forteresse abandonnée en Pologne

Bunker avec vue sur la Baltique

Wolfsschanze (La Tanière du Loup)

Sharkhunters n'utilise pas simplement les dossiers et les documents dans ses recherches, mais nous nous rendons sur le terrain sur des sites où l'histoire s'est déroulée. Nous enregistrons, prenons des photos et nous marchons sur les traces de l'histoire. Au cours de cette 'patrouille', nous avons passé la nuit dans le baraquement des officiers SS dit la Tanière du Loup (Wolfsschanze), où la tentative d'assassinat sur Hitler eut lieu en 1944. Sharkhunters y était.

La Refuge/Forteresse du Sud

Les Alliés craignaient que les dirigeants du Reich ne tentent une résistance acharnée dans les Alpes Bavaroises à l'Obersalzberg, avec ses bunkers, ses tunnels et ses fortifications, dont certaines sont encore à découvrir aujourd'hui.

Bunkers à charbon

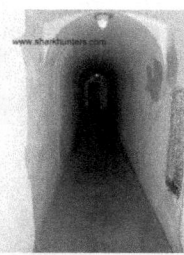
Bunker d'Hitler

Entrée du bunker de Göring

Visitez notre site www.sharkhunters.com et cliquez sur *Previous Tours*.

Allemagne du Nord

Au mémorial des U-Boote

Un sous-marinier à son Périscope

Avec des Vétérans

Près du Sous-Marin U-995

Ce que les Alliés appelaient les *« Ratline »* (Réseaux d'exfiltration nazis)

Des milliers d'hommes de premier plan du Troisième Reich ont fui l'Allemagne de diverses manières, mais presque tous sont partis à partir d'endroits comme Villagarcía en Espagne à bord de navires de tramping, parfois des voiliers en bois, et dans certains cas dans des U-Boote. Pour se ravitailler en eau potable et vivres (cochons, chèvres et tortues) il s'arrêtait à Trindade.

Prêt à quitter le bateau par hélicoptère

Plateau Nord ; tour radio #2

Ruines sur le plateau sud où la tour radio #1 fut construite

Remerciements spéciaux à la Marine Brésilienne pour leur aide sans laquelle cette expédition n'aurait pas été possible. Leurs navires, leur personnel et leur marine sont de tout premier ordre. Nous n'aurions pas pu explorer cet endroit sans leur assistance. Obrigado !

La relocalisation du Troisième Reich en Argentine

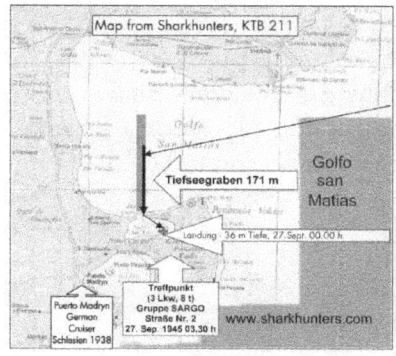

Le Reich connaissait très bien le Golfe de San Mathias avant, durant, et après la Deuxième Guerre mondiale

Chantant de vieilles chansons militaires allemandes, dans un restaurant calme d'une petite ville sauvage d'Argentine

Sharkhunters va où l'histoire s'est déroulée. Nous parlons aux gens qui ont fait l'histoire ; à ceux qui en furent les témoins privilégiés ; et nous prenons nos propres photos les plus détaillées possibles. Beaucoup d'autres informations sont disponibles dans le 2ème livre de la Trilogie de la Fuite d'Hitler, intitulée « *The Secret Alliance* », racontant les longues relations entre l'Allemagne et l'Argentine.

Le Reich déménage en Amérique du Sud
Et nos « Patrouilles Sharkhunters » le suit…

… dans une île de l'Atlantique Sud évacuée par le Brésil en 1939 pour en laisser l'usage à la Kriegsmarine dans les premiers stades de la guerre, puis à nouveau à la fin du conflit, pendant les deux années qui suivirent, y compris pour y construire cette installation radio en 1939.

1939 Photo allemande *2009 Photo de l'auteur*

Qui a vécu ici en Argentine ?

Dans ce manoir ? *Dans cet étrange hôtel ?*

Nous connaissons la réponse à ces questions, parce que nos groupes Sharkhunters se sont rendus sur place. Rejoignez Sharkhunters pour l'expédition de votre choix, consultez notre site pour plus de détails.

Quoi d'autre chez Sharkhunters ?

Visitez notre site internet www.sharkhunters.com pour en savoir davantage sur nos activités et nos publications.

Sharkhunters c'est aussi :

- **Livres** – de nombreux livres sont disponibles (en anglais)

- **DVD** – presque 200 titres évoquant :
  Les batailles sur terre, sur mer, dans les airs – Les tanks, l'artillerie, l'infanterie, le combat aérien, la guerre sous-marine couvrant plusieurs pays, des entretiens avec beaucoup de vétérans de la Seconde Guerre mondiale, de grands films du membre Sharkhunters **Leni Riefenstahl**, des témoignages de la vie après la guerre ainsi que pendant, des films d'entraînement de vol de différents bombardiers USAAF et beaucoup d'autres choses encore.

- **Éditions** limitées de gravures signées

- **Autographes** et photos dédicacées de vétérans

- **CD** de musique des années de guerre – allemandes, russes, etc.

- **CD** d'entretiens avec des équipages d'U-Boot.

- **Visites** de sites historiques d'un grand intérêt
  Beaucoup d'endroits visités par Sharkhunters ne sont pas ouverts au public.

DVDs of History

In addition to great books of history, Sharkhunters has also made available DVDs of history. Many of our DVDs come from the veterans themselves.

Go to www.sharkhunters.com then click **DVDs** for full information and in many cases, for short clips of the DVD.

More Great DVDs of History

More Great DVDs of History You Can't Find Anywhere Else

DVD-4 The story of *U-995* in the Kriegsmarine and Norwegian Navy
DVD-5 The lost bunker with three Type XXI boats still inside
DVD-6 Günther Prien and his triumphant entry into Berlin
DVD-8 KARL-FRIEDERICH MERTEN and *U-68*
DVD-11 Castles of the SS
DVD-12 Tunnels of the Third Reich
DVD-14 Triumph of the Will
DVD-15 U-Boots in Combat
DVD-16 Combat at Sea
DVD-17 Dive and Discovery of "*U-WHO*"?
DVD-18 Visit the Soviet Union 1991
DVD-24 Soviet Fleet to the Rescue
DVD-26 *GOCHIN!* Ride along aboard *I.10* on her 4th war patrol
DVD-27 Red Devil Boot – Ride along with **ERICH TOPP** and *U-552*
DVD-28 Today's Submarine Navy; run to the recruiter
DVD-31 St. Petersburg for the Tourist; magnificent city
DVD-34 Raigekitai Shutsudo
DVD-37 Mustang Crash Site. The war ends in a Florida swamp
DVD-38 Elbe Melodie – beautiful German tourism film
DVD-39 Das Letzte U-Boot; the story of *U-234*
DVD-42 Black May to the End; Hans-Georg Hess tells of the end
DVD-43 Strange Stories; more from Hans-Georg Hess
DVD-44 Kapitänleutnant Prien; story of the *"Bull of Scapa Flow"*
DVD-46 Interview with **HANS GÖBELER** of the crew of *U-505*
DVD-47 Interview with **GERD RICHTER** of the crew of *U-81*
DVD-48 Interview with **DETLEV ZIMMERMANN** of *U-315*
DVD-49 Champagne in the Combat Boot; riotously funny!
DVD-50 1994 Interview with **ERICH TOPP** (*U-57, U-552*)
DVD-52 1994 Interview **REINHARD HARDEGEN** (*U-147, U-123*)
DVD-53 Secrets of the Third Reich
DVD-54 1994 Interview with **GERD THÄTER** (*U-466, U-3506*)
DVD-56 1994 Interview with **OTTO KRETSCHMER** (*U-23, U-99*)
DVD-58 1994 Interview with **HANS-GEORG HESS** (*U-995*)

More Great DVDs of History
Check the website for full details

More Great DVDs of History
Rare – and Full of Action

More Great DVDs of History
And Your Satisfaction is Guaranteed!

DVD-59 The Red Baron; story of von Richtofen
DVD-60 Interview with **JÜRGEN OESTEN**
DVD-63 Wreck of "**U-WHO**?" Revisited
DVD-64 2000 Interview with **WILHELM GRAP (U-506)**
DVD-65 Germany Special
DVD-66 2000 Interview with **JÜRGEN OESTEN**
DVD-68 2000 Interview with **GÜNTHER HEINRICH (U-960)**
DVD-69 Katoh Hayabusa Sentatoi
DVD-70 2000 Interview **HELMUT SCHMOECKEL (U-802)**
DVD-72 2000 Interview **GERD THÄTER (U-466, U-3506)**
DVD-73 Capture of **U-505** on the high seas
DVD-74 2000 Interview with **HANS-GEORG HESS (U-995)**
DVD-76 2000 Interview **HORST von SCHROETER (U-123)**
DVD-78 2000 Interview with **KURT DIGGINS (U-458)**
DVD-80 2000 Interview with **VOLKMAR KÖNIG (U-99)**
DVD-81 Rover Boys Express; shot down over Japan
DVD-82 2000 Interview with **HARRY COOPER**
DVD-85 Germany by Rail; a wonderful touristic trip
DVD-86 Westernfront! Pure combat action
DVD-87 Corregidor Sogogeki; All our assault on Corregidor
DVD-88 Sensuikan Ito Go
DVD-89 die Grauen Wolfe; More combat at sea
DVD-92 Rhine Cruise; another great touristic look to Germany
DVD-93 Song of My Comrades; Japanese submariners
DVD-94 Eva Braun Home Movies – in color
DVD-98 der Rote Faden; the Red Thread Around Hamburg
DVD-100 Wehrmacht in Combat – 1; pure combat action
DVD-101 Wehrmacht in Combat – 2; more incredible combat

More Great DVDs of History
Check the website for special prices

More Great DVDs of History
Check the website for special prices

DVD-100   DVD-101   DVD-103   DVD-104

DVD-105   DVD-106   DVD-107   DVD-108

The next four are from **LENI RIEFENSTAHL (3157-1993)**

DVD-110   DVD-111   DVD-112   DVD-113

More Great DVDs of History
Check the website for special prices

More Great DVDs of History
Pure History Available Nowhere Else

DVD-103 WW II, the Beginning (1939 – 1941)
DVD-104 Barbarossa; the Invasion of the Soviet Union
DVD-105 Kampf in Sewastopol! The Crimean Campaign
DVD-106 Only the Elders; Soviet Fighter Pilots
DVD-107 Soviet Dive Bombers
DVD-108 Soviet Torpedo Bombers
DVD-110 das Blaue Licht; from **LENI RIEFENSTAHL**
DVD-111 SOS Iceberg; in English from **LENI RIEFENSTAHL**
DVD-112 Victory of Faith; from **LENI RIEFENSTAHL**
DVD-113 Olympia I; from **LENI RIEFENSTAHL**
DVD-114 Day of Freedom; from **LENI RIEFENSTAHL**
DVD-115 Olympia II; from **LENI RIEFENSTAHL**
DVD-116 History of the Reich; great history
DVD-117 Vlassov; the Soviet general with the Reich
DVD-118 the Winter War; Finland turns back the Red Army
DVD-120 Vichy; many French hated the British & Americans
DVD-121 Interview with SS Soldier; right to the point
DVD-122 Tiefland; from **LENI RIEFENSTAHL**
DVD-123 Prelude to War
DVD-126 die Goldene Stadt; Prague was beautiful
DVD-127 Doctor of Stalingrad; post-war Prison Camp
DVD-129 Firebombing of Dresden; an atrocity
DVD-130 Geburtstag der Führer; Hitler's Birthdays
DVD-131 Interview with Wolf Hess
DVD-132 SS Division Viking; how it was formed and fought
DVD-133 History of the SS
DVD-135 Blitzkrieg; STUKA dive bombers and tanks in action
DVD-136 Birth of a Nation; birth of the Klu Klux Klan

More Great DVDs of History
Check the website for special prices

DVD-130

DVD-131

DVD-132

DVD-133

DVD-135

DVD-136

DVD-137

DVD-138

DVD-139

DVD-140

DVD-141

DVD-142

More Great DVDs of History
Pure History Available Nowhere Else

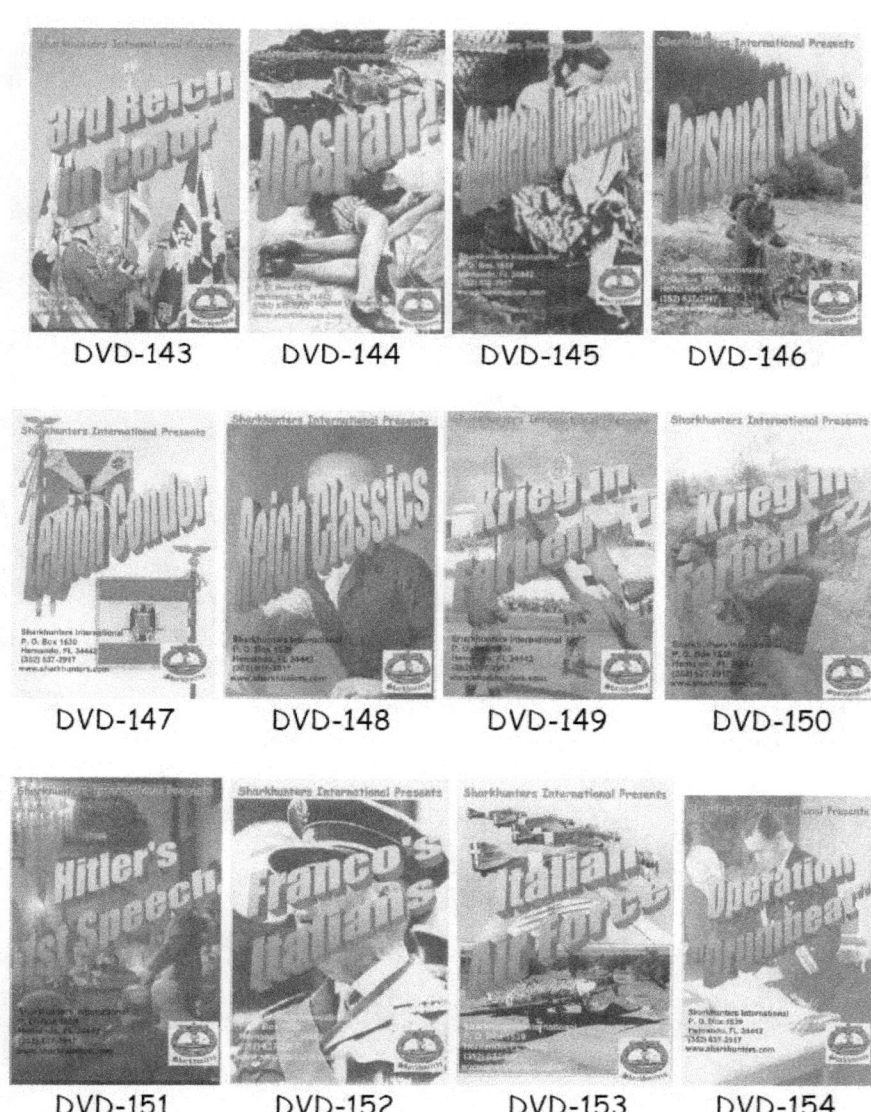

Harry Cooper

More Great DVDs of History
Satisfaction Guaranteed or Full Refund

DVD-156 DVD-157 DVD-158 DVD-159

DVD-161 DVD-162 DVD-163 DVD-164

DVD-165 DVD-166 DVD-167 DVD-168

www.sharkhunters.com

More Great DVDs of History
So real you hear the guns; smell the powder

DVD-137 German Folk Life; how it was in the early war years
DVD-138 Hitler Junge Quex; Early Reich History
DVD-139 Fortress Europe; hard fought combat
DVD-140 Nürnberg! The Beginning
DVD-141 Advances in Russia I; Barbarossa
DVD-142 Advance in Russia II; Barbarossa
DVD-143 Third Reich in Color; great color films of the time
DVD-144 Despair! German civilians were not well treated
DVD-145 Shattered Dreams; the end of the war was bitter
DVD-146 Personal Wars; personal films from various soldiers
DVD-147 Legion Condor; the famed fighting force in Spain
DVD-148 Reich Classics; German orchestras
DVD-149 Krieg in Farben I; the war in color
DVD-150 Krieg in Farben II; more of the war in color
DVD-151 Hitler's First Speech
DVD-152 Franco's Italians; more soldiers in Spain
DVD-153 Italian Air Force; combat not usually seen
DVD-154 Operation Drumbeat
DVD-156 Top Secret 212 Class; film taken out of Germany
DVD-157 Weltfeind; the enemy of the world – the USSR
DVD-158 Adolf Hitler – Dead or Alive; propaganda
DVD-159 Party Rally Nürnberg; a very early rally
DVD-161 Learn to Fly the P 47; USAAF film
DVD-162 Learn to Fly the B 25 and the B 26; USAAF film
DVD-163 Learn to Fly the P 40 and the P 38; USAAF film
DVD-164 Fly with the Nickel Air Force
DVD-165 Battle for Seeloh Heights; at doorsteps of Berlin
DVD-166 Starvation Camp Lager X; an Eisenhower Camp

More Great DVDs of History
Pure History Available Nowhere Else

DVD-169   DVD-170   DVD-172   DVD-173

DVD-167 Battle of the River plate; GRAF SPEE
DVD-168 Kamikaze
DVD-169 USS BARB; last patrols
DVD-170 Anti-Communist Russians in WW II
DVD-172 92nd Bomb Group I; actual combat films
DVD-173 92nd Bomb Group II; actual combat films

We are constantly adding great historical DVDs to our list – combat footage, interviews with veterans and much more. Please keep checking back to our website and check out our unique DVDs.

Sharkhunters offers many great CDs as well. Some are music of marching bands, others are speeches and yet others are – interesting. Go to our website and click on CDs to see them all.

Check our website www.sharkhunters.com often. We are constantly adding new DVDs and CDs. Don't miss seeing our new additions.
We are constantly adding more books to our list as well. Look at the website to see when new books are released.

www.ingramcontent.com/pod-product-compliance
Lightning Source LLC
Chambersburg PA
CBHW060816190426
43197CB00038B/1767